章方秋 著

可复制的学习力

关于知识、行为和思维学习的原理和方法

电子工业出版社
Publishing House of Electronics Industry
北京·BEIJING

内 容 简 介

本书基于信息论的视角，从神经科学、心理学、计算机科学、教育学、哲学等多个学科出发，带领读者深度和系统地认识学习和学习力的本质，并基于计算机科学的视角，从硬件、软件、方法三个层面，详细解构学习力的构成，构建了一套系统、科学、可复制的学习理论模型。

与此同时，作者深入研究了包括孔子、王阳明、富兰克林、曾国藩、巴菲特、查理·芒格、埃隆·马斯克、王兴、张一鸣等古今中外数十位顶尖高手的学习方法，用案例论证和阐释了这套学习理论模型的科学性和有效性，也为读者揭秘了顶尖高手是如何成长的。

本书既有深度的理论探究，又有丰富的案例支持，希望它能让你走出学习的误区，成为一个高效学习者。

未经许可，不得以任何方式复制或抄袭本书之部分或全部内容。
版权所有，侵权必究。

图书在版编目（CIP）数据

可复制的学习力：关于知识、行为和思维学习的原理和方法 / 章方秋著. —北京：电子工业出版社，2022.7

ISBN 978-7-121-43800-4

Ⅰ.①可⋯ Ⅱ.①章⋯ Ⅲ.①学习方法 Ⅳ.①G442

中国版本图书馆CIP数据核字（2022）第107937号

责任编辑：张月萍　　　　　　　特约编辑：田学清
印　　刷：三河市良远印务有限公司
装　　订：三河市良远印务有限公司
出版发行：电子工业出版社
　　　　　北京市海淀区万寿路173信箱　　　邮编：100036
开　　本：720×1000　1/16　印张：15.5　字数：312.5千字
版　　次：2022年7月第1版
印　　次：2022年7月第1次印刷
定　　价：69.00元

凡所购买电子工业出版社图书有缺损问题，请向购买书店调换。若书店售缺，请与本社发行部联系，联系及邮购电话：（010）88254888，88258888。
质量投诉请发邮件至zlts@phei.com.cn，盗版侵权举报请发邮件至dbqq@phei.com.cn。
本书咨询联系方式：010-51260888-819，faq@phei.com.cn。

前 言

如果你翻开了这本书，那么你应该是一个对学习多少有些兴趣的人，有可能你也读过一些关于学习方法的书籍。你可能也有这样的疑问：讲学习方法的书籍众多，本书和其他书籍有什么区别呢？

目前，市面上关于学习方法的书籍，大致有以下三种。

第一种是学习实战派的高手所写的，主要基于个人经验的总结而成的方法论类书籍。比如，在国外，有加拿大的"学神"级人物——斯科特·杨所撰写的《如何高效学习》，又有广为流传被奉为经典的莫提默·J.艾德勒等所撰写的《如何阅读一本书》；在国内，有成甲所撰写的《好好学习》，又有赵周先生所撰写的《这样读书就够了》等。

第二种是学者们在自己所在的专业领域，结合自己的研究所撰写的畅销类书籍。比如，安德斯·艾利克森等人所撰写的《刻意练习：如何从新手到大师》，彼得·C.布朗等人所撰写的《认知天性：让学习轻而易举的心理学规律》，或者卡罗尔·德韦克教授所撰写的《终身成长》等。

第三种则相对"硬核"，是学者们所撰写的教科书或类似教科书的书籍。比如，简妮·爱丽丝·奥姆罗德所撰写的《学习心理学》，或者更专业的认知心理学、神经科学类的相关书籍。

无疑，以上书籍都极具价值，我在写作本书的过程中，详细阅读了它们。但不得不说，这些书籍也有它们自身的问题和不足。

第一种方法论类的书籍，因为主要是个人经验的总结，缺乏相应底层学科的支持和论证，所以导致不同作者所写的方法之间存在一些冲突，但读者往往搞不清楚到底哪种有效、哪种无效。而且，很多方法因为是作者个人经验的总结，适用的边界和条件受限，只对特定的人有效。

后两种专业领域的书籍，尽管进行了深度的研究，但由于偏学术，在应用和

> **IV** 可复制的学习力：
> 关于知识、行为和思维学习的原理和方法

方法层面的案例不够，导致读者难以很好地应用。而且，由于各个学科领域的细分，也导致作者往往只关注到自己的学科、放大自己学科的价值，从而忽略了其他学科的视角。

本书想解决上述各类书籍中的问题和不足，或者也可以称之为第四种类型。

本书既包含大量实战经验总结的科学方法，又有底层学科理论的支持和论证。

本书所包含的这些科学方法，并不只是作者个人经验的总结，而是广泛研究了古今中外数十位顶尖高手的学习方法后提炼出来的；书中所涉及的专业知识也没有局限于某个特定的学科，而是将神经科学、心理学、信息论、计算机科学等多个学科打通，并且尝试用一个个模型来介绍和概括学习、学习力的底层原理。

正如一位朋友的评价，我是带着"野心"来写这本书的，我想写一本与现在所有学习类书籍都有所不同，甚至超越它们的书籍。

你或许会好奇：本书的作者是谁？他为什么要写这样一本书？

其实，我的本职工作是一名律师。尽管出于个人的兴趣，我花了五六年的时间研究学习力和学习方法，但我原本应该是没有能力，也没有资格来写这样一本书的。

不过，因为2020年突如其来的新冠肺炎疫情，我有了大把的时间可以静下心来思考和研究学习力，更重要的是瓦特的故事给了我灵感和思路。在研究和思考的过程中，我给自己提了两个核心问题：

学习的本质是什么？

什么才是真正有效的学习方法？

所以，能够写作本书，与能力、资格无关，仅仅只是因为受到瓦特故事的启发，我给自己提了两个核心问题，受好奇心的驱使所致。写作本书的初心，我也只是想解答这两个核心问题。

为此，我还停掉了自己发展还算顺利的律师业务，闭关在家近18个月来写作本书。

你应该很好奇：为什么瓦特的故事给作者这么大的启发？为什么作者需要停掉律师业务，闭关18个月来解答这两个核心问题？

我相信绝大部分人对于瓦特的故事并不陌生。上小学的时候我们就学过，瓦

特因为受到了沸水顶开壶盖的启发，发明了蒸汽机。但必须要说的是，这并非真实的历史。

事实上，瓦特并不是发明了蒸汽机，而是改良了蒸汽机，又或者说是发明了"万能蒸汽机"。而之所以瓦特能发明"万能蒸汽机"，则是因为他特殊的经历和独特的思维方式。

瓦特出生在一个中产阶级家庭，小时候他接受了不错的基础教育。但因为父亲破产，随即家道中落，他不得不很早就当起了工匠。而后，他来到了格拉斯大学工作，并在大学中开设了一个机械修理铺。利用工作之余，他学习了很多力学、数学、物理学的知识。

所以，瓦特的特别之处在于，他既有一定的理论知识储备，又具备丰富的工程和技术的经验。

在瓦特之前，有一位叫纽卡门的工程师已经发明了蒸汽机。但因为纽卡门是工程师出身，他仅仅基于技术的视角和经验的积累而发明了蒸汽机，因此这种蒸汽机只能用于煤矿抽水，适用的场景非常有限。

瓦特因为有相应的知识储备，他不像纽卡门那样完全从技术和经验出发，而是从底层学科的理论出发，认识蒸汽机运行的底层原理，并在此基础上对蒸汽机进行相应的改良。而且，由于瓦特并非某个专业领域的学者，所以他也不会受到学科的束缚，而是能从问题出发，突破学科之间的壁垒。

瓦特的伟大之处在于，因为他的改良，蒸汽机不再仅仅用于煤矿，还能用于轮船、火车等一系列场景。这也是为什么说，瓦特真实的贡献不是发明了蒸汽机，而是发明了"万能蒸汽机"。

之所以说瓦特的故事给了我启发，是因为我发现瓦特的思维方式完全可以被借鉴和应用到学习方法的研究上。

前面我提到了目前学习类书籍中存在的一些问题。受瓦特故事的启发，我问了自己这样一个问题：有没有可能像瓦特一样，先从各个基础学科出发，深入认识学习的底层原理，然后回到方法和应用层面，提炼出一种通用的学习方法？

这也是我前面提到的，驱动我写作本书的两个核心问题的来源。

那为什么我需要停掉本职工作，耗时18个月来写作本书呢？

其实，一开始我也并没有下这么大的决心。但在写作过程中，我发现本书的

VI | 可复制的学习力：
关于知识、行为和思维学习的原理和方法

写作远比想象的情况更为复杂。

原先，我以为认识学习只需要深入研究心理学，至多到神经科学也就足够了。但随着研究的深入，我发现要彻底认识学习的底层原理，还涉及更多的学科，包括计算机科学、信息论、哲学、逻辑学、行为经济学等。

尽管因为个人兴趣，我此前多少涉猎过上述的一些学科，但现在要深入认识学习的底层原理，那就意味着我需要相对更为系统地学习上述学科。而这就要求我投入足够多的时间和精力。

与此同时，为了能让自己研究和提炼的理论得到真实案例的支持，我又研究了古今中外数十位顶尖高手的学习方法。为此，我阅读了包括但不限于他们的传记、文章、报道等，还观看了他们过往的各种访谈、演讲等。而这些工作，如果没有足够多的时间，同样也是无法完成的。

经过权衡，我最终停掉了律师业务，全身心投入本书的写作过程。事实上，我从来没有想过要停掉本职工作来写一本书，也从没想过这本书需要耗时 18 个月。

尽管我无法预测这本书最终的销量如何，也不知道它是否会得到读者的认可，而且由于跨界过多，本书中的相关知识不可避免会存在一些有争议之处，但无论如何我是带着满满的诚意来写作本书的。

至此，你可能还有最后一个疑问：尽管这本书看起来很不错，但为什么要读它呢？

我想至少有以下三点理由。

首先，如果你对学习方法感兴趣，在本书中你可以看到在绝大部分书籍中看不到的古今中外那些顶尖高手的学习方法。比如，本书非常详尽地介绍了孔子、王阳明、巴菲特、张一鸣等众多人物亲身实践的学习方法。这些方法一定能让你有很大的启发和收获。

其次，就学习而言，本书的视角也完全不同。市面上绝大部分书籍所涉及的学习都只是关于知识的学习，而本书所谈的学习既包括知识的学习，又包括行为的学习和思维的学习。本书用两章（第六章、第七章）的内容详尽地介绍了行为的学习和思维的学习的具体方法和真实案例。

再次，如前所述，本书与其他书籍的本质区别在于，除了方法，本书更想讲透学习的底层原理。所以，你可以看到本书结合了神经科学、心理学、计算机科学、信息论等众多学科知识的学习理论，它可以让你深度认识学习的底层原理。而你也会发现，这些学科之间其实是相互关联的而非相互割裂的。我也基于对这些学科知识的整合，构建了学习力、知识的学习、行为的学习、思维的学习等多个模型。此外，我并非专业出身，书中的内容我尽可能用通俗易懂的语言进行介绍，这样大家阅读起来也并不困难。

总之，如果你想了解那些优秀人物是如何学习的，或者想提升自己的学习效率，改善自己的学习方法，又或者你已经有自己成熟的学习方法，但想了解一下学习底层的原理，甚至你只是想借助神经科学、信息论等一些学科对人性有更多的了解，我认为这本书是你不能错过的。

借此机会，我也感谢本书中所涉及的人物，正是因为他们的思考、探索、实践和分享，才让我有机会可以看到真正有效的学习方法是什么样的。此外，我也非常感谢樊登读书、混沌学园及"得到"三个知识付费平台。因为这三个平台的存在，极大地拓展了我的认知范围，也让我更高效地跨界学习更多非自己专业领域的知识。而这其中，我尤其要感谢在"得到"平台开设专栏的吴军老师。因为启发我写作本书的瓦特的故事，我是从吴军老师的课程中学到的；而本书底层的逻辑——信息论的视角，我也得益于吴军老师。正是吴军老师通俗易懂的讲解，才让我能够更容易地理解信息论，并将其应用到本书的内容中。

由于本人学识有限，书中难免存在错漏之处，希望广大读者能加以批评指正，争取有机会再版时改正。

/ 大咖推荐 /

方秋是一位非常敬业的律师，和他相识十余载，我知道他在法律上的功力和见地十分了得。曾想过如果他写一些和法律有关的内容定会受到追捧。前几日他告诉我他用十八个月的时间写了一本学习力的书，我起先很是诧异，拿到样稿阅读后心中犹生敬佩。方秋的境界已经超越专业，他结合自身的经验和借鉴大家的理论，为我们呈现了一个提升学习力的盛宴。

在这个快速变化的时代，"会学"比"学会"更为重要。过往提到学习力，往往局限于知识的学习，但方秋这本书系统地探讨了知识、行为技能以及思维的学习的能力和改变，跨越多个学科知识、融合各领域优秀人员的方法，构建了一整套逻辑自洽且很实用的系统方法论，非常难得。无论是学生、家长、职场人，都不妨拿来一读。

——苏燕，可口可乐大中华及蒙古区总法律顾问

古人云"学海无涯苦作舟"。读方秋的书宛如探险，跟随其在神经科学、心理学、计算机科学、教育学、哲学等多个学科跨学科、超学科漫游；没有好奇心的律师不是好探险家，百年之后，世人都还记得南极探险阿蒙森，在百年之后，世人或许还记得：学海无涯，此书为舟楫！

——王雨豪，好奇地球创始人 & 首席探险官；ahakid 创始人 & 首席好奇官

/目 录/

第一章 重新认识学习——你知道的学习，可能是错的 / 001

第一节 为什么要认识学习 / 001

第二节 什么才是真正的学习 / 003

第三节 通过学习模型重新认识学习 / 009

第四节 学习模型的实践 / 013

本章参考资料 / 019

第二章 认识学习力——现代人必备的底层能力 / 021

第一节 为什么要重视学习力 / 021

第二节 认识学习力这个系统 / 026

第三节 认识学习力模型 / 036

本章参考资料 / 042

第三章 学习的硬件——大脑及神经元 / 044

第一节 懂点脑科学，更好地学习 / 044

第二节 认识神经元，认识学习的底层原理 / 056

第三节 认识记忆的本质 / 064

本章参考资料 / 075

第四章　学习的软件——人的学习机制 / 077

第一节　学习机制是如何运行的 / 077

第二节　大脑的操作系统是如何运行的 / 092

第三节　升级你的大脑的操作系统 / 099

第四节　大脑的驱动程序——人的动机系统 / 105

本章参考资料 / 116

第五章　知识的学习——一切学习的基础 / 118

第一节　知识及其学习原理 / 118

第二节　学什么？管理你的输入源 / 138

第三节　怎么学？更有效地处理信息 / 147

本章参考资料 / 153

第六章　行为的学习——收益最直接的学习 / 155

第一节　行为及其学习原理 / 155

第二节　复盘：最深刻、收益最大化的学习方法 / 162

第三节　模仿：最简单又最难的行为的学习方法 / 170

第四节　刻意练习：技能的高效学习法 / 178

本章参考资料 / 183

第七章　思维的学习——学习中最核心的维度 / 184

第一节　思维及其结构 / 184

第二节　思维方式、信念、价值观和思维模型 / 202

第三节　思考的功能、价值、完整结构及相关要素 / 216

本章参考资料 / 236

第一章　重新认识学习
——你知道的学习，可能是错的

学习，似乎是我们"最熟悉的陌生人"。

我们对它极为熟悉，因为从幼儿园开始直到大学毕业，我们花了大约 20 年的时间全职学习。

我们对它也很陌生，因为我们几乎没花时间了解过学习本身，对它知之甚少！

学习到底是什么？人为什么要学习？

第一节　为什么要认识学习

对于学习，从个人、企业到国家都投入巨大，但因为我们对学习了解太少，所以产生了很多错误认识，也造成了大量时间和资源的浪费。

因此，我们需要认识学习，因为它很重要，也因为我们对它了解很少。

一、我们对学习投入巨大

学习的重要性，首先体现为每个人在学习上投入了大量的时间。

除了在学校接受教育，不少人甚至在胎儿阶段就开始了学习生涯，因为他们的父母已早早开始了胎教。还有些人，读完大学本科后还要再攻读硕士、博士学位。即便我们离开学校，进入职场，如果希望有所发展，也仍然需要继续学习。

学习，不再是人生某个阶段的事，它越来越成为一件持续终生的事。

学习的重要性，也体现在从个人、家庭到企业、国家，以及整个社会都为此投入了大量的资源。

在资金投入上，根据前程无忧网发布的《2019 国内家庭子女教育投入调查》显示，38.8% 的家庭在子女教育方面的投入占其家庭年收入的 20%~30%。

在国家层面上，2019 年我国的 GDP（国内生产总值）高达 99 万亿元，其中教育投入连续多年超过 4%，国家每年在教育上的支出高达近 4 万亿元。

除了学校教育，在职场上的学习，从个人到企业，我们同样投入了大量的资源。

就个人来说，出于职业发展的需求，仍有大量的职场人士保持继续学习的状态，他们或报名考取各种证书、继续求学深造，或参加各类培训、购买知识产品。这种学习的需求，近些年也推动了"得到"、樊登读书等估值高达几十亿元的知识付费平台的崛起。

就企业来说，竞争日益激烈，培养人才、提升员工的工作能力已成为越来越多企业关注的重要问题。不少企业纷纷提出"打造学习型团队"，在学习和培训上，投入巨额资金和大量资源。2019年的一份报告显示，2018年全国的企业管理培训市场规模已达到3467亿元，并且每年以近25%的增速保持增长。

因此，在个人和社会都对学习投入如此巨大的情况下，认识学习既有必要也很重要。

二、我们对学习了解很少

虽然学习如此重要，我们在学习上投入巨大，但其实我们对学习了解很少。

或许因为学习是人的一种本能，如同吃饭、睡觉一样，每个人生下来几乎就会，同时我们对学习又太过熟悉，所以我们从没想过去了解学习；也可能因为对于很多人而言，学习并非一件愉悦的事，是出于生存或竞争所需，所以他们也不愿去了解。

总之，我们花费了大量的时间进行学习，却没有学习过学习本身。因为我们对学习本身缺乏了解，所以使我们产生了很多错误的认识。

首先，很多人将学习错误地等同于学校教育。

从整个社会来看，在学习上投入最多的是学校教育。国家每年投入的近4万亿元，基本上是用于学校教育的；很多家庭的教育支出也主要用于子女的在校教育。在很多人看来，一旦结束高考、大学毕业，学习似乎就变得不再重要了。学习的目的就是考上一所不错的大学，然后找到一份不错的工作。

进入职场后，尽管依然有不少人继续学习，但更多人基本停止了学习。看书的人变得越来越少，对于各种各样的学习活动大家也不愿意再参加。父母为了让子女不输在起跑线上，投入了大量的时间、精力和资金，但远没到终点的时候，子女们却停止了奔跑。而作为父母其实类似，尽管对子女的教育很上心，但自己基本不再学习，他们希望子女不要输在起跑线上，而自己却退出了比赛。

这一切背后的原因，就是很多人将学习等同于学校教育。离开了学校，学习也就基本停止了。

其次，绝大多数人并不知道如何有效地学习，也不懂学习的方法。

知名投资人查理·芒格说："人类社会在发明了发明方法之后才能发展，同样的道理，人只有学习了学习方法之后才能进步。"虽然很多人在校至少学习了 9 年，甚至长达 20 多年，但大家几乎没有学过学习方法。每个人基本都是以自己的本能和经验进行学习，并不知道如何学习才更高效。

进入职场之后，学习场景极其碎片化，今天公交上读几篇网络文章，明天走路时听几节音频。但对于读的文章、听的课程，我们基本上没有吸收、消化，也没有真正掌握，更无法实际应用。

读书也类似。尽管读书相比不读书已经胜出很多，但很多人并不知道怎样正确读书。我们读了不少书，但基本上都只是读过而已，并不理解，更不能应用。

总之，尽管我们进行了长久的学习，很多人也愿意学习，但因为对学习不了解，也不知道怎样有效学习，所以浪费了大量的资金、资源和精力。

再次，在学习内容的选择上，很多人也很盲目。

无论是中小学生的课外辅导班，还是面向成年人的各种培训，又或者是阅读的书籍，很多人并不知道如何选择。大多数人选择各种课程、培训、书籍，纯粹是由于焦虑加上从众心理所致。他们并不知道学习的内容是否有价值，也不知道自己的真正需求，他们的选择处于盲目的状态。

对于学习的内容，大多数人也缺少辨别能力。虽然很多的课程、书籍中存在大量错误或者过时的知识，但它们却得到热捧，而很多科学的、权威的知识却很少被人学习。比如"成功学"大行其道，但真正与成功、幸福有关的心理学研究被学习的机会却不多。

尽管愿意学习是一件好事，但如果错误地学习，反而弊大于利，甚至会产生很大的误导。

综上所述，尽管我们都知道学习很重要，但对学习本身了解很少。很多人不知道怎么学，也不知道学什么，一旦从学校毕业就停止了学习。而充分认识学习，不仅可以提高我们的学习效率，而且可以节约时间、减少资金投入，让学习带给我们更多的收益和回报。

第二节　什么才是真正的学习

关于学习，在过去的一两百年时间里，不少心理学家、教育学家、神经科学家对此进行了深度研究，并有了各自的理论成果。而且，随着计算机科学、信息论等学科的产生，我们还可以通过这些学科来重新看待学习。

本节我们从行为主义心理学的视角看看人是如何学习的。

一、动物是如何学习的

在了解人是如何学习的之前,我们需要先了解动物是如何学习的。行为主义心理学家斯金纳曾做过这样一个实验。他设计了一个名为"斯金纳箱"的实验装置,他在箱子里放入了一只鸽子,同时他还在箱子里设置了一个隐藏的机关,这个机关连着一个发放食物的装置。如果鸽子碰到这个机关,食物就会掉入箱子,鸽子就可以获得食物。一开始鸽子耗时很久才碰到机关并获得食物。但在首次成功获得食物后,鸽子触碰机关的频率越来越高,获得食物的速度也越来越快。换言之,一开始鸽子并不知道有机关存在,但因为有了经验,它知道了机关的存在,也知道了触碰机关可以得到食物,于是它调整了自己的行为。

行为主义心理学家认为,这种因为经验而调整自身行为的过程,就可以被称为学习。

看到这里,你应该会很困惑:这和人的学习有什么关系?你可以暂时放下困惑,具体答案我们将在后面进行探讨。我们先看看动物的这种学习。

众所周知,这种学习在动物中是非常普遍的。比如,当人给狗一些它不能吃的食物时,一开始它或许不知道能不能吃,但第一次尝试之后,第二次再给它类似的食物,它就不会再吃。同样地,对于猎犬、警犬或者马戏团中很多动物的训练,也都是基于动物的这种学习模式。

但动物为什么要学习?答案是,为了能够更好地适应外部环境。这种适应,并不仅仅指为了生存,而是希望能在环境中活得更好,无论是为了获得食物、避开危险,还是其他对自己更有利的结果。针对这一点而言,人学习的目的与动物学习的目的其实类似。我们之所以学习,主要也是为了适应环境,在这个世界上活得更好,无论是更成功还是更幸福。

换个角度而言,当外部环境发生变化之后,如果不学习,我们就会变得很难适应环境。在这个时代,很多人之所以感觉困难和问题越来越多,很大一部分原因是外部环境变化剧烈,但他们却停止了学习,或者学习的速度太慢、效率太低、方法不当。

二、人是如何学习的

在了解了动物是如何学习的内容之后,现在我们就可以解答你的困惑了。动物的学习和人的学习到底有什么关系呢?

我们可以从两个维度来观察学习的过程:一是学习的对象,二是学习的成果。

对于动物而言,学习的对象是经验,但仅仅限于动物自身的经验。而学习的成果则相对复杂,从现象层面来看是行为的调整,比如鸽子就调整了触碰机关的频率；但从本质上而言，则是一种神经元连接的变化。（至于为什么是神经元的连接，我们将在第三章再行探讨。）

那么人学习的对象和学习的成果又是什么呢？尽管人的学习和动物的学习有重大差别，但从本质上而言，其实是一致的。人学习的对象也是经验，只是相比动物而言，经验的范围更广；而人学习的成果，本质上同样是神经元连接的变化，但在现象层面，则表现得更为复杂。

这里，我们先从现象层面探讨人的学习是如何进行的。本质层面对学习的认识，我们将在第三章再进行探讨。

1. 人学习的对象：世界知识、亲历经验、替代性经验

人学习的对象为什么也是经验呢？因为人学习的对象尽管多种多样，但从本质上来说依然是经验，只是不同的经验表现形式而已。具体而言，人学习的对象包含三种形式的经验：世界知识、亲历经验和替代性经验。

1）世界知识

谈到学习，我们首先想到的是阅读书籍、参加课程。在书籍和课程中，我们学习的内容包括科学、技术、文化、艺术、历史等相关知识。这些知识我们可以称为"世界知识"。

为什么世界知识也是经验？要回答这个问题，我们可以再来深入思考一下：世界知识最初是从哪里来的？

你会发现，世界知识并不是具体某个人的经验，它最初的来源其实是人类群体的经验。在人类发展的历史长河中，这些群体的经验经过提炼、总结、推理、论证，最终演化成了关于这个世界的各种各样的知识。而这些世界知识又被文字记录下来，开发成了演讲、课程等。无论这些知识的具体形式和内容如何，本质上仍然是一种经验。

2）亲历经验

如同鸽子一般，人类也有自己的亲身经历，这种经历就是一种经验，我们可以称其为"亲历经验"。同样，我们也可以从亲历经验中有所学习和收获。俗话说"吃一堑，长一智"，讲的就是向自己的亲历经验学习。

通过斯金纳的实验我们可以知道，向亲历经验学习是动物的本能。然而，在当前的教育体制下，我们基本上都在学习世界知识，没有训练过如何向亲历经验学习，也就是说我们忘掉了如何运用本能。其实，向亲历经验学习至关重要，因为古今中外的很多优秀人物都极为擅长这种学习。

曾国藩就擅长向亲历经验学习。他在自己的日记中长期记录和反思自己的不

足和过错，每次亲历重大事件后，他还会点一炷香，在氤氲缭绕中对整个事件进行郑重的复盘。曾国藩的成功恰恰证明了向亲历经验学习的价值，因为在向亲历经验学习的前后，他的认知发生了很大的转变。

如古代的很多官员一样，曾国藩曾饱读诗书、满腹经纶，学了很多世界知识，但即便如此，他在官场上却处处碰壁，无法施展自己的才华。直到他从清朝的理学大师倭仁和唐鉴那里学会了如何通过日记反思自己行动和思想上的不足之后，他的人生才开始有了质的变化。

中国的商业教父级人物柳传志，正是受到了曾国藩的启发养成了复盘的习惯，并在联想大力推行复盘的学习方式。而华为的任正非对亲历经验的学习则换了一个词，将其称为"自我批判"，并且提出"没有自我批判就没有今天的华为"，要求全公司进行自我批判。

除了中国的这些优秀人物重视和实践向亲历经验学习，在美国也有类似的例子。美国国父之一的富兰克林在他的自传中，就详细介绍了自己的"美德修炼计划"，他归纳出13项美德，并制订了道德完善计划，通过每天记日记的方式，对照自己的行为不断调整和反思。富兰克林一生仅在正规学校读了一年书，最终成为18世纪美国知名的科学家、文学家、政治家和外交家，这应该和他坚持向亲历经验学习的习惯密不可分。

3）替代性经验

替代性经验是指利用他人的经历所形成的一种经验。这种经验尽管你并未亲身经历，但他人代替你经历了。因此，替代性经验同样可以成为学习的对象，而且至关重要。

真正懂学习的人，也很擅长向替代性经验学习。

美团的王兴曾在一次内部演讲中说："我们要重视每一个对手，他们有很多可取之处。我们要向任何一个对手学习，向任何一个同行学习。"

任正非则说："华为生存下来的唯一措施，就是向一切（经验）先进的老师们学习。"

为什么优秀的企业家都如此强调向他人学习呢？因为学习替代性经验是极为高效的一种学习方式。你不需要付出很多的时间和成本，也不需要亲自经历失败，却可以收获不亚于亲身经历的收获。正如另一位互联网"大佬"周鸿祎所说："聪明人是自己把握核心的想法，在很多事上，（同时）要善于借助别人的想法，这样你可以少走弯路。"

所以，世界知识、亲历经验及替代性经验，本质上是经验的三种表现形式，都是人学习的对象。我们也可以将学习的对象大致概括为向书本学习、向自己学习、向他人学习。

2. 人学习的成果：知识、思维和行为

如果说在现象层面动物的学习成果是行为的调整，那人学习的成果又是什么呢？要回答这个问题，我们需要先来看一看人和动物学习的过程。

以亲历经验的学习为例。动物的学习过程是从经验直接到行为调整的过程，因为动物没有自我意识，也没有思维过程。而人则不同。因为人有自我意识，当我们有了亲身经历之后，这些亲身经历除了会引起行为的调整，还会增加我们的记忆和知识，触发大脑的思维活动，改变人的思维方式。

所以，就学习的成果而言，动物是行为的调整，而人则包括知识的丰富、行为的调整及思维的改变三种。其中，知识是行为和思维的基础，行为和思维则是知识的一种表达和应用。

除了对象和成果两个维度，其实我们还可以从内容上来认识学习。知识、思维和行为也可以被理解为学习的内容。比如，当我们学习数学、语文时，主要学的是知识；当我们学习思考的方法时，主要学的是思维；当我们学习一项技能时，主要学的是行为。

1）知识的学习

知识的学习是我们最为熟悉的学习，当前的教育基本上也是以知识的学习为主的。通过前面的介绍我们知道，知识并非学习的全部。我们在学习知识时，往往局限于学习世界知识，而忽略了从亲历经验、替代性经验两个方面来学习知识。

对于知识的学习，我将在第五章中详细介绍，届时大家也会重新认识"知识"这个概念。这里，我们继续用生活中的常识来理解知识即可。

2）思维的学习

如前所述，我们目前的教育基本上以知识的学习为主，往往忽略了思维的学习，但实际上思维的学习至关重要。

知名经济学家张五常曾在他所写的《思考的方法》一文中，讲了一个自己学习思维的故事。他曾经六个学期重复旁听了同一位老师的同一门课，老师很好奇地问他："你旁听了我六个学期，难道我所知道的经济学知识你还未学全吗？"张五常回答："您的经济学知识我早从您的著作中学会了，我听您的课与经济学知识无关。我要学的是您思考的方法。"

张五常所说的"思考的方法"，就是思维中重要的一部分。而思维除思考的方法（思考能力）之外，还包括信念（价值观）和思维方式。

撒切尔夫人有一句名言："小心你的思想，因为它们会成为言辞；小心你的

言辞，因为它们会成为行为；小心你的行为，因为它们会成为习惯；小心你的习惯，因为它们会成为性格；小心你的性格，因为它们会成为命运。"

撒切尔夫人在这里所谈的思想，就是指人的信念（价值观）及思维方式，在她看来，这是最重要的，因为将决定人的命运。所以，这同样也是我们需要去学习的。

3）行为的学习

相比动物而言，人的行为的学习相对复杂。在本书中，我将行为的学习分解为行动的调整、习惯的养成及技能的训练三个部分。

行动的调整，简单而言就是调整了自己的行动，或者只要将学到的知识用于实践，都可以归类为行动的调整。陆游说"纸上得来终觉浅，绝知此事要躬行"，王阳明提出"知行合一"，其实都是在强调将学到的知识付诸实践，并调整自己的行动。

相比行动的调整，习惯的养成是指长期重复类似的行动。什么是习惯，相信不用过多介绍大家也明白，因为每个人都有各自的习惯，只是我们很少刻意地去学习一些良好的习惯。其实，良好的习惯才是决定人一生命运的关键。如撒切尔夫人所说，习惯会成为性格，性格会成为命运。

技能则是指具有一定专业性和技术含量的行为。游泳、骑车、演讲、写作等，都属于一种技能。技能的训练或许是行为的学习中最为复杂的，因为它需要花费很长时间去训练。在作家马尔科姆·格拉德威尔所写的《异类：不一样的成功启示录》一书中，他提出要想在一个领域出类拔萃，需要经过1万小时的锤炼。但在作家安德斯·艾利克森等人所写的《刻意练习：如何从新手到大师》（以下简称《刻意练习》）一书中，他们更正了仅以时间来衡量训练成果的方式，而将技能学习的有效方式总结为刻意练习。至于什么是刻意练习及其关键要点，在第六章"行为的学习——收益最直接的学习"中会继续探讨，这里可以简单将其理解为有意识的、针对性的练习。

不过，当你知道了刻意练习这种方法之后，再去观察很多优秀人物的成长经历，会发现他们之所以优秀，其实和刻意练习密不可分。

以王阳明为例，他被称为"文武双绝"。文的方面，他创立了"心学"，影响后世至深；而武的方面，他战功彪炳，用兵如神，被称为一代"战神"。他不仅轻而易举地帮明朝廷剿灭了盘踞广西数十年的盗匪，而且仅用35天就打败了为谋反准备了10年之久的宁王朱宸濠。

观察王阳明的成长史，你会发现，他之所以用兵如神，这和他的刻意练习其实密不可分。王阳明熟读兵法，但并没有如赵括一样纸上谈兵，而是利用各种机会进行刻意练习。他会在亲朋好友的宴会上用果核模拟排兵布阵、攻杀战守；甚至，被委派督造威宁伯王越的坟墓时，他会调用农民工进行各类兵法和阵图的演练。

从以上的内容可以看出，除了我们熟悉的知识的学习，学习还包括行为的学习和思维的学习，而且它们与知识的学习在方法上也有所不同。在一定程度上，其他两个维度的学习可以说更加重要，因为仅仅丰富了知识，不调整思维和行为，学习的收效有限。

正如知名投资人张磊在他的《价值》一书中所写："一个人的知识、能力和价值观，这也是深藏于内心并真正属于自己的'三把火'"。这里的能力，可以理解为一种行为，而价值观则是思维的一部分。所以，在张磊看来，知识、思维、行为的综合，才能构成一个人的"三把火"。

然而，由于学校中涉及思维的学习和行为的学习相对较少，这造成很多人忽略了这两个维度的学习。现在一些人认为学习无用，对于现行教育体制有着各种批判，其背后的底层原因，很大程度上就是绝大部分人对学习的认识仅仅停留在对知识的学习上。

第三节　通过学习模型重新认识学习

两千多年前的《论语》中提到"子以四教：文、行、忠、信"。其中，"文"可以理解为知识，"行"则是行为和技能，而"忠""信"则属于价值观，也可以将其理解为思维。所以，两千多年前的孔子的教育就已经包括知识、行为和技能、价值观和思维三个方面。

然而，在两百多年前，为了更好地普及教育，现代教育制度按照工业化时代的需要进行了设计，使得学校中的教育基本上都以知识为主。这也使很多人错误地以为只有知识的学习才是学习。现在,我们很有必要将学习还原成它原本该有的样子。

一、学习模型及其应用

1. 学习模型的说明

根据上一节的分析，我将完整的学习提炼为图 1.1 所示的模型。根据这个模型，我们可以对学习的过程进一步梳理如下。

（1）从学习的整个过程和完整系统来看，学习的对象分为世界知识、替代性经验、亲历经验；学习的内容分为知识、行为和思维；学习的成果则同样表现为知识、思维和行为三种形式。其中，思维又可以分为信念（价值观）、思维方式及思考能力三个方面；行为则包括行动、习惯和技能三个方面。

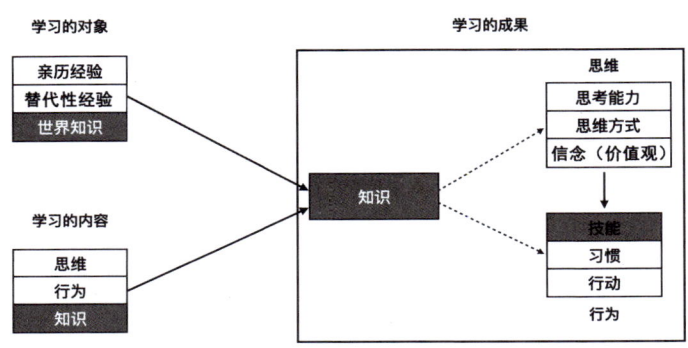

图 1.1 学习模型

（2）对于学习的成果而言，人首先收获的是知识，因为知识的学习是基础。而收获了知识后，既可能触发思维的改变，也可能引起行为的调整。当然，很多情况下，也可能仅仅是知识变得更加丰富了，并不会引起思维和行为的任何变化。所以，从知识到思维，以及从知识到行为的两条通路，用虚线进行表示。

（3）如果知识触发了思维的改变，无论是思考能力和思维方式的优化，还是信念（价值观）的改变，基本都可以引起行为的变化。很多人学习知识后之所以没有改变，是因为其思维没有改变；思维一旦产生变化，通常也会引起行为的调整。所以，从思维到行为的通路，在图 1.1 所示的学习模型中用实线表示。

（4）从目前大部分人对学习的认识来看，学习的对象主要局限于世界知识，很多人往往忽略了向替代性经验及亲历经验学习；在学习的内容上，很多人也主要以学习知识为主；同样，学习的成果也主要表现为知识的丰富，很多人很少发生思维和行为的改变。即使有人关注行为的学习，也都体现为以技能的训练为主。

因此，对于目前常见的、主流的学习的对象、内容和成果，在图 1.1 所示的学习模型中用灰色进行表示，而更多被忽略的部分，则用白色进行表示。

总而言之，从学习模型图中我们可以清楚地看到，学习是一个完整的系统，但因为各种原因，绝大部分人在学习的对象、内容和成果上，都是有所遗漏和忽略的。

2. 学习模型的应用

上述学习模型是对本章第二节所提出的学习进行归纳而成的模型，这个模型对我们有着重要的现实意义。

1）理解产生学习无用想法的原因

为什么很多人认为学习无用，认为学习对生活的指导意义有限？因为很多人学习之后，仅仅停留在知识的丰富上，他们既没有发生思维上的改变，也没有落实到行为的调整上。在这种情况下，人如同箱子里的鸽子，即便再精明，但不去调整自己、触碰机关，也依然无法获得食物，学习自然也就变得无用。

《这样读书就够了》一书的作者赵周的核心理念是：读书并不在于记住书中的多少知识，关键在于将知识应用到实践中。他认为，我们甚至可以将书拆掉，仅仅读其中的几页即可，但重要的是将那几页中的知识予以应用和实践。这种读书方式颠覆了人们过往的认知，也给了很多人启发。而这背后就是因为赵周关注到了思维层面和行为层面的学习。

类似地，为什么很多高学历的人在职场中表现一般？因为现有教育体制中的学习，基本只学习书本上的世界知识。所以，尽管不少人有了高学历，但这仅仅表示他们的知识比较丰富，并不表示他们的思维和行为，或者说能力优于他人。在进入职场后，除了需要知识，我们还需要正确的思维及较强的工作能力。如果那些高学历的人一直未关注过这些方面的学习，自然无法有很好的工作表现。

2）预判一个人的成长性

除了让我们理解产生学习无用想法的原因，这个模型还可以帮我们预判一个人在职场中的成长性。

比如，公司在面试求职者时，学习能力通常是考核的关键，也是评估成长性的重要指标。以前，很多公司靠学历的高低来评判求职者的学习能力，但有了这个模型之后，公司可以对求职者进行更多维度的考核。

面试人员可以考核求职者过往是否擅长从自己的经历中学，是否擅长向身边的领导、同事学。此外，面试人员也可以考核求职者的思维和行为的学习，看看他是否擅长这两个维度的学习。

如果以上的学习维度是被求职者忽略的，考核结果也不理想，那至少说明求职者只是掌握了不少知识，但学习能力并不强，成长性也很可能有限。

3）用模型进行自检，自我改善学习力

以我自己为例。以前我的主要学习方式是阅读、听课，尽管偶尔也会复盘或者向优秀的人学习，但没有刻意为之。后来因为提炼了学习模型，我对学习有了系统性的认识，所以我开始更有意识地向自己学习、向优秀的人学习。

一方面，我养成了复盘的习惯。对于在工作中出现的各种问题、总结的实践经验，我会更有意识地去总结、反思、调整。这种复盘的习惯让我迅速地成长起来。

另一方面，我也开始更有意识地向他人学习，而且是向优秀的人学习。在本书中，你可以看到很多顶尖人物使用不同学习方法的例子，其一是因为写作需要素材，其二是因为我意识到了向他人学习的重要性，所以我才主动搜集。很多人会做读书笔记，而我也做了不少的读人笔记。读人，可能比读书更重要。

此外，从这个模型中我们还可以发现，学习如果仅仅停留在知识层面，那是远远不够的。我们需要再深入思维层面和行为层面，改变思维、调整行为，有意识地去学习思维和行为，这样才能真正地学以致用、学有所成。

通过前面提到的那些优秀人物的例子我们还可以看出，他们之所以优秀、成功，尽管有天赋的原因，但另外一个重要的原因就是他们基本是按照这个模型进行学习的。

总之，如果你看懂了这个模型，并有意识地弥补自己学习的盲区，调整自己的学习方式，那么带来的成长会远比你看几本书、听几门课来得多。

二、通过学习模型重新认识教育和学习

通过学习模型，我们对学习有了更系统的认识，同时我们还可以通过回顾教育的发展史，看看学习原本的模样，这样可以让我们对教育、对学习产生更全面、完整的认识。

前面提到，两千多年前孔子就提出教育应包括"文、行、忠、信"四个方面，那现代教育为什么仅仅包括"文"这一方面呢？答案是，这样可以大幅提高教育的效率。

事实上，现代教育制度起源于18世纪的普鲁士王国。作为世界上第一个推行免费公共教育的国家，普鲁士要求全民参与教育，相关费用由国家财政支出，并且上学具有强制性，是国民的一种义务。而为了便于统一管理、降低成本，普鲁士又将知识分成了各个学科，并通过老师讲授、学生听讲的模式开展教育。

可以说，现代教育制度的出现，极大地提升了普鲁士民众的识字率和文化素质，促进了知识的普及。此后，普鲁士的这种教育制度被推广到欧美及全世界，对于人类社会的进步和发展起到了巨大的推动作用。

因此，从现代教育制度的起源来看，它其实是一项伟大的创新，推动了人类文明的巨大进步，促进了社会的发展。

然而，尽管现代教育制度在当时看是一项伟大的制度创新，但我们也需要认识到，碍于时代所限，并且出于大规模实施制度的需要，它牺牲了教育的一部分功能。

在现代教育制度出现之前，东西方的教育主要是师徒制的。学习并不是如现代的学校一样——老师讲、学生听，而是老师与学生讨论、互动，老师也会参与到学生的日常言行举止中，给予指导和训诫。与此同时，学生会实践所学的知识，老师也会予以辅导和反馈。这个过程其实就是学习模型中所提到的思维的学习和行为的学习。

你可能会有疑问：这种方式看起来更好，为什么现代教育制度不延续呢？其

实前面已经提到，出于效率的考虑，现代教育制度不得不舍弃了它应有的一些功能。在学校里老师仅教授知识，效率是最高的。如果要全面展开行为教育和思维教育，需要投入更多的财力、物力，同时对教师队伍的要求也极高。

20 世纪 60 年代，美国的教育学家 B.S. 布鲁姆等人通过研究发现，在美国的学校中基本只有知识的教育，而没有情感和动作技能的教育。因此，布鲁姆等人出版了《教育目标分类学第二分册（情感领域）》和《教育目标分类学第三分册（动作技能领域）》两本手册，分别提出要在学校进行情感和动作技能的教育，并设置了对应的教育目标。

但这两本手册的影响力一直很微弱，背后的原因是：无论是情感教育还是动作技能教育，尽管重要，但在规模化、工业化的教育体制下，都难以执行，因为既没有合适的老师，也很难考核。所以，现代教育制度为了能让更多人接受教育，在一定程度上损失了教育的质量。

尽管如此，我们必须认识到，这并非现代教育制度的问题。如同手机中的功能机，尽管只有通话功能，但在发明之初，它是伟大的、革命性的。只是随着时代的发展，功能机已经无法满足时代的需求，我们需要的是一个多功能的智能机。现代教育制度与功能机的情况类似，在发明之初，它同样是伟大的、革命性的，只是随着时代的发展，我们要求它有更多的功能。

然而，如前所述，这些功能的实现并不容易，涉及一系列的问题。关于如何实现这些功能也不是本书所重点探讨的，这里不过多展开。

通过上述分析我们可以知道，在现代教育制度中以知识为主的学习并不是学习的全部。我们需要正确地认识现代教育制度的局限性，完整地认识学习和教育本来的面目，并进行全方位的学习。

第四节　学习模型的实践

在本章第三节中，我们对学习模型进行了说明。或许你依然会有些怀疑：这个模型看起来非常全面，但真的有效吗？

答案是，真的有效。从个体来看，两千多年前的《论语》中孔子的学习方式大多是符合这个模型的；从组织来看，两千多年后的今天，华为公司的学习方式也同样符合这个模型。

一、从《论语》看孔子是如何学习的

孔子的日常言行基本被记录在《论语》中，因此我们可以通过《论语》来全

面地了解孔子对学习的认识和实践。

下面我们对照学习模型来拆解《论语》中孔子的学习观。通过拆解，你可以更好地理解学习模型，也可以感受到孔子的智慧。

1. 学习的对象：向他人学习，向自己学习

> 子曰："见贤思齐焉，见不贤而内自省也。"
> 子曰："三人行，必有我师焉。择其善者而从之，其不善者而改之。"
> 子曰："盖有不知而作之者，我无是也。多闻，择其善者而从之，多见而识之，知之次也。"

这三句话都是孔子所讲的，前两句相信大家都耳熟能详。不过，在第二句中，我们比较熟悉的是前半句"三人行，必有我师焉"，对于后半句，尤其是最后的"其不善者而改之"，往往被我们忽视。其实，最后这半句或许更有价值，因为我们学会了向"不善者"学习后，我们就能少犯很多错误。

第三句，孔子说："大概有一种无知却凭空捏造的人吧，我没有这种毛病。多听，选取好的便依从它；多看，把看到的记在心里。这样学得知识，仅次于那种生来就知的情况。"

所以，这三句主要在谈要向他人学习，即向替代性经验学习。其中，第一句"见不贤而内自省也"，是说向他人学习之后，也要自我反思。这也可以理解为通过内省向自己学习。

> 曾子曰："吾日三省吾身：为人谋而不忠乎？与朋友交而不信乎？传不习乎？"
> 子曰："主忠信。毋友不如己者。过则勿惮改。"
> 孔子对曰："有颜回者好学，不迁怒，不贰过……"

以上第一句话是孔子的学生曾子所讲的。"吾日三省吾身"，这句话相信大家并不陌生。从学习的对象来看，这就是向自己学习，根据亲历经验来调整自己。

曾子有此见解，和孔子的教诲密切相关。从后面两句可以看出，孔子对于向自己学习，尤其是从自己的错误中学习，是极为关注的。

第二句中的"过则勿惮改"，在《论语》中出现了两次。纵观《论语》，内容重复的情况极少，这足以说明，改正错误、向错误学习是孔子极为重视的。而在第三句中，孔子对于什么样的人才是最好学之人的评价，更佐证了这一点。

第三句话的背景是，鲁哀公问孔子，他的弟子中谁最好学。孔子回答，是颜回。**有意思的是，孔子在描述颜回如何好学时，不是说他"手不释卷"之类的话，而是说颜回"不迁怒，不贰过"**。换言之，孔子认为最好学的人，不是读了很多书，也不是勤奋地练习什么技能，而是愿意从自己的错误中学习、同样的错误不犯第二次的人。

所以，从《论语》来看，孔子的学习对象，既包括亲历经验也包括替代性经验，即向自己学习、向他人学习。他的弟子曾子也学到了其中的精髓。而且，在孔子眼中，最好学的人不是读书最多的人，而是"不迁怒、不贰过"、向自己学习的颜回。

2. 学习的成果：行为、思维、知识

> 子曰："学而时习之，不亦说乎？有朋自远方来，不亦乐乎？人不知而不愠，不亦君子乎？"
>
> 子曰："文，莫吾犹人也。躬行君子，则吾未之有得。"
>
> 子曰："德之不修，学之不讲，闻义不能徙，不善不能改，是吾忧也。"

第一句我们很熟悉。这里的"学而时习之"，可以翻译为温习、复习，但因为"习"原意是指小鸟练习飞翔，所以将其理解为实践和练习更为妥当。因此，对于学习，孔子是要求落实到行为上的。

第二句，孔子的意思是："就书本上的学问而言，大概我与别人差不多。但说身体力行地做一个君子，我还没有达到。"你看，即便孔子被我们尊为"万世师表"，但他对自己的行为的学习也不满足，还希望做得更好。

第三句，孔子最担心的是不修养品德，不讲习学问，听到道理不去践行，有了过失不能去改正。这其实也是全部在谈思维和行为的学习。其中，"不善不能改"可以视为"过则不惮改"的反面说法，强调向自己的错误学习。

> 子曰："弟子入则孝，出则悌，谨而信，泛爱众而亲仁。行有余力，则以学文。"
>
> 子夏曰："贤贤易色，事父母能竭其力，事君能致其身，与朋友交言而有信。虽曰未学，吾必谓之学矣。"

第一句，孔子是说：年轻人在家要孝敬父母，出门要尊敬师长，行为严谨、说话守信，博爱大众而亲近有仁德的人；这些做好了，如果还有精力，就可以学习文章典籍了。

第二句是孔子的弟子子夏说的，意思是：如果人能尊重贤德而改变喜好女色之心，侍奉父母能尽心尽力，侍奉君主能不惜性命，与朋友交往言而有信，即便没有读书也可以说学到东西了。

以上内容尽管由于时代原因，现代社会不一定完全适用，但可以看出，这里谈的都是价值观的学习，也就是思维层面的学习。而且，在孔子看来，行为的实践和价值观的学习是排在知识的学习之前的，因为"行有余力，则以学文"。

"子以四教：文、行、忠、信"，这句话前面已提到，是孔子的教学大纲。通过这个教学大纲可以看出，孔子不只自己的学习非常全面，教学内容也非常系统。

3. 圣人可学而致之

在两千多年的历史中，孔子一直是作为圣人的形象存在的，作为普通人，我们会觉得他非常遥远。但通过前面的分析可以看出，孔子其实是非常善于学习的人，而这也应该是孔子作为圣人形象的重要原因。在《论语》中，孔子也多次强调自己并非圣人，仅仅是好学而已。通过这些内容，我们也可以进一步感受孔子的成长过程及成长背后的原因。

> 子曰："十室之邑，必有忠信如丘者焉，不如丘之好学也。"
> 子曰："默而识之，学而不厌，诲人不倦，何有于我哉？"
> 子曰："我非生而知之者，好古，敏以求之者也。"
> 子曰："若圣与仁，则吾岂敢？抑为之不厌，诲人不倦，则可谓云尔已矣。"

第一句，孔子说：即使在只有十户人家聚集的地方，也一定有像我这样忠实诚信的人，只是不如我这么热爱学习罢了。

第二句，孔子在说自己是怎样学习的。他总是多看、多听，并默记在心，努力学习不曾厌烦，教导别人不曾疲倦，这些事对他没有什么困难。

第三句，孔子说自己并不是天生知识渊博的人，而只是一个爱好古代的文化，并一直勤奋、敏捷地去学习它的人。

第四句，孔子说：如果说圣人与仁人，那自己可不敢当；自己只不过是对学习、工作不曾厌烦，教诲别人不知疲倦，不过如此而已。（在这几句话中，"诲人不倦"出现了两次。有意思的是，费曼学习法提出以教为学，被认为是非常有效的学习方法，而孔子"诲人不倦"背后的逻辑和费曼学习法其实是一样的。这一点，我们在后面会继续探讨。）

> 子曰："吾十有五而志于学，三十而立，四十而不惑，五十而知天命，六十而耳顺，七十而从心所欲，不逾矩。"

这也是我们非常熟悉的孔子的名言。很多人对于其中的"三十而立"很有感触，希望自己在三十岁的时候能够"而立"。其实，孔子之所以能"三十而立"，是因为他"十有五"开始"志于学"。而且，此后的内容，也不是说一个人到了相应的年龄之后就自然能够达到的状况，而是孔子每隔十年的一次重大成长和进步。这和孔子保持终生学习的习惯是密不可分的。

所以，从孔子的自我评价可以看出，孔子认为自己并不是"生而知之"的天才和圣人，只是因为非常好学，也很乐意教别人，并且保持终生学习，才成长起来的。这一点，和一千多年以后的另一位古代圣人王阳明的认识是一致的，因为改变王阳明命运的一句话就是——"圣人可学而致之"。

二、华为公司是如何学习的

现在的华为公司是人们非常熟悉的一家成功的公司，但华为公司最初的发展并不顺利。即便进入通信领域，华为也是从代理电信设备起家，销售小型用户机，这相当于电信市场的"边角料"。

为什么现在的华为公司能成为一家信息与通信的基础设施和智能终端的提供商，并在很多领域取得了巨大的成功呢？

其中一个重要原因就是华为公司是一个学习型组织。深入了解华为公司的学习方式，我们发现它基本上也是按照上述的学习模型进行的。

孟庆祥是一位在华为公司工作了二十多年的金牌讲师和营销顾问，在他所撰写的《华为饱和攻击营销法》一书中，除了介绍华为公司的营销方法，还有很多的内容是关于华为公司作为组织是如何进行学习的。

接下来，我们具体看看这本书中的相关内容。

1. 向他人学习

无论是华为公司最初组织架构的设置，还是后期产品的交付流程、营销的方法，不少举措都是华为公司向优秀的同行、向顾问公司学习的结果。

在华为公司最初从销售小型用户机向大型交换机转型时，由于两种产品不同，销售的方法也不同，华为公司所做的一项工作就是学习同行——设立产品行销部。

书中是这样描述的："华为第一个产品行销部是怎么来的？就是从业界抄来框架，在实践中完善职能，根据市场变化，不断调整组织架构和工作重点而形成的。"

在此后的发展过程中，华为公司内部的研发管理流程，也就是非常知名的 IPD （Integrated Product Development，集成产品开发），则是从 IBM 公司学来的。而且，华为公司在当时利润并不丰厚的情况下，竟花了 40 亿元的学费。而海外产品的交付流程，华为公司则是向已经具备成熟解决方案的竞争对手爱立信学习的。

华为公司在进入手机市场之后，在外行人看来，华为公司能将手机做起来看似并不困难，但在进入行业之初，华为公司其实同样面临着巨大的困难。

书中描述："摆在华为面前的则是各种困难。例如，（1）没有信心，对消费者业务打怵；（2）不懂行，终端公司的市场人员、研发人员都是做电信设备出身的，完全没有行业经验；（3）没有能够摆在桌面上的技术优势，华为公司技术开发能力强只是一种潜力，发挥出来才是优势，发挥不出来就不是优势。"

华为公司怎么解决这些问题呢？答案同样是通过向他人学习、向同行学习。

书中是这样写的："2011 年秋，小米炒热了线上销售手机的模式，销售强劲，打得传统厂商节节败退。因此，许多手机大厂都学小米的销售方法，最后真正做成功的只有华为的荣耀手机。2016年，OPPO、vivo两家厂商由于精耕细作传统渠道，手机销售做得风生水起，华为又发出了学习'OV'的文件。"

所以，向他人学习、向最优秀的同行学习，是华为公司发展壮大的一个重要原因。如书中所言，"探索多路径、快速学习行业先进经验的习惯已经融入了华为的文化之中"。

2. 向自己学习

前面已经提到，任正非注重"自我批判"的精神，要求全公司进行自我批判。而向自己学习，除了自我批判，对于行为实践中的亮点行为予以固化和复制，同样是一种重要的学习方式。

无论是销售还是研发，华为公司很多好用、有用的想法和创意都出自基层实操人员。公司将这些想法固化下来，推广复制。这就是一个向自己学习的过程。

比如，华为公司要推广一种新产品、一种新业务，一般很多地方都会同时推广，而各地的销售人员有不同的创造性推广活动，只要有一种办法获得了成功，公司就会复制、推广这种办法。

再如，华为公司的产品研发经理并不是总在研发室搞研发，还会花大量的时间去销售一线辅助产品推广、听取用户实际需求、扫除销售障碍。之所以有这样的文化，是因为在华为公司成立两年之后，由于产品质量一般，需要研发人员到一线去做支持和推广。这样就形成了研发支持销售，以市场为导向、以销售为导向的惯例。

如果没有将这些好的经验利用起来，按照任正非的说法，"华为最大的浪费是经验的浪费"。

所以，正是华为公司一边保持自我批判，一边不断找问题、找问题的解决方案，并将好的方案予以固化、复制，才让它无论在哪个行业，都可以快速成长。

3. 思维的学习

以上向他人学习、向自己学习，从表现形式来看，主要体现为一种行为的学习；而除了行为的学习，华为公司也进行了思维的学习。

一方面，华为公司有自己的核心价值观，价值观的贯彻和执行就属于思维的学习的一部分。另一方面，华为公司也通过自身的实践、任正非的思考，总结出了一些指导思想，并用这些指导思想来指导公司的经营，这同样是一种思维的学习。

正如孟庆祥在书中所写："他（任正非）像所有成功的、能干的企业家一样，是一位阅读现实的高手。公司不断地实践、任正非不断地琢磨，总结出一些零零散散的指导思想，这些思想体系化做得并不好，但它们长期指导华为的各种实践，时间一长，也被华为人尤其是领导层掌握了。

"……华为销售指导思想相当于销售的理论力学、材料力学，虽然不可能有工程学那么严密，但如果领悟透了，灵活运用，还是可以起到跨行业指导的作用的。"

总之，思维的学习对于华为的发展和壮大，同样至关重要。

三、学习的价值和意义

孔子 3 岁丧父、17 岁丧母，在青年时代，他的生活也并不如意，做过很多社会底层的工作，据说还看过仓库、喂过牲口。按孔子自己的话说，"吾少也贱，故多能鄙事"，但他并没有就此放弃，而是"十有五而志于学"。此后，尽管他"三十而立"，开始有了一些名气，但也并不得志。

而对于华为公司来讲，起步也只是一般的电信设备代理商，并没有特别高的起点。而且，公司在设立之初，因为缺少资金，还向员工募资，这件事情还曾多次被竞争对手投诉、举报。

但就是在起点这样的情况下，他们却因为持续学习，最终取得了常人难以企及的成就。所以，无论是个人还是组织，只要愿意学习，起点如何都不是重要的问题。

社会上总有很多人否定学习的意义，认为学习无用。其实不是学习无用，而是错误地学习无用。如果一个人仅仅是学习知识，在这个信息爆炸的时代，知识唾手可得，自然用处有限。而如果你如孔子一样好学、乐学，见贤思齐，见不贤而内省，过则勿惮改，又或者你在经营企业，愿意向同行学习、向自己学习，不断完善自己、提炼亮点，那成功也是相对大概率的事件。

所以，上述两个案例给我们最大的启发是，任何看似遥不可及的成功都不是一蹴而就的，而是一路学习、一路成长而最终获得的。

相比所谓的天赋、智力、起点而言，有着成长和学习的心态，一路接受挑战，不断调整自己，持续学习，不断成长，这才是成功的关键。

本章参考资料

[1] 罗伯特·斯莱文. 教育心理学：理论与实践 [M]. 吕红梅，姚梅林，等译. 10 版. 北京：人民邮电出版社，2016.

[2] 史蒂芬·柯维. 高效能人士的七个习惯 [M]. 高新勇，王亦兵，葛雪蕾，译. 北京：中国青年出版社，2018.

[3] 马尔科姆·格拉德威尔. 异类：不一样的成功启示录 [M]. 苗飞，译. 北京：

中信出版社，2014.

[4] 安德斯·艾利克森，罗伯特·普尔. 刻意练习：如何从新手到大师 [M]. 王正林，译. 北京：机械工业出版社，2016.

[5] 赵周. 这样读书就够了 [M]. 北京：中信出版社，2017.

[6] 本杰明·富兰克林. 富兰克林自传 [M]. 蒲隆，译. 北京：译林出版社，2015.

[7] 李零. 去圣乃得真孔子:《论语》纵横读 [M]. 上海：生活·读书·新知三联书店，2008.

[8] 孟庆祥. 华为饱和攻击营销法 [M]. 北京：北京联合出版公司，2021.

[9] D.R. 克拉思沃尔，B.S. 布卢姆，等. 教育目标分类学第二分册（情感领域）[M]. 施良方，唐晓杰，译. 上海：华东师范大学出版社，1989.

[10] A.J. 哈罗，E.J. 辛普森. 教育目标分类学第三分册（动作技能领域）[M]. 施良方，唐晓杰，译. 上海：华东师范大学出版社，1989.

[11] 孔子及其弟子. 论语 [M]. 陈晓芬，译注. 北京：中华书局，2016.

[12] 吴军,《科技史纲》专栏，得到 App.

[13] 靳大成,《靳大成论语·通读（上）(下)》专栏，得到 App.

[14] 张五常，思考的方法，爱思想网张五常专栏.

[15] 2020 年中国企业管理培训行业分析报告——市场规模现状与发展趋势分析，中国报告网.

[16] 前程无忧，2019 国内家庭子女教育投入调查，腾讯财经.

第二章 认识学习力
——现代人必备的底层能力

同样的老师、同样的课程、同样的教材，为什么学生的成绩差别巨大？

是天赋的差距，是努力的不同，还是方法的差别？

到底什么是学习力？

第一节 为什么要重视学习力

如果说我们对于学习很熟悉但了解很少，那绝大部分人对于学习力则很可能既不熟悉也不了解，更不重视。对于不少人而言，甚至不知道学习力的存在。就如曾经的一位律师同事和我说的那样："我第一次知道学习力，就是听你说的。"

在很多人看来，是否善于学习，更多的是与智力相关——智力越高，则学习越好。而智力又是天生的，所以很多人认为是否善于学习，也是先天的。然而，是否善于学习固然和智力有关，但智力并不起决定性的作用。

在查理·芒格看来，学习方法才是决定学习成效的关键。所以，是否善于学习，既和智力有关，也和学习方法有关。但更准确点来说，一个人是否善于学习，是学习力高低的体现。这里的学习力，既包括智力，也包括学习方法，还包括人的心理机制、动力等综合因素。

在第一章中全面认识了学习之后，这一章我们来完整地认识一下学习力。我们先来谈谈为什么要重视学习力。

一、学习力是底层的能力

学习力可以说是所有能力中底层的能力。因为所有的能力都是通过学习而得来的。只要你进行学习，就需要学习力。你学的每一个知识点、每一项能力、每一种思维，都和学习力息息相关。对于学校中的学生而言，同样的老师、同样的教材，却有不同的成绩，其关键原因就是学习力的不同。对于职场人士来说，人与人之间差距的体现，成长速度的快慢，关键也在于学习力的不同。

"磨刀不误砍柴工"，学习力就像那把刀，你所学的知识、技能、思维，都只是这把刀砍下的那些柴。你只有打磨了学习力这把刀，才可以更有效地砍到更多的柴。

二、提升学习力能带来巨大的价值

在第一章中我们谈到，个人、组织、国家都为学习投入了大量的时间、资金和资源。在这种情况下，即使我们仅仅提升1%的学习效率，也能产生巨大的价值。而效率提升的关键，就在于提升学习力。

学习力不仅包括学习方法，还包括人的心理机制。此前，我们提到查理·芒格的观点，也通过很多优秀人物的例子，探讨了方法对于学习效率的影响。这里，我们再看看心理机制的改变对于学习效率提升的重大作用。

2017年，斯坦福大学的心理学教授卡罗尔·德韦克因为对"成长型思维模式"的研究，获得了全球最大的教育单项奖"一丹奖"，奖金高达3000万港元。卡罗尔·德韦克教授之所以获此大奖，就是因为她通过研究，发现了思维模式对于学习的巨大影响。

在卡罗尔·德韦克教授的《终身成长》一书中，她提出人有两种思维模式：固定型思维模式和成长型思维模式。简而言之，前者是指人的智力、能力、性格等都是不可改变的，而后者是指人的智力、能力、性格等都是可以改变的。卡罗尔·德韦克教授发现，仅仅一个思维模式的转变，就可以大幅提升学生的成绩。甚至，在美国经济相对落后的印第安人居住区的一些学校，学生仅仅掌握并运用了成长型思维，他们的成绩就从原本全州排名末尾提升到了全州排名靠前。

试想一下，即使只是让某一个人的成绩从全班排名靠后提升到排名靠前，那也是极其困难的。而仅仅改变了思维模式，却可以让整个学校的成绩得到如此大幅的提升，这足以说明提升学习力的巨大价值。

三、学习力能让人有效应对世界的变化

阿里巴巴的张勇先生在一次演讲时说："知识是学不完的，因为这个世界充满变化。而这中间，唯有一点是不变的——从学会到会学。你如果善于学习，那么这个社会怎么变都不重要。"

无疑，这个世界确实如张勇所言"充满变化"，而且这种变化越来越快。信息大爆炸，知识更新迭代越来越快，已经成为现代社会的重要特征。从我们自己的切身体验可以发现，学校学到的知识和社会、职场所需要的知识之间是有巨大差距的。任何一个人，不管是否愿意，都必须面对这样的社会现实和客观环境。

面对这种变化，我们能做的就是从"学会"到"会学"。以前的社会，更多强

调和关注的是学到具体的知识、技能；未来的社会，随着人工智能的出现和科技的发展，知识会陈旧、技能会淘汰，甚至很多职业都可能消失，因此我们更需要学会如何学习。

我们时常在各类媒体和新闻里看到不少人因为行业变化，人到中年而面临岗位裁撤、职位消失，遭遇失业危机。从宏观上看，这是时代、行业及企业的原因所造成的，但从本质上而言，这是由于这些人学习力不足所导致的——他们不能快速学习并调整自己以适应时代。

在人类历史发展的很长时间里，社会变化并不大，人学到一些具体的知识或技能就可以使用一生，无须持续学习，也无须调整自己。但现代社会，新知识、新技能、新技术层出不穷，如果不能适应学习、无法跟上时代的发展，人就很容易被淘汰。

终生学习，不再是一个可选项，而是为了应对环境和社会变化的必选项。

因此，如果我们还停留在"学会"的层面，那么在未来的社会极有可能遭遇越来越大的困难。只有做到"会学"，拥有强大的学习力，你才可以一直与时代同步，不管未来如何变化，都可以泰然处之、坦然面对。

我们无法改变这个时代和社会，我们能做的只有快速学习、调整自己，以适应这个时代和社会。

学习力，是这个时代每个人的必修课。

四、学习力是面对激烈竞争的一项核心竞争力

无论是在学校、职场还是在商场，学习力都是一项核心竞争力，拥有优秀的学习力可以让人在激烈的竞争中脱颖而出。

在校期间，学习力强的人不仅可以考取更高的分数，成为"学霸"，还可以进入更好的学校，接受更好的教育，连接更优秀的资源、人脉。这样的人，显然有着更高的起点和更大的优势。

在职场中，无论你此前获得了什么样的学历，都必然面对各类的挑战和要求。如果有优秀的学习力，你就可以更好地适应挑战，也更容易做出成绩，为自己争取更多的发展机会。

在商场中，企业的创始人和团队是否拥有优秀的学习力，是评判一家企业是否可以成功及未来是否有发展空间的重要指标。

很多的投资人表示，在投资时，其重点关注的能力之一就是学习力。知名投资机构真格基金提出了自己的看人标准：3L（学习能力、相关经历、影响力）和3C（团队感情、团队互补、团队融洽），其中排在首位的就是创始人的学习能力。

无疑，学习力是每一个想要自我成长并想在激烈竞争中胜出的人，所必须重视并努力提升的能力。

学历代表着过去，学习力才代表着未来。

现在很多家长出于竞争的压力和内心的焦虑，送孩子上各种辅导班、培训班。然而，随着社会的发展，知识可能过时，技能可能跟不上时代，但如果掌握了学习力，那相当于拿到了一把可以打开未来每一道大门的钥匙。这才是在未来社会中每个人都必须具备的能力。

五、学习力是一项投入产出比极高的能力

学习任何一种知识、技能都需要投入时间和精力。就很多学科知识而言，我们从小学一年级一直学到大学，投入大量精力，但真正在未来职场中能够应用的却不多。相比而言，学习力如果作为一门学科或技能的话，可以说是一项投入产出比极高的能力。

一方面，相比各学科及专业知识，学习和训练学习力所需花费的时间并不多。尽管达到一流的学习力水平需要较长时间的练习，但对于大多数人而言，无须达到一流水平，只要做一些心理机制上的调整、方法技能上的改善，就可以得到极大的回报。

另一方面，学习力又是当今社会个人必备的一项技能，学习后的使用率会很高。一次学习，终生受用。"磨刀不误砍柴工"，相比拿着钝刀不停地砍柴，停一停，磨磨刀，砍柴效率的提升一定会超乎你的想象。

就我个人而言，这些年所取得的成长和进步，正是受益于查理·芒格关于学习方法的观点，并对学习方法不断进行研究和探索。尽管我在学习方法上花费了不少时间和精力，但相比从小到大在英语、语文、数学等学科上所花费的时间和精力而言，这些几乎可以忽略不计。而且，因为掌握了更好的学习方法，我的学习效率和收益都得到了大幅提升。

大约三四年前，我曾受邀为一个机构开讲股权税务的课程。接到邀请时，我对相关税务知识的了解几乎为零，但因为有自己系统的学习方法，我仅用三个月时间就完全掌握了相关知识，并做出了一个课程，顺利完成了授课任务。在我的授课对象中，还有不少是从业多年的税务方面的资深律师，但出人意料的是，我的课程得到了极高的评价。

如果不是因为我学会了学习，我不可能有信心接受这个挑战，更不可能用三个月时间系统掌握相关知识并完成授课。对于学习过学习方法之前的我而言，别说三个月，即使通过四年的本科学习，也未必能给其他同行授课。

因此，相比具体知识和能力的学习，花一些时间学习和掌握学习力，将带给你意想不到的收获。而我之所以写作本书，也正是因为自己体会过掌握学习力前后的巨大差别，我衷心希望把这种学习理念和方法分享给更多的人。

六、会学习的人有无限可能

于我而言，真正开始研究学习力是近四五年的事情，尽管自己因此获得了很多的收益，有了巨大的成长，但依然还在成长的路上。接下来，我向大家介绍两位研究学习多年的高手，他们所取得的成就或许能给大家更多的启发。

李笑来是广为人知的一位畅销书作家，他此前运营的一个公众号名称是"学习学习再学习"。他曾专门做过解释，这个公众号名称的意思是：学会学习之后再去学习。他撰写过很多本畅销书，按他自己的说法，那些书本质上其实都是关于学习的。

这样会学习的人，他的人生是什么样的呢？我们可以看看他的《自学是门手艺》一书中对自己的描述：

> 一个普通大学会计专业的人，不得已去做了销售；
> 这个销售后来去国内最大的课外辅导机构当了七年的 TOEFL/GRE/GMAT 老师；
> 这个老师后来成了很多畅销书、长销书的作者；
> 这个作者后来居然成了著名的天使投资人；
> 这个投资人后来竟写了一本关于编程入门的"书"；
> 这本"书"最终竟然是一个完整的产品，而不仅仅是一本"书"
> ……

所以，一个真正学会了学习的人，他的人生是有无限可能的。他可以从普通大学会计专业的毕业生，成长为课外辅导机构的英语名师；他可以从英语名师，转变为一位畅销书、长销书作家；他还可以从作家成为著名的天使投资人，甚至还能出版一本关于编程的书。

除了他自己，他的妻子因为受了他的影响，学会了自学之后，人生是这样的：

今天，她（李笑来的妻子）真的可以被称为"自学专家"了。各种运动对于她而言都不是事儿：健身，可以拿北京市亚军，登上《健与美》杂志的封面；羽毛球，可以参加专业比赛；潜水，潜遍了全球的潜水胜地，拿到的教练证比她遇到的所有教练拿到的都多、级别都高；帆船，可以组队横跨大西洋；爬山，登上了喜马拉雅山……

看了李笑来和他妻子的例子之后，不知道你有何感想。或许，你会说，他们确实很厉害，但并不是每个人都可以成为那样的人。当然，我无法确保你可以成为那样的人，但如果你不想，那必然就无法做到。不过，如果你之所以不想，或许是因为此前你在学习上表现不好，对自己没信心，那么我可以再给你讲一个真实的故事。

许岑，这个名字或许你没听过，他是全国知名的授课专家兼"网红"，罗永浩多年演讲的 Keynote 都是他制作的。他在"得到"上开设了一个专栏叫《如何成为有效学习的高手》，而他确实也是一个学习的高手。在两年时间内，他先后出版过很多与教程相关的书：英语教程、吉他教程、摄影教程、炒菜教程及如何制作教程的教程。而且，他还出版过一本关于幻灯片制作的书，发行过两张音乐专辑。

但令你想不到的是，这样一个看起来身怀绝技、学习效率极高的人，在他小时候其实是一个"学渣"。上高中时，在数学满分是 150 分的情况下，他只能考 30 多分；他的英语在初中和高中阶段，从来没有及格过。

然而，此后他却留学英国，获得了媒体管理硕士学位，回国之后他成为雅思名师，并在两年时间内出版了以上提及的那些教程和书籍。这一切的改变，就是因为他学会了学习。用他自己的话说，就是"学习方法转变了之后，你就可能进入一种新的、更高效的学习状态，获得全然不同的学习效果"。

通过以上两个例子，你应该可以感受到会学习的人和不会学习的人之间的差别所在，也可以知道，学习力是可以通过学习和训练提升的。

所以，为什么要重视学习力？因为学习力真的是这个世界上最重要的一种能力。只要你学会了学习，并持续学习，你的人生就拥有了无限可能。而我也非常希望这本书能够成为开启你学习"学习"这扇大门的钥匙。

第二节　认识学习力这个系统

学习力是底层的能力，可以让我们有效应对这个日新月异的时代，而且相比其他能力，学习力也是投入产出比极高的一种能力。什么才是学习力？是不是掌握了学习方法之后，学习力就能够提升？

对于第二个问题，答案是肯定的，通过学习方法的改变，学习力就可以得到提升。但这并不够。尽管有些方法可能有效，但并非每个人都适用。比如，前面提到孔子评价颜回的"不迁怒，不贰过"，看起来很简单，但很少有人能够去实践。因为很多人可能发现不了错误，而更多人即使发现了错误，也不愿意去改，甚至有些人对于"向自己学习、改正错误"是否是学习的有效方法都会提出质疑。

所以，我们需要系统地、完整地认识学习力，不仅认识其表层的方法，更需要了解方法背后的底层原理。

一、学习力是一个系统

学习力,顾名思义,就是学习的能力。学习力其实并非一个严谨的学术概念,目前学术上也没有一个权威的定义。百度百科将学习力解释为一个人或一个企业、一个组织学习的动力、毅力和能力的综合体现。这种解释固然说不上错误,但我个人认为不够全面和严谨。

本书并非一本严谨的学术著作,所以并不会对学习力给出一个非常严谨、准确的定义。但基于学习力的重要性,我依然希望能从实用的角度解析影响学习力的所有要素,以便读者全面、系统地认知学习力,进而使自身的能力得到针对性的提升和改善。

1. 学习力的三大要素

影响学习力的要素有哪些?想要回答这个问题并不容易,因为学习力涉及的要素颇多。如果结合生活经验,以及目前的学术研究成果,我们可以对其中的某些要素有一个全面的了解。

我们先假设这样一个场景:同样的老师、同样的课程、同样的教材,学生的基础也相差无几,在整个教学过程中,只有老师上课、学生听讲,学生在课后也做同样的练习题,并且学生不得参加课外辅导,也不得阅读课外材料。那么,在老师上课一段时间后,学生的成绩是否会有所不同?如果会,是因为什么?

我想,上述第一个问题的答案是肯定的。学生成绩之所以不同,根据生活经验可知,可能是因为他们的智力不同、努力程度不同,或者是因为上课专注程度不同、学习方法不同等。所以,智力、努力程度、专注度、学习方法,可以说都是学习力的构成要素。

这些要素是否涵盖了学习力的全部要素呢?答案是否定的。因为在本章第一节中,我们提到了卡罗尔·德韦克教授的研究成果——人的思维模式会极大地影响学习成绩,这种科学研究成果应该比生活经验更有说服力。所以,思维模式也是影响学习力的要素。

在学术领域,除了卡罗尔·德韦克教授的研究,在认知心理学、教育心理学、神经科学等领域,同样有大量的研究成果揭示了影响学习力的各种要素。

生活经验及学术研究都显示有如此多的要素会影响学习,那么如果我们想对各个要素进行全面的解析,如何才能做到呢?

如果我们一个个地罗列,那确实很有难度,且几乎难以全部涵盖。换一个角度,如果我们不从生活经验及不同学科的视角出发,而从学习的过程来认识学习力,那么这个问题将变得相对容易。这怎么理解呢?

在第一章中，我们谈到学习的对象在本质上来讲都是经验，只不过是不同形式的经验。如果我们深入追问一下，经验的本质是什么呢？人的经验又是如何获得的呢？

答案是，经验的本质是信息。因为人是通过自己的经历而收获经验的，而从神经科学的角度来说，人的各种经历其实是感觉器官输入信息的过程。当然，人的大脑会对信息进行加工，但从本质上来讲，经验的来源仍然是信息。

在理解了经验的本质是信息后，我们就可以知道，学习本质上是大脑输入信息，并处理和存储信息的过程。（这一点，我们在第三章中会深入探讨。）

其实，这正是认知心理学派中的信息加工理论的观点。信息加工理论，是指随着计算机科学的发展，一些心理学家发现，人的大脑和计算机具有很强的相似性，而人的学习也与计算机加工、存储信息的过程极为相似。于是，他们就用计算机加工和存储信息的过程来理解和认识人的学习。

既然我们可以将学习的过程类比为计算机加工和存储信息的过程，那么如果我们想要理解影响学习力的要素，就可以将问题转化为"影响计算机加工信息的都有哪些要素"。

此时，问题已变得简单。因为对于计算机而言，影响信息加工的主要是硬件和软件。不过，这只是从计算机本身的视角来看的。如果我们换一个视角，探讨一下：硬件和软件配置相同的计算机，为什么处理信息的效率依然会有差别呢？比如，同样一台苹果计算机，对于初学者来说，使用效率很低；而对于精通各种快捷键的高手而言，使用效率却变得极高。这又是为什么呢？

答案是，这和使用计算机的技巧、方法关系极为密切。方法越正确、技巧越熟练，同样配置的计算机，处理信息的效率也就越高。

综上所述，影响计算机信息加工过程的要素可以概括为三种：硬件、软件、使用方法。回到人的视角，人的大脑和神经元，构成了我们学习的硬件；人的心理机制，相当于安装在大脑中的各种软件；学习方法，就是运用大脑的方法。

所以，结合对计算机处理信息过程影响要素的解读，我们同样可以将学习力拆分为三大要素：大脑和神经元（硬件）、心理机制（软件）、学习方法。

你或许会好奇：一般谈学习力的书籍，只要讲述方法就可以了，为什么还要探讨学习的硬件和软件？

因为硬件和软件是学习方法的基础。这就像对计算机的使用，如果没有硬件和软件的相关知识，没有了解硬件和软件的特征，那必然是无法正确使用计算机的，甚至可能会损伤计算机。与此同时，如果有不同的人告诉你计算机的不同使用方法，这些方法之间还存在冲突，你就无法分辨哪种使用方法是正确的。

学习方法类似。现在市面上流行着各种各样的学习方法，因为没有神经科学和心理学的理论支持，很多学习方法只是个人的经验总结，适用的场景有限，而且需要一些特别的前提和条件，因此对很多人是无效的。不仅如此，市面上甚至还充斥着各种各样冲突和矛盾的学习方法，如果不了解底层的原理和基础，我们根本无法分辨到底哪种学习方法是正确的、哪种学习方法是错误的。

如果我们了解了大脑和神经元、心理机制的特征和运行原理，就可以找到真正科学、有效的学习方法，也可以在众多冲突的方法中，判别到底哪种方法才是真正有效的，甚至我们还可以基于底层原理，自己创造一些方法。所以，了解和认识学习的硬件和软件，是掌握学习方法的必要条件。

2. 学习的硬件：人的大脑和神经元

学习的硬件主要是指人的大脑和神经元，它们是人学习的生理基础。神经元是神经细胞的专用名称，也是大脑的重要构成细胞。之所以需要单独列出神经元，是因为从底层来说，学习是在神经元中进行的。

尽管我们此前举了很多例子，说明了学习方法对学习力的各种影响，但在很多人看来，对学习影响最大的还是硬件部分。因为绝大部分人认为，人的学习力主要和智力有关，而智力通常被理解为大脑这个硬件在性能上的表现。

然而，有意思的是，尽管绝大部分人认为大脑和学习关系密切，但很少有人对大脑进行了解。或许，在他们看来，反正智力是无法提升的，所以认识大脑的价值也不大。

事实并非如此。智力其实是可以提升的，即使不是出于提升智力的目的，当我们对大脑这个硬件有了更多了解和认识之后，也可以更有效地运用大脑，提高学习效率。这就如同计算机软件专家，为了更好地使用计算机，他必然要了解一些计算机硬件的知识。

目前的神经科学领域已经对大脑有了深度的研究，对于大脑的内部结构、功能划分、运行机制，也已经有了非常充分和系统的认识，甚至已深入细胞和分子层面。基于这些研究结果，我们就可以清楚地认识以下问题：

人学习的过程在大脑和神经元中是如何进行的？记忆在大脑和神经元中是怎样进行的？人的智力是由什么决定的？我们应如何改善学习效果？我们应怎样提升记忆力？

脑神经科学的研究表明，学习会形成神经元之间的连接。如果我们希望学习效果更好，其实就是让神经元之间的连接更紧密、更广泛。而研究进一步表明，重复是神经元之间形成更紧密、更广泛连接的必要且重要的方式。

人们因为不了解这个原理，出于本能，往往不喜欢重复，尤其是对于成年人的学习来说更是如此。比如，有些人参加了很多课程，读了很多书，但从不复习，在他们看来，"学过了"就等于"学会了"，其实二者差别巨大。因为仅仅一次学习，在大脑中难以形成相应的神经元连接，但由于不喜欢重复，所以他们看似参加了不少学习，却收效甚微。

在后续的内容中，我会用很多优秀人物的真实例子向大家表明，那些人之所以学习力强，其中一个重要原因就是他们会不断重复所学的内容。

所以，当了解了底层原理后，我们就可以更清楚地认识到一些学习方法的问题所在，也可以知道到底什么才是真正有效的方法。这就是了解大脑和神经元的意义所在，也是本书在探讨学习力时，会介绍大脑和神经元相关内容的原因。

3. 学习的软件：人的心理机制

学习的软件是指人的各种心理机制。类似于计算机运行时需要安装软件，在人的大脑中其实也安装了很多软件，这些软件就是人的各种心理机制。

谈到学习，智力上的差别大致是可以感受到的，人们也喜欢用"聪明"或"不聪明"来评价；学习方法，也是可以通过观察得出的，因为"学霸"往往有着更实用的学习方法。但对于心理机制而言，如果不是相关的研究结果，人们在日常生活中通常并不关注，也不了解。

相比大脑和神经元而言，人的心理机制对于学习的影响更为关键。因为对于绝大部分人来说，硬件基本相差不大，反而是心理机制上的不同，在很大程度上使学习成果产生了差异。前面提到的卡罗尔·德韦克教授的研究结论就是一个典型的例子。

很多的教育实战专家也认为学习主要是由心理机制这个因素决定的，知名的教育专家、全国优秀教师王金战就持这样的观点。王金战老师是中国教育界的一位传奇人物，他曾经带的一个班55名学生中，有37人分别入读清华大学、北京大学，有10人分别入读英国剑桥大学、牛津大学、美国耶鲁大学等名校。

他在一次演讲中说："当一个学生反复遭遇失败的打击后，便成了差生。咱可以设想，作为一个母亲，谁有这么大的本事，一定会生出一个差生来？是教育把学生培养成了差生，让他反复遭遇失败的打击，一个差生便诞生了。所以让一个差生变好，我的秘密武器很简单，就看你敢不敢用，就是反其道而行之——让他反复享受成功的喜悦。这样这个学生就一定能走出困境，走向成功。"

所以，在王老师看来，一个学生是否属于差生，主要是由他的心理机制，也就是大脑的软件所决定的。

4. 学习方法：知识、行为及思维层面的学习

学习方法是影响学习力的另一大要素，也是和学习力直接相关的要素。其实，即使我们对大脑的硬件和软件知之甚少，仅仅掌握了一些方法，也足以让学习力有大幅提升。我个人也是因为看到了查理·芒格关于学习方法的名言之后，才开始研究学习方法的，从而大幅提升了学习力。所以，掌握和改变学习方法，是快速提升学习力的路径。

不过，学习方法仅相当于冰山一角，真正起决定作用的，是底层的硬件和软件。如果没有充分理解底层原理，我们很可能无法认识到学习方法的价值，甚至有正确的方法也不会使用。

比如，在后续的章节中，我会介绍记忆和理解的重大差别。如果没有从神经元层面认识到记忆和理解的不同，绝大部分人不会刻意对知识进行理解，以为记忆知识就是一种有效的学习方法。甚至，即便有人告知"学习一定要理解知识"，绝大部分人也不知道理解的意义和价值所在。

如果从神经元层面认识到理解是信息之间产生关联，而记忆仅仅是信息存储在大脑中，我们就能真正认识到理解和记忆的差别，也知道了理解的意义、价值，以及如何更好地理解知识的方法。这样你就更有可能真正地去理解知识。（关于什么是理解，我会在第三章、第五章中分别进一步介绍。）

所以，我们一方面要认识到方法的重要性，另一方面也需要超越方法。

需要强调的是，本书所提出的学习方法并不仅仅限于知识的学习。目前，绝大部分关于学习的书都以知识的学习为主，但通过第一章的学习模型我们知道，知识的学习只是学习中很基础的一部分，学习还包括思维的学习、行为的学习。

总之，通过以上的分析和探讨，相信你对学习力会有相对全面的初步认识。在后续内容中，我会对学习力的各个要素进行细致的拆解，并结合先进的科学研究成果、大量的真实案例，进行深度的讲解和阐述，以方便大家对学习力有更系统而全面的认识。

二、心理机制为什么是大脑的软件

通过学习前面的内容，你是否有这样的疑问：人的心理机制为什么是大脑的软件？或许，根据自己的认知，你也可以大致理解这种说法。但如果我们想要更好地了解心理机制的特征，就有必要进一步认识软件，并更具体和深入地认识心理机制和软件到底有哪些相似之处。

1. 中国的算盘为什么说是最早的计算机

绝大部分人对于"软件"这个概念或许并不陌生，也知道 Word、计算机的操

作系统等都属于软件。但如果要说清楚"为什么这些属于计算机软件""软件有什么特征",相信不是计算机专业的,绝大部分人应该回答不出。

当然,本书也并非计算机专业的书籍,我也不打算详细地给大家介绍到底什么是软件。但我想从最早的计算机——中国的算盘开始讲起,简单介绍一下什么是软件。

据说在美国硅谷全球最大的计算机博物馆的在入口处就摆放着一把中国的算盘,并在展牌上写着"计算机 2000 年的历史"。看到这里,你应该会有疑问:算盘是计算机吗?

众所周知,计算机的发明者是冯·诺依曼,发明计算机的时间是 20 世纪 40 年代。为什么硅谷的计算机博物馆会将中国的算盘视为最早的计算机?而且,中国其实并不是第一个发明算盘的国家,最早的算盘出现在希腊。即使算盘可以被视为计算机,为什么是中国的算盘,而不是希腊的算盘?

答案是,因为中国的算盘有软件,而希腊的算盘只能存储信息,没有软件。你或许更加困惑了:为什么说中国的算盘有软件呢?

现在,我们可以来看一下什么是软件了。软件,简单来说就是程序和数据按照一定顺序组成的集合。其中,程序是核心。这也是为什么"程序"和"软件"两个词经常会替换使用的原因所在。

那什么是程序呢?程序,是一组计算机能识别和执行的指令。所以,程序其实就是一系列指令的集合。

那问题又来了,什么又是指令呢?指令,是指挥计算机工作的指示和命令。比如,最简单的指令是这样的:

```
if(…)
then(…)
```

这个指令的意思是,如果出现了 if 后面括号中的情况,那就执行 then 后面括号中的指令。所以,这样解释后,相信"什么是指令"就不难理解了。前面提到,程序是一系列指令的集合,那对于程序也就不难理解了。

我们再来看一下中国的算盘是怎样使用的。大家知道,中国的算盘有一套口诀,比如"三下五除二"。这句口诀的意思是,拨打算盘时,在一定条件下,如果加三,就要先把上半部分代表五的珠子落下,再从下面扣除两个珠子。这个时候,这个口诀可以用计算机语言表示:

```
if(加三)
then(下五除二)
```

所以,算盘的口诀在本质上就是一种指令。当然,算盘也不止"三下五除二"

一个口诀，而是有一整套口诀。换言之，算盘是有一套指令集的。我们说，程序就是指令的集合，所以算盘的口诀就是一种程序。

既然软件是由程序和数据构成的，那算盘中有数据吗？答案是，有的。你在计算时，在算珠上记载的那些数字就是数据。所以，中国的算盘既有程序又有数据，它们组成了一个完整的软件。

从这个角度来讲，你现在应该可以理解，中国的算盘为什么可以视为最早的计算机了。希腊的算盘之所以不能视为计算机，因为它仅能存储数据，没有配套的指令进行计算。

2. 计算机软件的分类

在了解了什么是软件之后，要了解心理机制和软件的相似性，我们还需要再了解一下软件的类型。总体上来说，软件大致分为三种：操作系统、应用软件、驱动程序。

1）操作系统

微软的 Windows 系统及苹果的 macOS 系统，都是常见的操作系统。操作系统给人最直观的感受是提供了一个人与计算机交互的界面。除此之外，大部分人对操作系统了解很少。那什么是操作系统？它又有什么功能呢？

简而言之，操作系统是全面管理计算机硬件和软件的基础软件，我们可以将其简单理解为计算机的"大管家"。其中，操作系统最核心的功能是对信息输入、输出的管理，以及资源和能量的调配。

比如，用键盘、鼠标等设备输入信息，这就是操作系统的功能；同时开启多个软件，内部的资源该如何分配，以避免死机和卡机，这也是操作系统的功能。

2）应用软件

我们在计算机上直接面对的就是一个个应用软件，如常用的 Word、Excel 等都是应用软件。

和操作系统不同的是，应用软件是为了完成某一项或某几项特定任务而被开发出来的软件。比如，Word 是为了完成文字处理任务，PowerPoint 主要被用于幻灯片制作。

我们还需要注意，应用软件和操作系统是分层的，换言之，应用软件是安装于操作系统之上的。没有操作系统，或者操作系统的版本较低，都将影响应用软件的使用。

3）驱动程序

相比操作系统和应用软件，对于驱动程序我们可能相对陌生。而且，现在不少驱动程序被整合进了操作系统，我们对它的了解越来越少。但这并不表示计算机不需要驱动程序，它只是换了一种呈现方式。那什么是驱动程序？

准确地说，驱动程序是一种可以使计算机的硬件和软件相互通信的特殊程序。我们可以将其简单理解为，驱动程序是操作系统、应用软件和计算机硬件之间的一个翻译。

驱动程序具体的工作流程是这样的：当你用软件在计算机中点开某段音乐时，需要先发送指令到声卡驱动程序，声卡驱动程序接收指令后，会马上将其翻译成声卡才能听懂的电子信号命令，从而让声卡播放音乐。

4）三种软件的关系

最后，我们再来简单总结一下以上三种软件的关系。应用软件在计算机中数量最多，它可以帮助我们完成一项项任务。每一项任务都可以有相应的应用软件来承载和实现。操作系统是应用软件底层的软件，负责对计算机中的硬件和软件进行管理，其中最主要的是对信息和资源进行管理。而驱动程序，可以说是更为底层的一个软件，负责将软件的指令翻译成硬件能听懂的语言，并启动硬件运行。如果没有驱动程序，计算机的硬件将无法运行。

3. 人的心理机制和计算机软件有哪些相似之处

美国知名的人工智能科学家特伦斯·谢诺夫斯基在《深度学习》一书中写道："我们的大脑如何管理这些信息仍然是一个谜。如果我们能够弄清楚大脑的操作系统是如何工作的，就可以基于相同的一般原则来组织大数据。相应地，意识也可以被解释为运行在大脑的操作系统中的应用程序。"

尽管在科学层面上对于大脑如何管理这些信息尚未完全清楚，但基于对计算机软件的了解和认识，我们依然可以将人的心理机制和计算机软件做一个类比。尽管这种类比并不严谨，但可以让我们更好地理解和认识人的心理机制。

我们该如何进行类比？是不是如很多人一样，将大脑整体视为一个操作系统，然后将认知提升和改变的过程，统一称为升级了大脑的操作系统呢？

答案是否定的。因为人的心理机制多种多样，如果仅用操作系统进行类比，那会显得过于粗略，对我们认识人的心理机制也作用有限。我个人认为，至少我们需要如特伦斯·谢诺夫斯基一样，识别出大脑既有操作系统，又有应用程序。而且，我们还可以用驱动程序进行类比，因为人的动机系统和驱动程序也很相似。

1）大脑的操作系统

我们已经知道，操作系统是计算机底层和基础的软件，全面管理计算机的硬件、软件，信息的输入、输出及资源的调配。而反观人的心理机制，尽管我们无法明确命名大脑用的是什么操作系统，但依然可以发现，大脑中也有类似的一套程序和指令来管理信息的输入、输出，以及调配大脑的资源。

比如，前面谈到神经元连接增强的一个重要方法是"重复"。但为什么需要"重复"？因为大脑的操作系统下了指令，只有重复到一定次数的信息才可以被长期存储在大脑中。否则，如果所有输入大脑的信息都被长期存储的话，大脑将会过载。

重复是神经元之间形成更紧密、更广泛连接的必要且重要的方式。

此外，信息的输入需要以注意力为前提，因为人的注意力是有限的，所以人的注意力怎么分配，大脑是有一套指令集合来进行管理的。这些就可以看成是大脑的操作系统在对信息的输入进行管理。

在经典名著《思考，快与慢》一书中，作者丹尼尔·卡尼曼提出：人有两套思维系统，系统一和系统二。其中，系统一依赖情感、记忆和经验迅速做出判断，系统二则需要理性来分析和解决问题，并做出决定。在绝大部分情况下，人会启用系统一，只有在少数情况下才会启用系统二。

我们再深入思考一下，大脑为什么会有这种区分呢？因为大脑资源有限，所以大脑需要优先启用系统一，以尽可能地降低能耗。这就是大脑的操作系统在调配能量和资源的过程。

总之，大脑中有很多的指令来管理能量、信息，而这些指令的集合，就可以视为大脑的操作系统在运行。

2）大脑的应用软件

前面提到，应用软件的功能是完成一项或多项任务。因此，只要能够完成一项任务，就可以被视为一款独立的软件。从这个角度来看，人的大脑其实装载了很多的应用软件。比如，学习、思考的过程都可以视为一款款应用软件在运行。而人的各项技能，如绘画、写作、演讲等，也可以视为后天安装的应用软件。

这种类比，相信不难理解，因为现在的人工智能技术越来越先进，很多人工智能产品能够与人沟通、对话，甚至可以写作、制作音乐，这都是应用软件在发挥作用。

对于本书而言，重点是研究人学习的心理，所以，在第四章中，我将学习机制视为一个独立的应用软件，并尝试考察和认识这个应用软件的功能和特征。届时你会发现，我们绝大部分人都仅仅了解和应用了学习机制的一小部分功能。

3）大脑的驱动程序

通常情况下，想让一个人采取一定的行动，往往需要满足他的需求、激发他的动机。这像极了计算机在运行时，需要先将信息发送给驱动程序才能启动硬件。

这也是我将人的动机系统类比为计算机的驱动程序的原因。

当然，人的动机系统是一个相对复杂的系统，而且相比计算机的驱动程序，是一个更为主动的软件。因为驱动程序都是被动的，而动机系统却能主动地发起行为。关于动机系统的特征，我们将在第四章中进一步探讨。

第三节 认识学习力模型

通过前面的介绍，相信你对学习力及它的构成有了相对全面的认识。在这一节，如同第一章对学习模型的构建一样，我将尝试构建一个学习力模型。通过学习力模型，你可以更加清晰地认识学习力的构成要素，以及各个要素之间的关系。

一、学习力模型和应用

结合此前的内容，以及硬件、软件、学习方法之间的关系，我们可以将学习力用图 2.1 中的模型予以呈现。

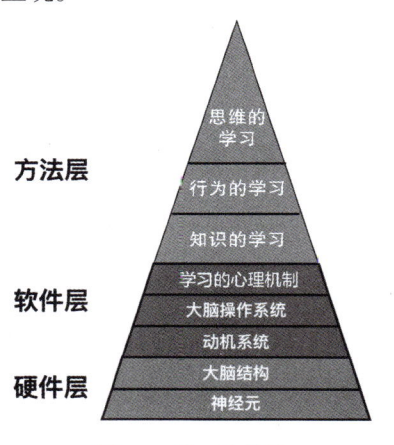

图 2.1 学习力模型

1. 学习力模型的说明

总体来讲，学习力的构成是分层的，共三层，下面是硬件层，中间是软件层，上面是方法层。其中，硬件层又分为神经元和大脑结构，之所以神经元在底层，是因为大脑中的学习主要发生在神经元中。软件层则和计算机的软件系统类似，学习的心理机制类似于应用软件，位于上层；在此之下，是大脑操作系统；在大脑操作系统之下，则是类似于驱动程序的动机系统。而在方法层，从下到上依次为知识的学习、行为的学习和思维的学习。

至于为什么这样分层，硬件层和软件层在前面已有所介绍。而方法层的分层，和学习模型是一致的，知识的学习是基础，在此之上依次是行为的学习和思维的学习。之所以思维的学习在上面这一层，是因为思维的学习起决定性作用。正如撒切尔夫人所言：思想决定行为，行为决定命运。

2. 学习力模型的应用和价值

在了解了学习力模型后，我们来进一步探讨该模型的应用及价值。学习力模型至少有以下两点价值。

首先，学习力模型中的分层可以让我们更全面、更系统地认识学习力。

一直以来，对于是什么原因使学习结果产生差别，或者说是什么原因造成了学习力的差别，这像一个黑箱——很难被看透。

大多数人认为是智力的原因，也就是硬件性能上的差别，造成了人和人学习结果的不同。而且，他们将智力理解为是先天的、固定的，于是这些人就认为天赋是影响学习至关重要的因素。

有不少人则认为，是方法上的不同造成了学习结果的差别，于是他们很看重学习方法，也不断优化自己的方法。还有一部分人则坚信态度决定一切，认为学习不好，就是不认真所造成的。在他们看来，心理因素是影响学习成果的关键，而且在心理学上也有不少研究支持这个结论。

可以说，上述这些观点都有可取之处，但都不系统、不全面。之所以有这些不同的观点，是因为绝大部分人都只基于个人的观察、经验，或者仅仅从某个学科的视角出发来看待和研究学习力。

从学习力模型可以看出，学习力其实是一个多层级、多因素的系统。不同的因素之间相互关联、相互影响，如果仅从一个层面或维度来看学习力，显然是无法看清全貌的。

基于这个模型，你可以知道，为什么两个智力水平相近的人，在学习上会有很大差别。这背后很可能是方法的不同，也可能是心理上的不同。为什么有人态度很好，智力也基本正常，但学习结果依然不好？那很可能是方法出现了问题。

当然，这只是粗略的探讨，这个模型也只是一个总体的框架。如果进一步细化，我们还可以针对某一个维度发现更多细节问题。比如，某人学习态度很认真，却有着严重的固定型思维，那也会极大地影响学习的结果。

其次，我们可以通过学习力模型找到自己学习力薄弱的地方，予以改进。

除了更加系统地认识学习力，更重要的是改善和提升学习力。如果我们能够看出学习力的问题所在，自然也就能更好地提升学习力。

有了学习力模型，我们就可以以类似清单的方式，自检在硬件、软件和方法层面的各个环节和要素，从而发现盲区和问题所在，并进一步改善学习力。

很多人在提升学习力时，容易仅关注学习方法的调整，因为那是最直观也是最直接的。事实上，如果我们没有认识底层原理，方法过多，反而很容易让人无所适从。

你或许听过这样的说法，"学习方法很多，重要的是找到一个适合自己的"。但正如"得到"的专栏作家万维钢所言："正确的学习方法只有一种风格。"正确的学习方法必须和人的大脑及心理机制的运行原理相匹配，否则所谓的"适合"，很可能只是一种错觉。

系统地了解了硬件和软件的基础知识之后，你就能找到如万维钢所说的那种正确的风格，也才能更有效地应用相应的方法。

二、学习力三大要素的关系

尽管我们知道了学习力的构成要素，但如果没有正确认识它们之间的关系，依然会影响我们对学习力的提升和改善。

那么，学习力的三大要素之间，究竟是什么关系呢？

概括来说，三者的关系是这样的：学习方法是提升学习力的最直接要素，如果能够改善学习方法，学习力就可以得到提升；作为硬件的大脑和神经元，是学习力的前提和基础，但硬件对学习力的影响比你预想的要小；作为软件的心理机制，是提升学习力的核心关键要素，没有心理上的支撑，人不会应用学习方法，硬件的功能也无法得到发挥。

1. 学习方法是提升学习力的最直接要素

前面已经多次提到，人一旦改善学习方法，学习力就可以得到提升。许岑从"学渣"到"学霸"的逆袭，就是因为学习方法的改善；而我个人的改变，同样是因为学习方法的优化。在本书中，我们会用三章的内容来详细介绍学习方法，其中会介绍很多优秀人物所使用的各种不同的学习方法。那些人之所以优秀，在很大程度上也是因为使用了正确的学习方法。

你如果真的将本书中的学习方法都予以实践和应用，我确信，你的学习力一定会得到质的提升。

2. 硬件对学习力的影响比你预想的要小

很多人认为智力是影响学习力的关键要素，而他们又将智力理解为先天的、固定的，于是也就认为学习力是无法提升的，放弃了努力。其实，智力不完全是硬件问题，更重要的是，智力对学习力的影响也没有预想的大。

1）智力不完全是硬件问题

智力在一定程度上确实可以理解为大脑性能的体现，但这个硬件的性能其实是可以提升的。

在耶鲁大学心理学教授理查德·尼斯贝特所写的《认知升级》一书中，作者的观点是："环境能够在很大程度上影响智商的高低。如果我们能够找到正确的方法改变环境，环境就有可能更大程度地影响智商。"在书中，作者还介绍了很多的研究成果。比如，通过研究发现，没有接受教育的人或者已退学的学生，智商会出现下降；而一些青少年，仅仅接受了三个月的教育，智商就会有明显的提升。

美国另一位认知心理学家斯科特·考夫曼出版的《绝非天赋：智商、刻意练习与创造力的真相》一书中，也通过大量研究提出了一个核心观点：人的智力水平会随着心理发展而不断进化。

此外，心理学家詹姆斯·弗林通过研究，在1983年提出了弗林效应：在此前的半个世纪中，所有发达国家年轻人的智商指数，都出现了持续增长，1932年至1978年，美国年轻人的智商指数平均提高了14点。

智力水平测试的最初提出者法国的心理学家阿尔弗雷德·比奈认为，智力并不是一个固定数值，而是具有多样性的；同时，智力也是动态的，需要对儿童的智力进行持续测试。因为每个儿童智力的发展进步速率不同（在阿尔弗雷德·比奈生活的时代，只对儿童的智力进行了研究）。对于那些经过测试被收入特殊学校的儿童，阿尔弗雷德·比奈的说法是："成为特殊学校的一员永远不应该作为区分儿童的标志，请不要为这个标签做辩护，万不可以此对儿童妄下定论。"

总之，大量研究表明，智力（智力和智商有着很大差别，但本书不做过细的区分）并非先天决定的，而是与后天的环境及所受的教育有莫大的关系，可以通过后天提升。

2）智力对学习力的影响没有想象中那么大

事实上，智力不仅不是完全由先天决定的，而且智力对学习的影响也没有想象中那么大。我们可以再看一下前面提到的认知心理学家斯科特·考夫曼的故事。

斯科特·考夫曼在上小学时，曾经一度因为智商测评分数很低，被认定有学习障碍，并被分进了"特别教育班"。但他不服输，在高中毕业时，他的成绩门门高分，最终他获得了耶鲁大学的博士学位。

一些心理学家对智力与学习的相关性进行了大量研究，这些研究大多数说明智力对学习的影响并没有想象中那么大。在《认知升级》一书中，作者理查德·尼斯贝特详细介绍了智商与学业成绩相关性的各种研究，其中最可靠的研究显示，两者的相关度大约为60%～70%。

如果再结合前面的研究，我们可以知道智商本身是可以提升的。所以，这里的相关度60%～70%的数据还需要被进一步细分，即有多少是先天的，又有多少是后天提升的。

需要特别强调的是，以上所做的研究仅针对学校中的知识的学习而言。如果将学习的过程大致分为输入信息、处理和存储信息两个过程，那么与智力关系更为密切的是处理和存储信息的过程，而输入的信息则主要和环境、成长经历，以及个人的好奇心、开放程度等相关。之所以人们认为智商重要，是因为学校中的学习输入的信息基本是一致的，差别主要在于处理和存储信息。而离开了学校之后，人和人之间存在差别的更大的原因是输入的信息不同，即他是否能够保持终生学习、是否进了一个好的组织、周边的人群环境如何等。

此外，以本书所定义的"学习"来看，目前智力对于学习影响的研究也是值得探讨的。如第一章所提到的，我们将教育体制中的知识的学习错误地当成了学习的全部，因此目前智商对学习影响的研究，主要是智商对知识的学习影响的研究。事实上，完整的学习还包括行为的学习、思维的学习，但智商对这些方面的影响，目前并没见到相关的研究。

3. 心理机制是提升学习力的核心关键要素

相比学习方法和大脑硬件，更重要和关键的是软件部分，即人的心理机制。一方面，大量的研究结论证实，心理机制对于学习力的影响最为重要；另一方面，如果从信息加工理论来看，心理机制其实在很大程度上决定了人是否愿意输入信息、输入什么信息，而这对于学习和人的成长至关重要。

1）研究证实了心理机制对学习力的重大影响

前面我们提到了成长型思维对人学习的重大影响，除了卡罗尔·德韦克教授的研究成果，还有大量研究证实了心理机制对学习力的重大影响。

美国斯坦福大学曾做过一个经典的"棉花糖实验"，证明了延迟满足感对学习力的重要性。在这个实验中，实验对象都是仅有四五岁的学龄前儿童，实验人员给那些孩子每人一块棉花糖，并告诉他们：如果能在20分钟内不吃棉花糖，那就可以再获得一块。实验中，一部分孩子克制住了，而另一部分孩子没有。有意思的是，研究人员在随后的几十年中跟踪研究了那些实验对象，发现能克制住不吃棉花糖的孩子，在学业成绩上往往更好，未来的人生成就也更高。可见，延迟满足感对学习力有重大的影响。

美国知名的教育家罗伯特·J. 马扎诺，则从另一个维度研究了动力对于学习力的影响。在他和他人合著的《如何调动与激励学生》一书中，研究了调动与激励学生的重要性。在他们看来，改善学生表现、调动学生的激情和内在动力与教授知识同样重要。即便在预测通常被认为对智力要求较高的数学这门学科的成绩时，他们发现对预测贡献更大的也是动力而非智力。

其实，这一点在生活中也很常见。很多原本成绩不好的人，仅仅因为被激发了动力，学习成绩就发生了巨大的变化。以前面提到的斯科特·考夫曼为例，他之所以能从一个智商偏低的学生逆袭为耶鲁大学的博士，强烈的动机起到了很大的作用。

前面提到的王金战老师也曾分享过自己的故事。他在上高中时成绩很差，老师基本已经放弃他了。但因为几位同学的嘲笑，反而激发了他考大学的动力，最终他成功逆袭成为一位名师。

除了上述这些方面，自我效能感也被研究证明对于人的学习有重大影响。自我效能感是知名心理学家阿尔伯特·班杜拉提出的概念，他把它定义为"人们对自身能否利用所拥有的技能去完成某项工作的自信程度"。尽管不太准确，但我们可以将自我效能感简单理解为对自己学习的信心。

在后续的章节中，我们将进一步探讨自我效能感的影响。这里，我们可以简单了解一下埃隆·马斯克的观点。

埃隆·马斯克应该是绝大部分人都知道的创业领袖，但很多人不知道的是，他其实还是一位"学神"级别的人物——拥有超强的学习力。他几乎自学了创业中的一切知识。从小他自学了编程知识，大学学了物理学和经济学，创业后自学了汽车技术、火箭技术、电池技术等。

埃隆·马斯克在一次接受采访时说："我发觉自己为了实现目标学会了任何需要学的东西。我想绝大部分人可以做到这一点，但是他们往往自我限制，他们的能力比自己想象的要强。而我发现，如果你读很多书、与他人交流，几乎可以学会做任何事情。"

埃隆·马斯克坚信自己能学会做任何事情，体现了极强的自我效能感。对每个人而言，如果扫除了心理上的障碍，尽管你不一定和埃隆·马斯克一样厉害，但在学习力方面一定会有质的飞跃。

2）心理机制决定了信息的输入

在第一章中，我们提到很多人在学习时忽略了向自己学习、向他人学习，也因此造成了他们获得的重要信息较少。其实，即使很多人知道了向自己学习、向他人学习的重要性，也很可能难以去实践。这是心理上的自我防御机制所导致的。

自我防御机制是弗洛伊德提出的一种理论，而且是他少有的依然被现代主流心理学界接受的理论。简单来说，自我防御机制是指人在面对挫折和焦虑时，会启动自我保护机制，甚至会通过歪曲现实来维持心理平衡。

这是一种非常常见的心理机制，每个人都会有意无意地启动这个机制。这也是绝大部分人不能坦然面对错误、改正错误的原因；也是很少有人会客观地承认自己的不足并完善自我的原因。这是人的本能，但恰恰也是这种本能导致了人难以向自己学习、向他人学习，进而导致了重要信息无法输入大脑。

对于未曾了解过自我防御机制，也未能有意识地克服这种心理机制影响的人来说，这种心理机制将对他的学习产生很大的影响，让很多有价值的信息都被屏蔽了。

此外，信息输入的一个重要方式就是读书和学习。而人心理机制上的不同，也会造成不同人在是否愿意继续读书、继续学习上的重大差别。

面对新知识、新动态，有人积极关注，快速学习；有人则认为与己无关，不愿意了解，更不愿意学习。有人在离开学校后，依然保持学习，吸收大量信息；有人在毕业后不再学习，基本上不再吸收有价值的信息。

之所以有这样的差别，除环境因素外，主要和一个人的学习动力、好奇心、自我效能感等相关。这些都是心理机制方面的因素。

总之，心理机制因素才是决定学习力的核心关键因素。

本章参考资料

[1] 彼得·考夫曼. 穷查理宝典：查理·芒格智慧箴言录 [M]. 李继宏，等译. 北京：中信出版社，2021.

[2] 卡罗尔·德韦克. 终身成长 [M]. 楚祎楠，译. 南昌：江西人民出版社，2017.

[3] 赫伯特·西蒙. 认知：人行为背后的思维与智能 [M]. 荆其诚，张厚粲，译. 北京：中国人民大学出版社，2020.

[4] 李笑来. 自学是门手艺 [M]. 北京：电子工业出版社，2019.

[5] 矢泽久雄. 计算机是怎样跑起来的 [M]. 胡屹，译. 北京：人民邮电出版社，2015.

[6] 矢泽久雄. 程序是怎么跑起来的 [M]. 李逢俊，译. 北京：人民邮电出版社，2015.

[7] 特伦斯·谢诺夫斯基. 深度学习 [M]. 姜悦兵，译. 北京：中信出版集团，2019.

[8] 丹尼尔·卡尼曼. 思考，快与慢 [M]. 胡晓姣，等译. 北京：中信出版社，2012.

[9] 万维钢. 学习究竟是什么 [M]. 北京：新星出版社，2020.

[10] 理查德·尼斯贝特. 认知升级 [M]. 仲田甜，译. 北京：中信出版集团，2017.

[11] 斯科特·考夫曼. 绝非天赋：智商、刻意练习与创造力的真相 [M]. 林文韵，杨田田，译. 杭州：浙江人民出版社，2017.

[12] 沃尔特·米歇尔. 棉花糖实验 [M]. 任俊，闫欢，译. 北京：北京联合出版公司，2016.

[13] 罗伯特·J. 马扎诺，等. 如何调动与激励学生 [M]. 吴洋，等译. 北京：中国青年出版社，2018.

[14] 简妮·爱丽丝·奥姆罗德. 学习心理学 [M]. 汪玲，等译. 北京：中国人民大学出版社，2015.

[15] 卡罗尔·德韦克，The power of believing that you can improve，TED 演讲.

[16] 李翔，李翔知识内参，得到 App.

[17] 许岑，如何成为有效学习的高手，得到 App.

[18] 吴军，硅谷来信·谷歌方法论，得到 App.

[19] 真格 CEO 方爱之：真格基金是这么运转的！，"真格基金"公众号.

第三章　学习的硬件
——大脑及神经元

当需要购买一台计算机时，我们会了解计算机的硬件、性能。

当需要购买一辆汽车时，我们会了解汽车的配置、参数。

然而，对于需要终生使用的大脑，我们却知之甚少。

大脑的结构是什么样的？它的性能如何？如何才能更科学、高效地运用它？

第一节　懂点脑科学，更好地学习

大脑可以说是人体非常重要的一个器官，相当于人体的 CPU（中央处理器），负责指挥人的各种行为。人之所以和其他动物有区别，就是因为我们的大脑；人类能够发展出科学、技术、文化、艺术，造就人类的文明，也是因为我们的大脑。对于学习而言，绝大部分的过程，同样发生在大脑之中。

所以，无论是基于大脑的重要性，还是出于深入认识学习的目的，我们都有必要对大脑有所了解。

一、大脑的基本结构

脑神经科学家保罗·麦克莱恩依据大脑不同部位进化时间的早晚，提出了"三重脑"理论，将大脑分成了三部分：爬行动物脑、古哺乳动物脑和新哺乳动物脑。以下内容从"三重脑"的理论出发，大致介绍一下大脑的结构。

1. 爬行动物脑

爬行动物脑位于大脑的下层，是最古老的一层大脑。这部分是人类最早进化出来的，也是所有爬行动物所共有的，因此被称为"原始脑"。

原始脑大致等同于脑干、小脑和基底神经节（由黑质、纹状体等组成）的组合，它们分别承担不同的功能。脑干主要负责呼吸、睡眠、觉醒等，以维持生命的一系列重要生理功能。脑干如果受到伤害，将威胁到人的生命安全。小脑则具有维持躯体平衡、运动协调等功能。小脑受到损害，人的肢体行动就会失调。人一旦得了小脑萎缩症，就会导致步伐不稳，严重情况下，甚至无法行走。基底神经节同样与行为有关，比如帕金森病就是与基底神经节中的黑质区域相关的疾病，而在行为的学习中习惯的形成，也存储在基底神经节的纹状体中。

本书将学习分为知识的学习、行为的学习和思维的学习，其中行为的学习很大一部分与小脑、基底神经节等密切相关。

2. 古哺乳动物脑

从进化的顺序上而言，古哺乳动物脑是第二顺位出场的，也是几乎所有的哺乳动物都有的脑部结构。古哺乳动物脑的一个重要功能是负责情绪，因此它又被称为"情绪脑"。

古哺乳动物脑基本等同于边缘系统，其中重要的部分包括杏仁核和海马体。除情绪功能之外，边缘系统也负责一部分学习和记忆加工等功能。其中，杏仁核主要负责恐惧的情绪；将短期记忆转化为长期记忆，则需要海马体的参与。

尽管边缘系统的运行过程基本是无意识的和自发的，但有时候主导人的行为和思维的反而主要是边缘系统。当负责情绪的边缘系统与负责理性的大脑新皮质产生冲突时，胜出的很可能是边缘系统。这也是人很难控制情绪的原因。

3. 新哺乳动物脑

新哺乳动物脑是人脑中最晚进化出来的，主要由覆盖在大脑表面的大脑新皮质构成。新哺乳动物脑与人的理性思考相关，因此其也被称为"理性脑"。

大脑新皮质又可以进一步分为枕叶、颞叶、顶叶和额叶四个区域，不同的区域负责不同的功能。简而言之，在以上四个区域中，枕叶与人的视觉功能相关；颞叶具有听觉加工及语言、记忆的功能；顶叶则与触觉、空间记忆有关；而额叶则是其中功能最强大的一个区域。人所具备的认知、计划、推理、决策、运动控制等，绝大部分能力都是由额叶负责的。

因此，我们可以说，额叶是大脑中最重要的区域，也是人区别于动物的重要生理基础。

二、大脑的重要区域

通过以上的介绍，大家应该对大脑有了一个大致的了解。如果我们希望进一步认识大脑，就有必要再认识其中一些重要区域及功能，尤其是与学习密切相关的区域。一如我们无须认识计算机的全部硬件，但至少需要知道 CPU、硬盘，以及它们的大致功能。

具体而言，我们需要认识三个区域：杏仁核、基底神经节及前额叶皮质。

1. 杏仁核

杏仁核是情绪脑中的一个重要区域，主要负责恐惧、焦虑、攻击、冲动等情绪功能。杏仁核一旦被激活，人就会产生相应的情绪，进而采取相应的行为。

举例来说，深夜你在茂密的草丛中行走时，突然传来一阵声响，你以为是蛇或者其他危险动物，就会感到恐惧，然后快速逃离。此时就是你的杏仁核被激活了，并让你采取了相应的行动。

在杏仁核被持续刺激的情况下，人甚至会难以控制自己。当然，在绝大部分情况下，杏仁核不会受到内部刺激。杏仁核主要的刺激源是外部信息，并且杏仁核的刺激反应还会受到前额叶皮质的影响。这怎么理解呢？

杏仁核接收信息的通道有两条（见图3.1），一条是快速通道，一条是慢速通道。在快速通道中，信息直接被传到了杏仁核；在慢速通道中，信息先被传到前额叶皮质，再被传到杏仁核。

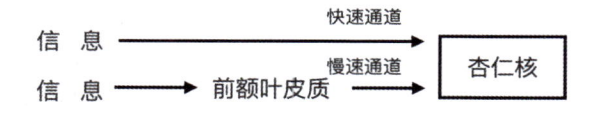

图 3.1 杏仁核接收信息的通道

信息通过快速通道传递，杏仁核可以迅速做出反应，然而尽管此时杏仁核反应更快，但是往往容易产生错判。所以，大脑又将信息同步传给前额叶皮质，前额叶皮质对信息处理后，再次将信息传回杏仁核，以此来避免快速通道可能产生的不当反应。

以前面的场景为例。在听到草丛中突然的声响后，你感到恐惧，并快速逃离，此时就是信息通过快速通道传到了杏仁核。但如果你定睛一看，发现其实是一只小猫，你就会快速平静下来，告诉自己危险解除了。这种情况，就是信息通过慢速通道被前额叶皮质处理后，又被传回了杏仁核。

从以上介绍来看，前额叶皮质似乎可以完全控制和主导杏仁核，但事实并非如此。前额叶皮质对杏仁核的控制能力是有限的。

一方面，这和人的前额叶皮质的功能强弱有关，这一点我们将在后面进一步展开介绍；另一方面，这也和杏仁核的激发程度有关。这也是在生活中，当情绪激烈到一定程度时人很难自我控制的原因，如当你看一场恐怖电影时，明知那是假的，但依然不可遏制地感到恐惧。

需要说明的是，杏仁核只是大脑产生情绪的一个区域，大脑还有其他几个区域也与人的情绪有关，比如眶额皮质与愤怒的情绪有关，而脑岛则与恶心等情绪有关。但如此前所言，我们只介绍大脑最为重要的知识，其余负责情绪的区域就不展开过多介绍了。

2. 基底神经节

基底神经节是人体中控制运动、行为选择及强化学习的重要区域。基底神经节之所以有这样的功能，和其可以分泌多巴胺密不可分。所以，这里重点探讨一下多巴胺。基底神经节中有多个区域会分泌多巴胺，而且多巴胺有多种功能，本书主要探讨学习，所以我们仅谈一下多巴胺强化学习的功能。

1）认识多巴胺

对于多巴胺，相信很多人并不陌生，它通常被认为是人快乐的源泉。你吃了一顿美食，会分泌多巴胺；你辛苦工作取得了成果，会分泌多巴胺。研究发现，在热恋时，人脑中分泌的多巴胺远多于平常人。

然而，相关研究表明，多巴胺并不能直接带来快乐，而是让你产生一种预期和欲望，或者说是你行动的动力来源。

科学家曾做过这样一个实验。将一块美味的食物放在了多巴胺系统分泌功能受损的老鼠舌头上，因为老鼠的多巴胺系统受损，并不会分泌多巴胺，此时老鼠尽管表现出吃到美食的愉悦感，并将食物吃完，但不会有觅食的动力。

而当科学家人为地刺激一只正常老鼠的多巴胺系统，导致老鼠分泌了多巴胺后，老鼠就会表现出对食物的渴求。在这个过程中，科学家并没有看到老鼠进食后的愉悦感增强。

从以上实验可以看出，多巴胺系统和老鼠的愉悦感无关，而是与老鼠对食物的渴求有关。

科学家在人身上也做了类似的实验。科学家在人的多巴胺系统中安装上电极，并通过开关让人自己控制，一旦电击，该系统就可以释放多巴胺。实验发现，这些人会不可遏制地电击自己，尽管此时他们已经完全筋疲力尽。在整个过程中，他们没有幸福和快乐的感觉，反而非常焦躁不安。

这再次证实，多巴胺主要让人产生行动的欲望，不直接产生愉悦感。

既然这样，那为什么我们通常会认为多巴胺是快乐的源泉呢？这里的原因目前科学尚无明确的结论，但至少我们需要知道多巴胺不直接产生快乐。

因此，我们可以简单地将多巴胺理解为人的一种奖赏机制。人在做了一件自己喜欢的事情或者取得了一定的成果后，都会分泌多巴胺。而因为多巴胺可以让人产生欲望和动力，又会推动人继续做自己喜欢或有所成就的事情，这样就形成了正向的循环。这就是强化学习的过程。

在第一章提到的斯金纳的实验中，鸽子无意间碰到了机关，获得了食物，此时鸽子就会分泌多巴胺。多巴胺的分泌使鸽子愿意再次触碰机关，进而可以再次获得食物，获得食物又可以增加多巴胺的分泌，使鸽子愿意继续触碰机关。这就是一个强化学习的过程。所以，看似是鸽子自己调整了行为，但背后其实是多巴胺在起作用。

2）多巴胺的特征

现在我们对多巴胺有了一个大致的认识，如果要更好地认识多巴胺，我们还需要了解它的三个特征。

首先，多巴胺会随着行动的重复而减少分泌。比如，在斯金纳的实验中，如果一直持续下去，鸽子的多巴胺分泌就会减少。否则，鸽子吃食物的行为无法停下来，鸽子将因为进食太多而面临危险。这也解释了，为什么很多人做一些事情，一开始很有兴趣和劲头，但一段时间后人却显出疲态。

其次，多巴胺除了会在行动结束后分泌，在产生预期时也会分泌。换言之，当你在想象某件事情的时候，也会分泌多巴胺。你应该有这种切身感受，如当你仅仅想象美食的时候，心情也会很愉悦，这个时候其实你已经开始分泌多巴胺了。

再次，多巴胺的分泌与预期的达成情况相关。当最终的收获超出预期时，人会分泌更多的多巴胺。这也是为什么当你突然有意外收获时，比如你在工作中突然得到一笔比预期更高的奖金，或者考试得分高于预期时，你会格外高兴，由此产生的激励效果也更好。

3. 前额叶皮质

1）认识前额叶皮质

前额叶皮质是额叶皮质中前面的区域，是大脑新皮质乃至整个大脑中最重要的部分。更准确地说，人的大脑和动物的大脑的区别主要在于前额叶皮质。

从功能上来说，前额叶皮质负责工作记忆、信息整合、行为控制，并参与语言、记忆、决策和判断、社会化和自我认知等功能。这些行为基本就是人类区别于其他动物的更高级的行为。正是因为这些功能，我们可以说前额叶皮质是大脑的指挥中心，有人甚至称其为"总裁脑"。

从大脑结构上来说，前额叶皮质几乎与大脑中所有的区域都有直接或间接的联系，这样它既可以收到其他区域的信息，也可以向这些区域传递信息。因此，这也让前额叶皮质成为大脑的指挥中心具备了生理基础。

从前面对杏仁核和多巴胺的介绍来看，人似乎是一种情绪化的动物：杏仁核产生负面情绪，多巴胺尽管不直接产生正面情绪，但通常会伴随正面情绪。两种情绪都能让人产生行动，人几乎完全受情绪支配。

正因为前额叶皮质的存在，人可以对杏仁核和多巴胺的功能进行一定的平衡调节，不完全被情绪所控制，从而使人具备了成为理性人的基础。

我们大致可以这样理解前额叶皮质和杏仁核、多巴胺之间的关系。如果将大脑看作一个公司的话，前额叶皮质相当于总裁，而杏仁核、多巴胺则相当于执行任务的各个部门。而且，在大脑的进化和发展过程中，前额叶皮质是最后出场的。

这就像一个公司，各个部门已经运转多年，后来空降了一个总裁。在总裁上任之前，从表面上来看，各部门基本合格，运转正常。所以，尽管总裁有权管理各部门，但不会过多介入。除非总裁认为下属的各部门表现不佳，需要介入。

总裁什么时候介入、介入之后是否能管理好公司，这和总裁自身的能力有关。但很遗憾，绝大部分总裁因为没经过专业的训练，专业技能并不强，所以管理能力也很有限。如果经过相应的训练，这个总裁，也就是前额叶皮质，它的功能是可以得到加强的。

以情绪管理为例。尽管我前面提到，人很难控制自己的情绪，但美国心理学家阿尔伯特·埃利斯提出了知名的"理性情绪疗法"。这种方法大致是这样的：人通过理性分析，对非理性的信念进行反思，从而调整和改善自己的情绪。在哲学上，有一个名为斯多葛的哲学流派，其核心的理念是用理性来对待自己和认识世界。信奉和践行这个哲学流派的人，其情绪往往也都相对平静。

这些其实都可以理解为，人可以通过训练自己的前额叶皮质，以加强对边缘系统的掌控和管理能力。我个人也因为对上述这些理论的实践和应用，使自己的情绪管理能力得到了很大的改善。

2）前额叶皮质的功能

当大致了解了大脑的结构之后，你会发现，大脑的分区是非常精细的，不同的区域有着细致的功能划分。而且，上述分区还是相对粗略的，每个区域其实还可以再进一步细分，每个更小的区域也还有着独立的功能。这里，我们再通过一个研究案例，看一下前额叶皮质更进一步的区域划分，这样也可以让我们对大脑有更多的认识。

在知名的脑神经科学家安东尼奥·达马西奥所写的《笛卡儿的错误：情绪、推理与大脑》一书中，安东尼奥·达马西奥介绍了一位名为埃利奥特的病人。埃利奥特在接受各种检查后，医生发现他的智力、记忆力及语言能力等方面的测试都完全正常。而且他看起来思维清晰、聪明过人，可以饶有兴趣地讨论政治和商业问题，关于个人的生活记忆及周遭发生的一切，他也都非常清楚。

问题是，埃利奥特无法做出任何决策、无法规划自己的时间，也分不清事情的主次。比如，当被安排了一项整理文档的工作时，他会因为过于专注其中一页的内容，而完全忘记了要去整理文档。尽管他的亲朋好友多次相劝，但他依然没有丝毫改变。因为这种情况，他多次离婚，多次失去工作。即便如此，他也仍然没有任何改变。而且当谈起自己的经历时，他几乎是一种超脱现实的状况，对于自己的悲惨遭遇也有着异乎寻常的冷静。

不过，医生在进一步诊断后，发现埃利奥特大脑中原来长了一个肿瘤。因为肿瘤压迫，他大脑的腹内侧前额叶受到了不均匀的损伤。腹内侧前额叶是前额叶皮质中感知情感并做出决策的区域。因此，当他的腹内侧前额叶受损时，就出现了种种不正常状况。

大脑如同一台精密的仪器，即使前额叶皮质这么小的区域，还可以再细分。每一个区域都类似于一个零部件，有着特定的功能，某个零部件受损，相应的功能就会丧失。同时，大脑区域之间的功能也是相对独立的。在上述案例中，埃利奥特的腹内侧前额叶受损，只是影响了他的情绪感知和决策功能，但并不影响其他功能。

三、大脑的可塑性

关于大脑，我们还需要了解它的可塑性。从学习的视角来看，认识大脑的这个特征，既可以提升我们对学习的信心，也可以使我们更好地认识学习的意义。

对于大脑的可塑性，我们主要了解两点：①大脑中的各个区域通过训练可以使其功能变强；②大脑神经元的连接可以通过学习增多、增强。关于神经元连接的增多、增强，我们放到本章第二节再进行探讨。这里，我们先来谈谈第一点。

1. **大脑中的各个区域通过训练可以使其功能变强**

我们先来看一个关于伦敦出租车司机的经典研究。

伦敦的交通道路极为复杂，所以一位合格的出租车司机需要记住大约25000条街道布局。在这项研究中，科学家找了16名出租车司机与50名普通人进行对比研究。通过脑成像技术，科学家发现伦敦出租车司机的海马体明显比普通人更大。大脑中的海马体是与空间记忆有关的重要区域。这足以证明，即使在成年后，通过不停地反复训练，人的大脑依然具有可塑性。

除了海马体会通过后天的反复训练变大，大脑其他的区域同样可以通过训练而产生变化。科学家发现，人的大脑新皮质会对身体各部分进行相应的表征。人的手指、脚趾在活动时，都可以在大脑中找到相应的区域。而且，这些区域的大小，也和相应器官的功能有关。比如，对于拉小提琴的音乐家来说，他们的大脑就用更大的皮质区域来表征手指的感觉。

研究发现，仅仅进行短时间的训练，大脑中相对应的皮质区域也会发现变化。科学家做了这样一个实验：将 24 人的大脑全部成像，让其中的 12 人用 3 个月时间学习经典的杂耍——抛接球，3 个月后，研究人员再次扫描参与者的大脑，发现和没有学过抛接球的人相比，学过抛接球的 12 人负责运动的皮质区域变大了。

不过，这个实验更有价值的是后半部分。研究人员随后让学过抛接球的 12 人回家休息 3 个月，不进行任何的练习，3 个月后再次将他们请回实验室扫描大脑。科学家发现，仅仅停止了 3 个月的训练，他们的对应皮质区域就变小了。

因此，从这些研究可以看出，人的大脑如同肌肉，既可以通过训练变大，也可以通过停止训练而变小。这也是我们需要一直保持学习和成长的原因。持续学习，可以让我们大脑的功能变强；停止学习，也会让我们大脑的功能变弱。

2. 大脑可塑性的限制

既然大脑的功能可以通过训练变强，那这种可塑性是不是没有限制？答案是否定的。因为大脑只是具有一定程度的可塑性，或者说，只有大脑的特定区域具有可塑性，并非完全不受限。

比如，心理学上会用"敏感期"来描述对孩子最有利的发展关键期。在这段时间内，对孩子进行一些能力培养可以产生事半功倍的效果。错过了这段时间，有些能力的发展可能会受到影响。

举例来说，研究发现，5 岁以前是大脑情绪能力发育的关键时期，如果错过了，就会导致情绪能力严重受损。罗马尼亚孤儿院的案例就是证实存在情绪敏感期的典型案例。

第二次世界大战后，罗马尼亚人口锐减，政府规定每个育龄妇女至少要生 4 个孩子。因为很多妇女没有能力照顾，于是不少孩子出生后就被送到了由政府出资的国家教养院进行集体抚养。在这个过程中，先后有 6 万多名婴儿一出生就被送到了国家教养院。然而，尽管接管了孩子，但国家教养院的抚养能力有限，只能将他们养活，不能给予很好的照顾。在婴儿的成长过程中，基本上没人和他们互动，也没人给他们关爱，即使哭泣也不会有人去抱一下或者哄一下。

正是因为在幼年成长的关键期，没有得到足够的关爱和亲情，最终导致这些孩子几乎都出现了严重的问题：行为异常，情感能力发育不良，不会和人交流，无法形成对视和对话，对陌生人没有恐惧感，也没有沟通能力。利用脑成像技术进行扫描，科学家们甚至看到这些孩子的大脑发生了器质性的改变。

可以看到，在错过敏感期的情况下，大脑后期的发育和重塑会受到很大影响。

其实，结合我们的生活经验，这并不难理解。就像人的身高，在25岁以后基本也就不再长了。尽管这种类比并不严谨，但可以让我们更好地理解敏感期。

不过，敏感期和身高发育依然有所不同。因为后续对罗马尼亚国家教养院孩子的跟踪研究发现，如果婴幼儿在寄养家庭中获得高素质一对一的照顾，一些孩子的智力状况得以改善，表达正面情绪的能力也能得到提高。

所以，大脑具有可塑性，一方面可以通过教育、学习、训练改变，另一方面，它的发展也存在特定的关键期。虽然错过这些关键期并不是完全不具备可塑性，但其发展会受到影响。

至于大脑发育背后更多的规律，如哪些功能在什么时期是敏感期，是比较复杂的问题，目前也没有明确的定论。对我们而言，我们只需知道，大脑具有很强的可塑性，大脑的发育有敏感期的存在。

四、认识大脑的意义

对我们而言，认识大脑的重要意义在于，避免由于对大脑的不了解而产生错误认知及由此产生不利后果。这些错误认知，在我们生活中其实极为常见。碍于篇幅，无法一一展开，这里介绍两种最常见，也应该是最严重的错误。同时，对于如何平衡情绪和理性的关系下面也会予以简单介绍。

（一）两种错误认知

1. 过于强调理性，忽略情绪的重要性

通过对大脑结构的学习，我们知道，尽管前额叶有着强大的功能，但边缘系统发展更早，对人有着更强大的影响。在前额叶发展成熟及经过足够的训练之前，在很大程度上，人依然是被情绪主导的。无论是日常的行为还是重大决策，都离不开情绪的参与。

这一点，其实在生活中我们也有这种体验，只是我们很少深入大脑的生理结构来认识。比如，我们常说"兴趣是最好的老师""做人，最重要的是开心"；或者，当我们在做出重大决定时，会问自己"是不是真的热爱"；又或者，如乔布斯告诫年轻人所说"追随你的内心"。这一切，其实都在谈情绪对人的主导作用。

由于各种原因，人们总认为理性才能体现人类的智慧，情绪意味着非理性，因此人们反复强调理性的重要性，忽视了情绪的重要性。

在教育的过程中，这种错误认知尤为明显。无论是学校还是家庭，都过于强调理性，而忽略了对孩子情绪的调动和引导。这种错误认知产生了很多严重的后果。

很多家长习惯给孩子讲各种道理，进行利弊分析、权衡，甚至动用权威逼迫

孩子学习。前者属于理性的分析和计算，从大脑的功能和特征来说，难以激发起孩子的学习动力；后者是通过外力强迫学习，很容易让孩子对学习产生负面的情绪记忆，适得其反。

尽管前额叶作为大脑的指挥中心，可以进行理性的分析和决策，但这取决于前额叶功能的强弱。研究表明，人的前额叶要到20岁左右才基本发育完全，所以在青少年阶段，人更不可能完全基于理性计算来采取行动。

所以，正是因为很多家长不了解大脑的特征，做出了很多错误行为，从而导致不少学生看似成绩不错，但并不是出于兴趣或热爱，而是受父母和学校等外力推动所致。一旦撤除这些外力，孩子就容易失去学习的意愿，甚至会感到人生失去了意义。

这其实是一个非常严重的问题。北京大学副教授、心理学博士徐凯文曾做过一个主题为《时代空心病与焦虑经济学》的演讲。在演讲中，他提出了"空心病"的概念，认为现在绝大部分学生的核心问题，是缺乏支撑其意义感和存在感的价值观。

徐博士是从心理学层面对空心病进行分析的，而从神经科学层面同样可以解释这种现象的成因。因为在很多学生的成长过程中，家长和学校很少关注他们的情绪，他们并非基于自己的情绪驱动进行学习，而是靠外部压力推动进行学习的。在这种情况下，很多学生一旦进入大学，外力撤除，就会感觉人生没有意义，学习也就变得没有乐趣了。

所以，相比一味地追求成绩，通过理性的利益计算、通过权威迫使孩子学习，更重要的是想办法调动孩子的情绪，激发他们学习的动力及对生活的热情。他们一旦自己产生了动力和热情，即便外力撤除，这种动力和热情也会一直存在。这也是为什么在社会上取得成就的人，未必是在校时成绩好的，但基本上是有动力、有热情的人。

日本知名的"经营之圣"稻盛和夫将人分为三种类型：自燃型、助燃型、阻燃型。你如果认真观察，就会发现绝大部分的成功者属于自燃型。这背后，就是情绪的力量使然。这也说明，相对于具体知识的学习，从小关注孩子的情绪，通过情绪调动让孩子学习，甚至培养孩子掌握和调动自己情绪的能力，其实更加重要。

情商概念的最早提出者是《情商》一书的作者丹尼尔·戈尔曼，他认为"情商"是指人认识、管理、调动、激发自己情绪的一种能力。很遗憾的是，尽管"情商"这个概念在我国很流行，很多人也认为情商比智商更重要，但绝大部分人却将情商简单理解为一种为人处世的能力，不得不说这是一种巨大的误解。

所幸的是，情绪对于学习及人生的重要性已经越来越被人们所关注和认识。

在教育领域中，这种理念也已经开始被一些国家和学校所采纳并推广。

教育专家沈祖芸在"得到"专栏于2019年发布的《年度得到·沈祖芸全球教育报告8讲》一文中，详细介绍了全球教育改革的现状及趋势。其中一个重要的趋势就是，未来的教师将从知识传授者转变为情绪工作者，教师对学生的情绪调动将变得日益重要。这种理念，现在已经被全球教育领先的国家——芬兰所采纳，并在其教师培养体系中予以贯彻和落实。在我国上海市，也已经有个别地区在学校的教育中加入了情绪教育的相关内容，让孩子从小认识自己的情绪，提高调节和管理自己情绪的能力。

2. 过于强调知识和智力，忽略了理性能力的训练

通过前面埃利奥特的案例可以看出，智力、记忆和决策在大脑中所负责的区域是不同的。埃利奥特的腹内侧前额叶受损，尽管智力测试完全正常，记忆没有受损，各种知识丰富，基本可以正常交流，但他却无法做出有效决策，也无法控制自己的行为。因此，可以看出，人的知识、智力，和人做出决策、控制自我的理性能力是彼此独立的。

加拿大知名的心理学家基思·斯坦诺维奇也有着类似的研究结论。他在《超越智商：为什么聪明人也会做蠢事》一书中，提出智商和理性能力是相互独立的两种能力。他举了多个接受过良好教育、高智商的人所犯的一些错误的例子。

从以上研究可以发现，高智商、丰富的知识，这些和理性能力并不完全相同。目前，很多的智商测试并不包括理性能力的部分。正如基思·斯坦诺维奇在他的另一本书《理商：如何评估理性思维》中所讲的："判断和决策的技能是理性思维和行动的基础，但智力测验并没有考核这部分。"

目前，无论是社会教育还是学校教育，学习基本上都以掌握知识为主，对智力给予很多的关注，却很少关注决策技能及行为控制等理性能力的培养。当然，这并不是说知识的记忆、智力等维度不重要，而是说理性能力也是必须关注的部分。

本书之所以将思维的学习单独列为一章进行探讨，也是因为从大脑的结构，以及学习和训练的内容来看，它和知识的学习是有所不同的。思维的学习，很大一部分就是基思·斯坦诺维奇所说的"判断和决策的技能"，但这在我们过往的教育和学习中一直被忽视。我们都听说过"选择大于努力"，但在如今主流的教育理念中，却几乎没有与选择能力相关的学习和训练。

所幸的是，与情绪的重要性开始被关注一样，理性能力的重要性，或者说，至少对于判断和决策能力的重要性，也越来越被关注，甚至在一些理念领先的学校中，这种能力开始得到训练和培养。

北京十一学校是中国教育的一个风向标，其教学理念、课程设置、学校管理，

都处于全国领先位置。该校原校长李希贵曾分享过一些教育改革措施。

北京十一学校开设了300多门课程，至于上什么课，选择权交给学生。因为每门课程可以授课的老师和上课的场地空间有限，所以学校会给每位学生一百元的选课基金，让学生自己选课。至于学生最终是否能选上，取决于他们出钱的多少，因为价高者得。比如，某一门课一个学生出了30元，但因课程很热门，能选上的最低标准是31元，那他就不能选择这门课程。只有出价超过31元的学生，才能选择这门课程。

李校长说，学校希望通过这种方式，训练学生的取舍和选择的能力。因为只有在选择的过程中，才能学会选择，这就是对判断和决策能力的训练。前面我们谈到，大脑的前额叶皮质相当于大脑的总裁，总裁的能力是有大小之分的，也是可以训练的。北京十一学校的这种做法，就是对判断和决策能力的训练。

（二）平衡情绪和理性的关系

通过前面的描述，可能会让你产生一种困惑。一方面，我说人常见的错误，是过于强调理性，忽略了情绪的重要性；另一方面，我又说忽略了对理性能力的训练。两者之间是不是存在矛盾？我们到底是要重视情绪，还是要重视理性呢？

其实，两者之间并不存在矛盾，而是相互统一的。要理解这一点，我们可以借助美国知名心理学家乔纳森·海特在他的著作《象与骑象人》中所提出的一个类比模型。

在《象与骑象人》一书中，乔纳森·海特将人的情绪部分类比为一头象，将人的理智的部分类比为骑象人。表面上看，骑象人骑在象背上，手握缰绳，似乎能控制象；事实上，骑象人对象的控制水平有限，并不能主导象。毕竟，和象的身形比起来，骑象人显得太小了。

这个类比模型很贴切地说明了人的理性和情绪之间的关系，或者说是前额叶皮质和边缘系统之间的关系。表面上看，前额叶皮质虽然可以被称为"总裁脑"，但因为边缘系统过于强大，前额叶皮质对它的掌控能力有限。

在这种情况下，我们是不是对象就完全没有办法了呢？答案是否定的。如果我们想让象到达目的地，一方面可以想办法激发象的动力，另一方面可以训练骑象人的技能。两者是可以同时进行的。

对于人来说，也是类似的情况。一方面，我们需要重视情绪的力量，激发和调动情绪，不能完全依靠理性；另一方面，我们也需要训练理性的能力。两者相互统一，并不矛盾。

第二节　认识神经元，认识学习的底层原理

相比大脑的结构和功能，神经元的知识显得更为抽象。如果我们要认识学习的底层原理，就仍然有必要了解神经元的相关知识。因为在底层的学习，都发生在神经元层面。

我们要如何认识神经元？或者说，我们应认识神经元的哪些方面呢？

总体而言，我们可以从两个维度认识神经元：第一，神经元及相关物质；第二，信息是如何在神经元中传递和存储的。后者是学习本质的过程，而前者则是我们认识学习本质过程的基础。

一、神经元及相关物质

我们先来认识一下神经元及相关物质。具体而言，我们需要认识五个概念：神经元、神经胶质细胞、神经网络、突触、神经递质。这些概念你可能比较陌生，但并不难理解，我们一个个来介绍。

1. 神经元和神经胶质细胞

神经元是神经细胞的一种专属称谓，是神经系统（主要是大脑）的一种重要构成细胞。之所以要认识神经元，前面已提到，是因为学习本质的过程是在神经元这个层面发生的。

构成神经系统的细胞除了神经元，还有神经胶质细胞。相比而言，神经胶质细胞在信息的传递和存储上，仅起到支持和辅助的作用。其中，一部分的神经胶质细胞以髓鞘的形式包裹在神经元的周围。两者的关系，类似于电话线和包裹在电话线外面的胶管。神经元负责传递信号，而神经胶质细胞构成的髓鞘则主要起到绝缘和支持的功能。这样既可以避免信号的减弱，也可以加速信号的传递。典型神经元的结构如图 3.2 所示。

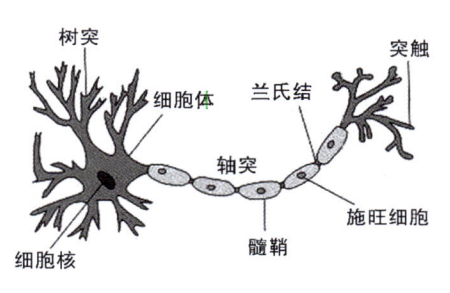

图 3.2　典型神经元的结构

信号在神经元中的传递，具体而言，是通过神经元之间连接形成的通路和网

络来进行传递的。

神经元的形状与一般的细胞有所不同。一般的细胞是圆形的，而典型的神经元是长条形的。神经元的两端是分别被称为树突和轴突的两个结构。神经元之间通过一个神经元的树突与另一个神经元的轴突接触而形成连接。

需要说明的是，神经元有多种类型，有些神经元上有多个树突，所以这些神经元可以同时与多个神经元形成连接。研究发现，一个感觉神经元平均可以和25个其他神经元连接。

这也是我们将神经元之间形成的连接称为"神经通路"（也称为"神经网络"）的原因。

对于神经元，除了以上内容，我们还需要了解的是神经元的主要类型。总体而言，神经元主要分为三种：感觉神经元、中间神经元及运动神经元。

感觉神经元连接在人的感觉器官上，负责接收信息。比如，在人的眼睛里、耳朵里，都有感觉神经元，这样人才能通过眼睛和耳朵接收到信息（后面将介绍具体如何接收）。

中间神经元主要负责传递和处理信息。感觉神经元接收到信息后，通过中间神经元传递到大脑的相应区域。前面提到的大脑新皮质、杏仁核等大脑区域，主要就是由中间神经元构成的。

信息被处理后，会通过运动神经元发出指令，传递给肌肉上的细胞，并触发肌肉运动。

举例而言。当你看到一个杯子，并用手将杯子拿起，神经元的工作过程是这样的：眼中的感觉神经元收到视觉信息后，通过中间神经元将信息传入大脑中的特定区域，信息在这些区域处理完毕后，又会通过运动神经元将指令发送给手部的肌肉细胞，从而让手拿起杯子。

谈到这里，你可能有疑惑：为什么神经元通过信息的传递就能让大脑运作呢？

这背后的原理相当复杂，但我们可以通过计算机的工作原理对这个问题有一个大致的认识。

你如果大致了解过计算机的工作原理，可以知道，计算机的CPU（中央处理器）是由数十亿个晶体管构成的。计算机之所以能运转，就是通过电流在这些晶体管中的流动来实现的。因为电流在晶体管中的流动，使CPU可以展开各种运算，进而使计算机得以运转。

大脑中有860亿个神经元，神经元中同样也有生物电在流动。所以，大脑也是通过电流在神经元中的流动而进行运算，从而发挥各种功能的。

这也是为什么本书会以计算机的运行过程类比人的学习过程。在20世纪50年代，计算机的发明者冯·诺伊曼出版了一本名为《计算机与人脑》的书，书中详细地探讨了人的大脑和计算机的相似性。在计算机被发明之后，人类通过计算机，反而进一步认识了自己的大脑。用计算机来理解和认识人脑，也是当前科学的前沿方向。

2. 神经网络

前面提到，神经元是可以相互连接的，一个感觉神经元平均和25个神经元连接。人的大脑中，大约有860亿个神经元。因此，大脑中存在着极为庞大的神经网络。

这种神经网络有什么作用？其实，大脑的运算和存储，都是通过神经网络来实现的。

在第二章中，我们介绍过，中国的算盘之所以被视为计算机，是因为它具备了计算机的两个基础功能：运算和存储。中国的算盘有一套口诀作为指令系统，可以展开运算，同时它又可以通过算珠进行信息的存储。

对于大脑而言，计算是通过电流在神经网络中流动进行的；而信息的存储，也是通过神经网络实现的。换言之，我们通过学习后收获的一切知识、技能、思维等，都是通过神经网络予以保存的。当我们后续需要调用这些知识、技能、思维时，也就意味着相应的神经网络被激活。

3. 突触

在了解了信息存储是通过神经网络进行的之后，你或许有疑问：信息具体是如何进行存储的？

无疑，这涉及人类记忆在生理上的原理，是一个复杂的问题。具体来说，根据诺贝尔奖获得者埃里克·坎德尔的研究发现，在微观层面，记忆是通过突触来实现的。所以，我们有必要认识一下突触。

突触是指位于轴突末梢的一种结构。我们说两个神经元之间通过树突和轴突两两相连，更精确地说，是通过突触来连接的。

需要说明的是，在一个神经元上并不只有一个突触，而是有着数量众多的突触。平均而言，在一个神经元上大约有1000个突触。而且，突触数量可以变化，既可以增加，又可以减少。

因此，信息的存储主要通过突触数量的增加来实现。而突触的数量减少，正是人的记忆消失和减退的原因。

研究发现，平均一个感觉神经元有 1300 个突触（感觉神经元突触数量更多），其中活跃的数量大约占 40%，但在接受一定的刺激后，它的数量可以增加到 2700 个，活跃的数量占比达到 60%。这种突触数量的增加意味着存储信息的增加，也意味着形成了记忆。至于记忆具体是如何通过突触来实现的，我们在本章第三节探讨记忆时再展开。

4. 神经递质

到此，你可能发现，大脑和计算机在本质上似乎基本一样，都有一个运算功能，也有一个存储功能。那可以将人理解为计算机吗？

答案是否定的。人和计算机有共同性，也有巨大的差别。而在神经元层面，两者的主要差别体现在神经递质上。

神经递质是神经传递物质的简称。多巴胺就是一种神经递质，可能也是知名度最高的神经递质。除了多巴胺，你或许也听说过血清素、去甲肾上腺素等，这些都是神经递质。

为什么神经递质会让人和计算机产生很大的差别？

这是因为，虽然计算机和神经网络的运算都是通过电流的流动而进行的，但计算机中的电流纯粹是一种物理电流，是稳定的，而因为神经递质的存在，神经网络中的一部分电流是通过化学反应产生的，从而使得电流出现各种变化。正是这种化学反应产生的电流的存在，才产生了计算机所没有的情绪等生命现象。

为了更好地理解上述内容，我们可以看一下神经递质具体是如何发挥作用的。前面提到，神经元之间是通过突触来形成连接的。其实，突触之间是存在缝隙的，也就是"突触间隙"。

既然神经元之间存在间隙，那么电流是如何传递的呢？答案是，电流是通过神经递质在突触间隙发生化学反应来实现传递的。

具体而言，电流在神经网络中的传递，主要有两种类型：一种是神经元内部的传递，另一种是神经元之间的传递。前者通过神经元内部的生物电进行，后者通过神经递质在突触间隙发生的化学反应进行。

因为神经递质多种多样，所以就产生了多种多样的情绪。比如，多巴胺会让人产生欲望和期待的情绪，就是多巴胺被释放到了突触间隙，发生了相应的化学反应。类似地，去甲肾上腺素之所以会让人变得亢奋、警觉，也是因为它被释放到了突出间隙，发生化学反应，从而产生了相应的电流。

因为这部分内容比较复杂，我们再简单地做一下总结。一方面，大脑如同计算机，有两个基础的功能——运算和存储。其中，运算是通过电流在神经网络中的流动来实现的，这就像计算机的计算是通过电流在晶体管中传导来实现的一样。而信息的存储，表面上是通过神经网络来实现的，但从底层来说，是通过突触来存储的，并靠突触的变动来实现的。另一方面，人和计算机有很大不同，因为人有情绪等生命现象。这些情绪主要是通过神经递质来实现的。神经递质在突触间隙发生化学反应，产生相应的电流，这些电流在传递信号的同时，也产生了情绪等生命现象。因为人有着多种多样的神经递质，所以就产生了多种多样的情绪和其他生命现象。

二、神经元中信息的传递与存储

有了前面的基础知识，接下来我们就可以更深入地了解信息是如何在神经元中传递和存储的。在前面的内容中，已有部分涉及，这里我再完整梳理一下。

1. 信息的接收和解码

神经元的重要功能是进行神经信号的传递，而神经信号进行传递的起点则是信息的接收。神经元在接收信息后，会将信息解码为神经信号，再对神经信号进行传递。那神经元如何接收信息？如何解码呢？

首先，信息通过感觉器官上的感觉神经元接收。

人接收信息的渠道有五大感觉器官，即视觉、听觉、嗅觉、触觉、味觉。对于学习而言，最主要的渠道是视觉和听觉。感觉器官上有感觉神经元，信息就是通过这些感觉神经元而被接收的。

其次，信息被感觉神经元接收后，第一步就是将信息解码为神经信号。

至于具体怎么解码，这个过程相对复杂，但结合生活经验类比，也不难理解。比如，我们打电话的过程就是将声音信息解码的过程。当你向电话发出声音时，声音被解码为一种数字信号，然后数字信号通过无线电波被传递。人通过感觉器官接收信息之后，也是类似的过程，信息先被解码为神经信号，然后神经信号在神经网络中被传递。

2. 信息的传递和编码

前面提到，信息的传递是通过神经元内部的生物电及神经元之间的神经递质发生化学反应产生的电流进行的。需要说明的是，这种传递是有特定路径的。换言之，特定的信息只能被传递到特定的区域，而且不同的信息意味着需要用不同的神经网络进行传递。这怎么理解呢？

具体而言，通过眼睛收到的视觉信息会被传入负责视觉信息处理的枕叶皮质，听觉信息则会被传入负责听觉信息处理的颞叶皮质。当然，因为前额叶皮质相当于大脑的指挥中心，前额叶皮质通常会参与信息处理，其他相关的区域也可能参与，但哪些区域参与都是有所限定的。而且，这些区域中的神经网络还有着进一步的细化和分区。比如，同样是通过视觉收到的信息，不同信息激活的神经网络是不同的。

3. 信息的存储

我们已经知道，信息的存储，在底层是通过突触的数量和活跃度的增加来实现的。但不知你是否好奇，既然信息在神经元中都是被解码为神经信号进行传递的，那什么情况下信息会被存储？或者说，什么情况下会产生记忆？

答案是，这和信息的重复次数有关，也和信息是否伴随强烈的情绪有关。这背后的逻辑并不难理解。如果所有信息传递时都被存储，那大脑将不堪重负。所以，大脑只有在判断出信息比较重要时，才会进行存储。而判断信息是否重要的标准，就是信息是否被多次重复，或者是否伴随强烈的情绪。

除此之外，如果信息之间能产生更多关联，也将有助于记忆。这其实是通过理解来进行记忆的。关于记忆的内容，我们将在本章第三节中进一步展开。

三、学习底层的原理

在第一章中，我们从行为心理学出发重新认识了学习，但我也提到，那只是对学习相对浅层的认识。在深入神经元层面，认识了信息在神经元中的传递和存储之后，我们就可以更深度地认识学习的本质了。学习的本质，或者说学习底层的原理，到底是什么？

答案是，学习的本质是输入信息，并将信息存储的过程（当然，学习的本质也包括信息的应用和表达，这里仅探讨信息的存储）。而这些存储的信息，在神经元层面表现为神经元连接而成的神经网络。

上述对学习本质的介绍，应当不难理解。那么，从底层认识学习的本质对我们有什么意义？答案是，意义非常重大，它足以颠覆我们以前对学习形成的很多认知，也可以让我们发现学习更大的价值和意义。

1. 进一步发现学习的盲区

在本章第二节中，当深入经验的层面来看学习后，我们发现了以前在学习对象、学习内容和学习成果上的盲区。我们将学习的对象从书本拓展到他人、自己，将学习的内容和成果，从知识拓展到行为和思维。

在本节中，当我们从神经元的层面认识了学习后，同样也可以发现另一个被忽略的盲区：人在被动的情况下，其实也在进行学习。

我们在谈到学习时，往往会将其理解为一种主动发起的行为。比如，我们会将学习理解为阅读、上课，或者向人请教问题等。然而，当我们认识到，只要信息输入并在大脑中存储为神经网络就是一种学习时，则表明人在被动的情况下同样可以学习。因为很多信息，都是人在被动的情况下输入的。

比如，对于婴幼儿，他们并没有进行主动的、有意识的学习，但他们一直在接收信息，大脑的神经网络同样在成长，所以同样是在学习。这也是即使不用教，婴幼儿自己就能学会语言的重要原因。对于成年人来说，我们都知道环境对人影响很大，其中一个重要原因就是环境会给人输入各种信息，从而对人产生影响，这也是一种被动学习的过程。

这种被动的学习，还有很多的表现形式，我们将在第四章中再进行具体探讨。

2. 认识学习是一种生理现象

认识学习的本质给我们的另一个重要启示是，学习不只是一种精神现象，同时也是一种生理现象。如同人吃了食物会转化为营养物质，使肌肉和骨头等得以生长；人学习的过程，因为输入了信息，也会形成大脑神经元的连接，改变大脑的结构。

这就是前面提到的对伦敦出租车司机进行研究，发现那些司机的海马体会变大，以及大学生经过训练后，运动皮质区也会变大的原因。法国知名的神经科学家斯坦尼斯拉斯·迪昂在他的《我们如何学习》一书中说，只要扫描一下大脑，任何一个脑科学家都能看出数学家和没上过学的人的区别。这背后也是因为学习就是一种生理现象。只是在神经科学作为一门科学被研究之前，对于吃食物后所引起的身体变化，我们可以用肉眼观察，对于学习引起的大脑变化，我们观察不到。

3. 深度认识学习对人的价值和意义

既然在被动的情况下，人也会学习，而且学习是一种生理现象，那就意味着，学习对你的影响，远比你想象的影响要大。你主动或被动输入的信息，在很大程度上决定了你是谁。

樊登读书会的创始人樊登说："你的认知，是和你关系最近的六个人所决定的。"女作家蒋方舟说："一个人如果不读书，他的价值观只好由他的亲朋好友所决定，因为他没有别的输入渠道。"你可能也听过这样的话："你读过的书、走过的路、见过的人、干过的事，都会成为你的一部分。"

此前，看到这样的言论，你或许会认为这是"鸡汤"。但当你认识了学习的本质，了解到在被动情况下人也会学习时，你就知道，这不是"鸡汤"，而是有科学依据的。

既然我们知道了信息对人有如此重要的塑造作用，那也就意味着，我们有必要对信息的筛选和输入给予高度的关注。在第五章"知识的学习——一切学习的基础"中，我会重点探讨如何选择和筛选信息。这里我先通过两个例子，说明优化和筛选输入的信息对人会有多大的影响。

你或许听过孟母三迁的故事吧。孟母为了让年幼的孟子有一个更好的成长环境，连续三次搬家，直到搬到了一所学校附近。以前，你可能只是从情感上认为孟母做了一件很正确的事，但现在你应该知道，那其实是孟母在帮孟子选择信息环境的过程。这对孟子的成长至关重要。

信息环境除对儿童有影响外，对成年人同样影响重大。物理学家杨振宁说："你习惯于读什么样的物理学论文，就决定了你在物理领域能走多远。"在他看来，一个人阅读物理文献的品位不够，了解到的知识点再多，也终成不了大学问家。杨振宁所说的，其实就是信息的输入对人所造成的重大影响。已故知名物理学家张首晟说，他曾经因为杨振宁的这种理念，提升了自己的阅读品位，这给他带来了特别大的帮助。

正如畅销书《你是你吃出来的》的书名一样，我们也可以说，你是你学出来的。

4. 以全新的视角认识学习

当我们从底层的原理来看学习时，还有一方面的重要的价值和意义是，我们可以从信息的视角来重新认识学习。这将带给我们对学习完全不一样的认识，而信息也成了贯穿本书的主线。

此前，我们提到，学习分为知识的学习、行为的学习及思维的学习。现在回到信息的视角，如果我们将前述归纳的学习本质稍加扩大的话，则可以将本书所探讨的完整学习用图 3.3 概括。

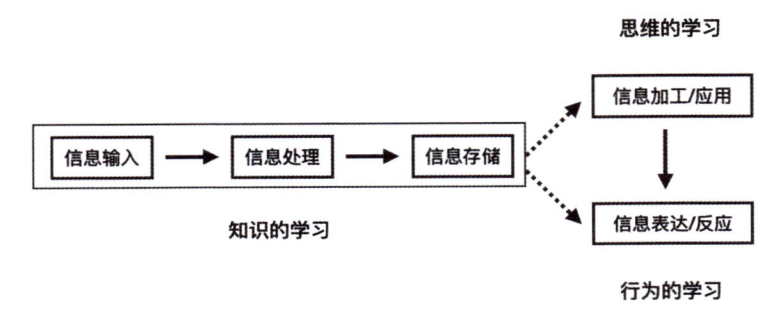

图 3.3　完整学习

从图 3.3 中可以看出，知识的学习可以概括为信息输入、信息处理、信息存储；行为的学习可以概括为信息表达/反应；而思维的学习可以概括为信息加工/应用。有了这样的视角和概括，后续我们讨论学习的逻辑将变得相对清晰和简单。

首先，就知识的学习而言，既然是信息输入、信息处理和信息存储的过程，那我们讨论的重点就可以集中在如下这些问题上。

① 我们应该输入什么样的信息？都有哪些类型的信息？不同信息类型之间存在哪些不同？

② 信息都是通过媒介传播的，信息的媒介都有哪些？不同媒介有什么特征？不同媒介对于信息会有什么样的影响？

③ 为什么要处理信息？处理信息的方式有哪些？如何更高效地处理信息？

④ 信息如何才会被存储在人脑中？如何更高效地将信息存储在人脑中？

其次，就行为的学习而言，既然行为是对信息的表达和对信息的反应，那我们讨论的重点也就可以集中在如下这些问题上。

① 人的行为对信息都有哪些反应方式？人的行为是如何表达信息的？

② 什么样的信息才是人应当做出反应的？人如何对信息做出更正确的反应行为？

③ 什么样的信息才是人需要去表达的？人的行为如何可以更准确、完整地表达信息？

再次，就思维的学习而言，既然思维是对信息的加工和应用，那我们讨论的重点则是如下这些问题。

① 人的大脑具体是如何加工、应用信息的？

② 我们应该从哪里获取或者调取、收集可以加工、应用的信息？

③ 我们如何更高效、更正确地加工和应用信息？

最后，除了以上具体的学习内容，我们还可以讨论记忆和学习的心理。从信息的视角，我们可以通过如下问题来理解记忆和学习的心理。

① 人脑是如何存储信息的？如何才能更有效地存储信息？

② 信息如何影响人的心理？心理机制处理信息的功能有哪些？

③ 信息是如何输入大脑的？大脑输入信息和计算机输入信息的过程有什么差别？如何将信息尽可能完整、准确地输入大脑？

④ 人输入信息背后的动机是什么？如何才能让人愿意输入信息？

以上，就是当我们从信息的视角来看学习时，在知识的学习、行为的学习、思维的学习方面，以及在记忆和学习的心理方面所需要着重进行讨论的问题。

第三节　认识记忆的本质

从大脑和神经元的层面认识了学习之后，我们再来探讨一个对学习而言无法绕开的话题——记忆。

在很多人看来，记忆力似乎是天生的，随着年龄的增长，记忆力会有所下降。然而，你可能也见过一些记忆大师的现身说法，知道他们大多数人并非天赋异禀，而是通过后天训练而成的。那么，记忆力到底是天生的，还是后天可以训练的呢？

答案是，既有天生的，也可以通过后天训练而成。若要认识记忆的本质，仅仅了解这些并不够。既然是在"学习的硬件"部分来探讨记忆，我们就需要探讨记忆和大脑、神经元之间的关系。

一、记忆的多种类型

在绝大部分人看来，人的记忆似乎都是一回事，但心理学家和神经科学家研究发现，人的记忆其实分为多种类型。诺贝尔奖得主埃里克·坎德尔研究发现，不同类型的记忆存储信息的脑区及神经元连接的方式也有所不同。对于我们而言，无须像专家一样了解得那样深入，但大致了解这些记忆的类型，则有助于我们全面认识学习，提升记忆效率。

1. 感觉记忆、短时记忆和长时记忆

根据记忆持续的时间不同，我们可以将记忆分为感觉记忆、短时记忆和长时记忆。这几个概念听起来比较复杂，但结合我们的生活经验，其实并不难理解。

感觉记忆是持续的时间最短的一种记忆，通常仅能持续几毫秒或者几秒。举例来说，你在路上走着，看到身边经过的人，此时你没有特别注意。如果这时有人突然问你，刚刚看到了什么人，稍做回忆，或许你能大致描述那人的长相和穿衣打扮。如果没人问你，这些记忆就会一闪而过，这种一闪而过的记忆，就是感觉记忆。感觉记忆是人在没有注意的情况下产生的，如果没有特别注意，你都不知道它的存在。

相比感觉记忆，短时记忆持续的时间相对更长，通常可以持续几秒钟或几分钟。比如，当你需要向他人复述电话号码时，经过几次重复，你可以将电话号码告诉他人。但几分钟之后，你就会忘记这个电话号码。对于这个电话号码的记忆，就是短时记忆。

长时记忆是持续的时间最长的记忆，可以是几天、几个月、几年，甚至可能是终生。比如，前面讲到你在向他人复述电话号码时，形成了短时记忆，但如果是你家人的电话号码，因为经常重复，你是可以背出电话号码的。又如，对你童年的一些生活经历，即便过去了几十年，你也依然能够清晰地回忆。家人的电话号码及童年的生活经历，就是长时记忆。

可以看出，以上三种记忆之间其实存在关联性。短时记忆是有了注意力之后的感觉记忆；而短时记忆经过多次重复之后，则会转化成长时记忆。

你可能好奇：我们为什么要区分这三种记忆呢？因为只有这样我们才可以知

道，哪种记忆才是真正的学习。很多人以为，只要听过一堂课、看过一本书，就是学习。但事实是，只是听过或看过，并不能形成长时记忆。通过后面的进一步探讨，你会知道，感觉记忆、短时记忆，如果没有转化为长时记忆，并不能被称为真正意义上的学习。

2. 显性记忆和隐形记忆

了解了以上三种记忆类型后，我们再来了解一下显性记忆和隐性记忆。这种分类，主要是针对长时记忆而言的。

显性记忆是需要人的注意力和意识参与才能存储或调取的记忆。比如，我们学的知识或者人生的经历，都可以用语言进行描述，这就是显性记忆。显性记忆又被称为陈述性记忆。

隐性记忆是不需要人的注意力和意识参与就能存储或调取的记忆。比如，我们学的一些技能（如游泳、开车等），或者我们的一些情绪、感受等，这些都是隐性记忆。隐性记忆又被称为非陈述性记忆。

显性记忆可以进一步分为情节记忆和语义记忆。情节记忆是亲身经历而产生的记忆，如小时候的一些生活片段；语义记忆是学到的知识、听到的故事等所产生的记忆。心理学家也将语义记忆中的内容称为"世界知识"，这也是第一章所提到的在学校教育中主要教授的内容。

隐性记忆的种类有些复杂，我们主要了解其中的两种即可：程序记忆及经典条件反射。其中，程序记忆是对于技能和习惯的记忆，技能记忆如游泳、开车等，习惯记忆是人的生活习惯所对应的记忆；经典条件反射中的典型类型则是情绪记忆，如你见到某件有意义的纪念品后产生的情绪就是情绪记忆。

简单总结一下，从心理学上讲，记忆分为感觉记忆、短时记忆和长时记忆。其中，长时记忆又分为显性记忆和隐性记忆，显性记忆包括情节记忆和语义记忆，隐形记忆主要包括程序记忆、经典条件反射（典型类型的情绪记忆），程序记忆包括技能记忆和习惯记忆。

3. 工作记忆

工作记忆（心理学上的一个专有名词，并不是工作时产生的记忆）也被理解为短时记忆的一种，很多文献也经常将其与短时记忆通用，但两者其实有很大的差别。

短时记忆的主要特征是记忆时间较短；而工作记忆，类似于计算机的内存，尽管它的记忆时间也不长，但重点是指一种对信息维持和加工的过程。而且，两者的存储区域也有差别。大脑中负责存储工作记忆的区域是前额叶皮质；而短时记忆则是初期处理感觉信息的大脑新皮质负责存储。

工作记忆类似于计算机的内存，因此我们还可以以内存为参照，认识工作记忆的三个特征。

第一，和计算机运行时将程序和数据都暂时通过内存运行一样，工作记忆在运行时也会调取大脑原有的记忆放入工作记忆中加工。换言之，我们的意识基本上是在工作记忆中运行的，比如你现在阅读这部分内容，就是因为工作记忆在运行。

第二，与计算机内存类似，工作记忆也受存储空间大小的限制，它的信息加工能力有限，这也被称为记忆广度。相关研究表明，在未受过教育的情况下，绝大部分人只能加工四个信息；而受过多年教育的人，则可以将处理的信息从四个增加至七个。

第三，因为工作记忆的上述工作原理和广度限制，现在越来越多的研究发现，工作记忆和人的智力有极大的关系。有研究表明，直接针对工作记忆进行训练，训练后出现了智商提升的现象。

需要特别强调的一点是，以上所说的记忆广度，不是指四个具体的信息，而是指一个有意义的信息组块。这怎么理解呢？

举例而言。如果让你记忆以下这些数字，你可能觉得有难度。

38525699104747312068

但如果将以上的数字更改为以下顺序，则会变得非常简单。

11223344556677889900

以上两组数字是完全一样的，之所以在记忆难度上差别如此之大，就是因为我们对第一组数字进行了整理，将其按照从小到大的逻辑顺序排列以形成第二组数字。这样，第二组数字就有了意义，所有的数字就可以被视为一个意义组块。

这就是组块化的过程。记忆广度指的是信息组块的数量，而不是单个信息的数量。

对于这种组块化你应该并不陌生。除了数字，你平时在学习时也会将相关信息按照一定的逻辑进行整理和组合，以加强记忆。只是，你以前并不了解这背后的原理。

二、不同记忆，不同脑区

前面我们谈到，之所以要将记忆分类，是因为不同的记忆是由大脑内的不同区域负责的。这部分我们来看一下，这些记忆都是由大脑的哪些区域负责的。在具体讲述记忆对应的脑区之前，我们先来了解一个记忆研究历史上的经典病例。

1. 病人 H.M. 的故事

这个典型的病人被简称为 H.M.，他原本是一位癫痫症患者。在 1957 年的时候，由于癫痫症被认为起源于颞叶（特别是内侧颞叶），为了治疗，这个病人被切除了双侧内侧颞叶及位于颞叶深处的海马体。

手术之后，H.M. 的癫痫症确实好了，表面上看他也可以正常生活了。他能够正常地与人交谈，只是谈话时间不能持续得不是太久，话题也不能太多。对于手术之前的记忆，他依然保存得完好，还可以绘声绘色地描述童年往事。

然而，一旦他将注意力从一件事情上转移，两三分钟后他就会不记得。吃完饭后不到半个小时，他会忘记自己吃了什么，甚至连是否吃过饭都不记得。对于研究他的科学家米尔纳，尽管长达三十年里他每月都要见一次，但他仍然无法记住，每次都会将米尔纳当成陌生人。

在研究的过程中，米尔纳让他练习描出镜子里的星形轮廓，尽管他不记得自己前一天是否有过练习，但他的绘画技能却日益熟练，每次测试都有进步。

从以上对 H.M. 病例的描述可以看出，这里涉及此前所讲的三种记忆。他能正常交谈，是工作记忆在起作用；他能记住手术前的事情，表明他在手术前显性记忆中的情节记忆是正常的；他能绘画，说明他依然能够形成隐性记忆中的程序记忆。

但 H.M. 的问题在于，他丧失了形成新的长时显性记忆的能力，尽管他依然有短时记忆，但无法转化成长时显性记忆；与此同时，他依然还有长时隐性记忆，他的绘画技能经过训练依然可以提高。

前面我们提过，H.M. 在手术中被切除了双侧内侧颞叶和海马体，所以科学家推断，这部分的脑区应该与形成长时显性记忆有关，但不参与工作记忆和长时隐性记忆。后来进一步研究表明，确实如此，人将短时显性记忆转化为长时显性记忆，需要海马体的参与。

2. 不同记忆存储在不同脑区中

尽管对于不同记忆，具体存储在哪个脑区，科学家还在进一步研究，但目前已经取得了很多的研究成果。总体来说，大致情况如下所述。

感觉记忆是大脑感觉皮质中神经信号传递的痕迹。因为神经信号是生物电和化学电交替传递的，电流经过感觉皮质之后，会留下一定的痕迹，也就形成了感觉记忆。而这也解释了为什么感觉记忆持续的时间很短，因为这种痕迹很快就会消失。

工作记忆主要由前额叶负责。前面我们提到过，工作记忆类似于计算机的内存，而前额叶皮质是大脑的指挥中心，决策、计划等都是由前额叶皮质来负责的。

长时显性记忆则相对更为复杂。总体来说，目前对长时显性记忆主流的认识是，它一种分布式记忆的模型，也就是说，长时显性记忆散布于大脑新皮质。如果只是某一种感觉的长期记忆，只会保存于对应的感觉皮质，如单纯的视觉记忆就只存储在枕叶皮质；如果是综合类型的信息（既有图像又有声音），则由多个皮质区域共同存储。换言之，大脑是将综合信息拆分后分别进行存储的。

长时隐性记忆，根据不同的记忆类型又分不同的脑区存储。程序记忆，包括技能记忆和习惯记忆，主要存储在纹状体中，而其中技能记忆的存储也需要小脑的参与。这里的纹状体，是前面介绍过的基底神经节中的一个区域。情绪记忆，则主要存储在杏仁核中。

对于很少接触脑神经科学的你来说，这么多记忆类型和不同脑区的知识，可能让你觉得过于繁杂。但你其实无须对以上各种记忆类型都予以掌握，你只需要知道，不同记忆是由不同脑区负责存储的即可。

更重要的是，对于本书而言，我将学习分为知识的学习、行为的学习和思维的学习，当你对记忆有所了解后可以发现，不同的学习内容所存储的区域也是不同的。

这就像你在健身时，尽管都在练习肌肉，但不同区域肌肉的训练方法是不一样的。不同的学习内容，由于涉及不同脑区，学习方法也是不同的。

三、记忆的神经元原理

从大脑的宏观层面认识了记忆之后，我们有必要再从大脑的微观层面——神经元层面进一步认识记忆。从底层来了解记忆，能带给我们不一样的认识。

1. 长时记忆背后的神经元机制

1）长时记忆才会产生突触数量的变化

在前面介绍神经元的内容中，我们谈到记忆以突触的形式存储在神经网络中，其实只有长时记忆才体现为突触的增加，对于感觉记忆和短时记忆，并不会造成突触数量的变化和活跃度的增加。它们背后的机制和原理是不一样的。怎么理解呢？

就感觉记忆而言，前面已提到，它是指神经信号在大脑感觉皮质中传递后留下的痕迹。在这种情况下，突触数量显然没有变化。

短时记忆虽然不是神经信号传递的痕迹，但也并不体现为突触数量的变化，而是神经元之间产生了一些功能性变化。具体而言，短时记忆是神经元之间释放一种特殊的神经递质而形成的。因为这种神经递质的持续释放，神经元之间一直处于连接状态，这就形成了短时记忆。而当神经递质释放完毕之后，短时记忆也就消失了。这也是短时记忆往往只持续几秒钟或者几分钟的原因。

长时记忆则体现为突触数量的变化和活跃度的增加。研究发现，突触数量既可以增加也可以减少，活跃度既可以提升也可以降低。所以，有些记忆尽管我们在很长一段时间内很熟悉，但仍然会遗忘。

通过以上的介绍你会发现，感觉记忆、短时记忆和长时记忆，尽管都是记忆，但在本质上是有区别的。感觉记忆，是神经信号传递的痕迹；短时记忆，仅仅是神经连接中一个功能性的变化；长时记忆，则是结构性的变化，也就是大脑中实实在在长出了"记忆"。

这也是为什么说"只有长时记忆，才是真正的记忆"。若学习仅仅停留在短时记忆，价值有限，因为信息和知识，并没有真正地"长"在大脑中。

2）如何形成长时记忆

既然只有长时记忆才真正地将信息"长"在大脑中，那么如何才能形成长时记忆呢？而且，既然长时记忆也会消退，那如何避免消退以保持记忆呢？

答案是，在大部分情况下，必要的重复必不可少。前面也谈过，之所以需要重复才能形成长时记忆，是因为这是大脑的一种筛选机制。大脑只会将重要的信息予以长期存储，而判断的重要标准之一就是这个信息是否重复出现。所以，"重要的事情说三遍"，是有科学依据的。

类似地，当我们的记忆开始消退的时候，如果我们再次重复、再次激活记忆，就又可以强化突触连接，从而避免消退保持记忆。

这个原理对我们有很强的实际指导意义，尤其是对成年人的学习而言更是如此。在成年人的学习中，由于缺少了学校学习中的强制性复习和考试的过程，很多人仅仅停留在"学过"的层面，很少主动重复和复习。从长时记忆形成的神经元原理来看，"学过"很可能仅仅形成了短时记忆，或者即使形成了长时记忆也会消退，这样学习的效果就非常有限。

我们之所以学习，是因为希望今后能将所学予以运用，但知识如果都没有存储在大脑中，那自然就无法运用。

当然，除了重复，要形成长时记忆，还包括前面提到的情绪的参与，以及形成神经元之间更广泛的连接，这些内容我们会在后面进一步探讨。

2. 神经元的习惯化机制

对长时记忆机制的了解，让我们知道了重复的价值。认知科学家彼得·C.布朗、亨利·L.罗迪格三世、马克·A.麦克丹尼尔在所写的《认知天性：让学习轻而易举的心理学规律》（以下简称《认知天性》）一书中，却提出一个反常识的观点：一味地重复是一种低效的学习方法。

一方面说，重复才能形成长时记忆；另一方面说，重复是低效的学习方法。这两种观点是不是存在矛盾？

其实，这两种观点并不矛盾。但要理解这一点，就需要先了解神经元的一种非常重要的机制——习惯化。

习惯化机制，是指在被多次重复刺激的情况下，神经元的连接不仅不会得到加强，反而会被弱化。相应地，突触数量会减少，活跃数量占比也会下降。比如，科学家试着给一个名为"R 神经元"的轴突束施加一个微弱的电刺激，并重复进行刺激。在进行第 10 次刺激时，这个轴突束反应的强度只有初始值的 1/20。

前面我们谈到一个感觉神经元平均有 1300 个突触，40% 的活跃数量占比；而长时间习惯化后，突触会下降到大约 850 个，活跃突触的数量也会从大约 500 个减少到 100 个左右。

为什么会产生这种现象呢？其实，和长时记忆背后的机制类似，这也是大脑的一种筛选机制。因为我们在接收并关注外部信息的刺激时，需要调用我们的注意力，而注意力是很耗能的机制，而且注意力资源有限，所以如果将注意力长期关注在一个刺激源上，会造成对其他信息的忽略。有了习惯化机制之后，大脑对一个刺激源关注一定时间，就会认为这个刺激源的重要性下降了，于是将注意力从原来的地方移开，从而关注其他可能更值得关注的信息。

比如，当我们身处一个嘈杂的环境中，如果没有习惯化机制，就会一直被那种嘈杂声所干扰，因为有了习惯化机制，我们就可以将注意力移开，去关注其他一些事物。古语"久居鲍鱼之肆不闻其臭"，就是讲的这种习惯化机制。换言之，当被信息重复刺激时，神经元会判断这种信息不重要，从而使刺激的强度减弱，进而使神经元的连接变弱。

至此，你或许会有更大的疑问：前面说重复是判断重要性的条件，这里怎么又说重复会被大脑判断为不重要呢？

答案是，这两种重复是不同的。前面的重复是指间隔性的重复，是在不同的时间多次重复；而习惯化中的重复是指在一个时间段内持续地重复刺激。

因此，《认知天性》一书提出，真正有效的方式是间隔性的重复和练习。明白了这一点，你就会认识到，对于学习而言，"临时抱佛脚"的作用其实是有限的。因为短时间的重复只会让神经元习惯化，无法形成长时记忆。只有细水长流，重复刺激，才能真正形成长时记忆。

四、基于神经元的科学原理提升记忆力

前面我们提到了《认知天性》一书，这本书的部分内容是由心理学家亨利·L.

罗迪格三世和马克·A.麦克丹尼尔撰写的，他们也是知名的认知科学家。书中的很多结论是由 11 位认知科学家通过长达 10 余年研究之后得出的。对于学习和记忆，这是一本非常权威且有价值的书籍。

除理论研究之外，在应用层面，也有些人做出了卓越的贡献。比如，有一位加拿大的学生斯科特·杨，通过自学一年之内完成了麻省理工学院计算机专业的四年 33 门课程。他基于自己的学习经验，写了一本名为《如何高效学习》的书。在书中，他详细介绍了自己提出的整体学习法。另外一本非常知名的学习类书籍——芭芭拉·奥克利所写的《学习之道》，也介绍了一些重要的记忆方法。

当从神经元的层面认识记忆之后，你再去读这些书就会发现，它们底层的原理其实是一致的。我们结合前面神经元的相关知识，以《认知天性》《如何高效学习》《学习之道》三本书中提到的一些理论和方法为基础，再来探讨一下学习和记忆的方法。或许你没有读过这三本书，我建议你阅读一下，但暂时不读也没关系，应该不会影响你对后面内容的理解。

提升记忆的方式方法众多，这里我们重点探讨五种：间隔性的重复、建立更广泛的神经元连接、用检索强化记忆、将知识组块化、用输出强化记忆。我们一个个来讲。

1. 间隔性的重复

间隔性的重复是《认知天性》一书中提到的重要方法，我们在前面已经多次提到，并分析了背后的底层原理。不过，这里我们还可以从另一个方面再探讨一下。

尽管我们说重复很重要，但现实是很多人往往不喜欢重复。这背后的原因是什么呢？其实，这种情况我们用神经元的习惯化机制是很好解释的。由于神经元的习惯化机制，对于重复出现的信息，人的注意力本能地会下降。这也使得人往往喜欢新信息，而不喜欢重复。在阅读和学习上，就表现为人都喜欢阅读新书、学习新知识，却不喜欢重复已经学过的知识。

通过前面的分析，相信你应该能够意识到重复的必要性和价值。所以，尽管人本能地喜欢追求新信息，但从保障学习效果的角度而言，我们需要克服一下本能。

2. 建立更广泛的神经元连接

《认知天性》一书中还提到了另外一种重要的学习方法：多样化的练习。书中是这样写的："让大脑工作，实际上就是给它引入更多复杂的网络，然后反复运用这些神经回路，从而使头脑更加灵活。这大概才是最重要的。"

怎么理解这种学习方法呢？其实，在了解了神经元的知识之后，这一点并不难理解。

我们说神经元在大脑中是相互连接的，一个神经元平均可以与 25 个其他神经元连接。我们运用知识，就是激活了这些神经网络。神经元形成的网络连接越多，自然也就越容易被激活并应用。

在《如何高效学习》一书中，斯科特·杨用了相同的方法，只是他将其表达为"整体学习法"。他是这样描述的："整体性学习意味着知识的学习并不是孤立的。事实上，知识的学习从来就不是孤立的，学习任何知识（概念、定义、公式、问题、观念、理论等）都需要联系。你创造的联系越多，对它们就会记得越牢、理解得越好。"斯科特·杨正是将知识形成更多的连接，才得以在一年内取得了惊人的学习成就。

那怎样才能形成更多连接呢？在《认知天性》一书中，作者提出要多样化练习。换言之，在越多的场景中练习，也就可以让知识对应的神经元网络和越多的其他神经元网络形成连接。在《如何高效学习》一书中，斯科特·杨则用"高速公路"来形容这种更广泛的神经元连接。他的表述是："假如你正在阅读生物学课本，又与学过的商业发展史课程相比较、相联系，这就建立了'高速公路'。"

理解了这一点，你就可以知道，为什么有人读很多书，却被称为"死读书"，而另一些人却可以对知识"活学活用"。背后的原因就在于，是否能通过知识的关联、多场景的练习，使大脑形成足够多的神经网络。

在第四章中，我们会探讨"认知图式"，也会探讨"理解"在心理学上的含义。你会发现，让知识之间形成神经元连接和网络，不仅是学习的充分条件，还是学习的必要条件。因为人的知识就是通过神经元之间不断地连接而构建和存储的。

3. 用检索强化记忆

检索，也可以理解为回忆，就是从大脑中激活并调取信息的过程。用检索进行学习和加强记忆，是《认知天性》一书中重点强调的方法。书中强调，测试是非常有效的一种学习方法，因为测试的过程就是学生检索信息的过程。而且，有相关的心理学研究证实，学生经过测试后的记忆效率会得到大幅提升。那这背后的原理又是什么呢？

答案是，这种检索之所以让记忆更有效：一是因为它动用了更多的注意力；二是它强化了之前的神经元连接，且伴随着信息的整合，这就意味着形成了更多的神经元连接。

前面提到，神经元之所以会习惯化，原因是注意力的转移和减少，而注意力的投入对于记忆效果至关重要。人在检索信息时，注意力相对更为集中，因此记忆的效果自然就会更好。研究表明，注意力对长期记忆力的形成，以及记忆力的稳定性有强烈且系统性的关联。同时，这种检索也是一种重复的过程，能再次刺激神经元连接，强化记忆。此外，很多的检索往往是面对一些具体的场景，比如在考试时，或者在实际的应用场景中，这其实也进行了前面所提到的环节——建立更广泛的神经元连接。

4. 将知识组块化

在芭芭拉·奥克利所写的《学习之道》一书中，介绍了另外一种重要的学习方法：将知识组块化。

在《如何高效学习》一书中，斯科特·杨则用"模型"这个概念来表示这种组块化。他将整体性学习拆分成了结构、模型及"高速公路"三个维度。其中，结构是指一系列紧密联系的知识，模型是指简化的结构，"高速公路"是指不同的信息之间形成更多连接。所以，组块化可以说是将知识结构化后提炼而成的一个模型。

从神经元的视角来看，这种方法背后的原理是什么呢？这里的原理可能是这样的：一方面，组块化的前提是将相关的信息按照一定的逻辑结构进行梳理，而且这个过程需要多次重复，所以它们之间就形成了紧密的连接；另一方面，信息组块化或者形成模型之后，激活这些信息对应的神经网络能耗更低，也更容易。所以，组块化也是一种非常重要的记忆方式。

5. 用输出强化记忆

在了解了以上的记忆方法和原理之后，我们再来探讨最后一种方法——用输出强化记忆，也有很多人将其称为费曼学习法。

费曼学习法是诺贝尔奖得主、美国知名物理学家理查德·费曼所提出的一种学习方法。简单来说，费曼学习法是指如果你希望真正地掌握知识，最好的方式是将知识通俗易懂地给非专业人士讲懂，也有人将其简化为"教就是最好的学"。在第一章中我们谈到，孔子提到的"诲人不倦"其实就是使用了费曼学习法。费曼学习法为什么会有效呢？

因为在使用费曼学习法的整个过程中，相对全面地应用了上述其他提升记忆的方法。首先，如果要将知识给他人讲懂，就需要自己先理解知识，将新知识与原有的知识形成连接。这也意味着讲解人需要梳理新知识，形成一个结构，甚至将其简化为组块或者模型。此外，讲解人在讲的过程中，需要在自己的大脑中检索相关知识，需要投入足够的注意力，这也强化了记忆。

所以，正是费曼学习法综合运用了上述其他的记忆方式，才使得它成了一种极好的学习方法。如果你如孔子一样"诲人不倦",不断地间隔性重复输出,为了更好地教,自己把知识点的内在逻辑理顺,并且能够理解知识,将其与生活经验关联,那记忆和学习的效果也将会变得更好。

本章参考资料

[1] Michael S.Gazzaniga,Richard B.Ivry,George R.Mangun. 认知神经科学 [M]. 周晓林,高定国,等译. 北京:中国轻工业出版社,2011.

[2] John G.Nicholls,等. 神经生物学——从神经元到脑 [M]. 杨雄里,等译. 北京:科学出版社,2014.

[3] 埃里克·坎德尔. 追寻记忆的痕迹 [M]. 喻柏雅,译. 北京:中国友谊出版社,2019.

[4] 安东尼奥·达马西奥. 笛卡儿的错误:情绪、推理与大脑 [M]. 殷云露,译. 北京:北京联合出版公司,2018.

[5] 芭芭拉·奥克利. 学习之道 [M]. 教育无边界字幕组,译. 北京:机械工业出版社,2016.

[6] 基思·斯坦诺维奇. 超越智商:为什么聪明人也会做蠢事 [M]. 张彬,译. 北京:机械工业出版社,2015.

[7] 基思·斯坦诺维奇. 理商:如何评估理性思维 [M]. 肖玮,译. 北京:机械工业出版社,2020.

[8] 冯·诺伊曼. 计算机与人脑 [M]. 甘子玉,译. 北京:北京大学出版社,2010.

[9] 达娜·萨斯金德. 父母的语言 [M]. 任忆,译. 北京:机械工业出版社,2017.

[10] 彼得·C.布朗,等. 认知天性:让学习轻而易举的心理学规律 [M]. 邓峰,译. 北京:中信出版社,2018.

[11] 阿米特·卡特瓦拉. 运动大脑:神经科学助你提升运动技能 [M]. 陈龙斌,王傅雷,译. 北京:机械工业出版社,2019.

[12] Stanislas Dehaene. How We Learn[M]. New York City: Penguin Random House LLC,2020.

[13] 夏萌. 你是你吃出来的 [M]. 南昌:江西科学技术出版社,2017.

[14] 李建平. 中国教育寻变 [M]. 北京:教育科学出版社,2015.

[15] 万维钢,《精英日课³》专栏,得到 App.

[16] 宁向东,《宁向东的管理学课》专栏,得到 App.

[17] 沈祖芸,《年度得到·沈祖芸全球教育报告 8 讲》专栏,得到 App.

[18] 仇子龙,《仇子龙·基因科学 20 讲》专栏,得到 App.

[19] 吴军,《吴军·信息论 40 讲》专栏,得到 App.

[20] 洪兰,《认知心理学》课程,混沌学园 App.

[21] 赵思家,大脑通讯员:认识你的神经递质,知乎一小时系列电子书.

[22] 萌妈,动辄几万元的右脑开发早教课 到底靠不靠谱,"萌妈小教室"公众号.

[23] 徐凯文,为啥教师家庭孩子心理健康问题高发,中国网.

[24] 文强编译,MIT 研究"看见"神经网络形成概念过程 神经网络不全是黑箱,新智元编译.

第四章　学习的软件
——人的学习机制

如果学习机制是一款应用软件，那它有什么功能？
支撑这款软件的操作系统如何运行？
人是否可以升级自己的操作系统？
是否同计算机一样，人也需要驱动程序？

第一节　学习机制是如何运行的

在第二章中，我们探讨过，人学习的心理机制（学习机制）可以被视为一种应用软件。软件则必然是有它相应的功能，那学习机制有什么功能呢？

要认识学习机制的功能，我们有必要先了解心理学上的一些研究成果。在心理学的发展史上，心理学家从多个不同的视角深度研究了人的学习机制，并发展出了行为主义、社会认知理论、认知主义、认知发展理论及社会文化发展理论等诸多理论学派。无疑，每一个理论学派对认识学习机制都有重大的意义。通常，很多介绍学习的心理学书籍也都是从各个理论学派来介绍学习的。

然而，如果换个视角，我们也可以将这些研究成果理解为，心理学家通过研究，不断地发现了学习机制这款软件的各种功能。总体来说，学习机制有四大功能：情绪激发、行为塑造、行为模仿、信息处理。

一、学习机制的四大功能

学习内容和学习机制之间存在着对应关系：学习机制中的情绪激发功能和思维的学习（主要是信念和价值观部分）有关；行为塑造及行为模仿的功能和行为、思维的学习有关；信息处理的功能则主要和知识的学习有关。由于知识的学习的基础性，所以信息处理功能也是思维的学习和行为的学习的基础。

需要说明的是，这里的情绪激发、行为塑造、行为模仿及信息处理，并不是心理学上的专业术语，它们只是我个人基于心理学的研究成果，从功能角度进行的概括。这种概括尽管不太严谨，但更有利于我们理解学习机制的各种功能。

1. 情绪激发

通常来说，我们会认为学习是一个吸收知识的过程，但实际上情绪激发才是心理学家最早发现的学习功能。这种功能是行为主义心理学派的研究结果，他们将其称为"经典条件作用"。

什么是经典条件作用？为什么它是一种学习，而且又有着情绪激发的功能？我们一个个来解答。

1）认识经典条件作用

对于经典条件作用，你应该不会陌生，在学校的课程中也曾经学过，就是巴甫洛夫的实验所呈现的现象。如果你已经忘了，这里再简单介绍一下。

巴甫洛夫最初是一名生理学家，他原本是想研究狗在吃食物时唾液的分泌情况，但在实验过程中，他意外地发现了经典条件作用的现象。他将狗捆绑在一个固定的位置上，并在狗的嘴里切开一个口（以便将狗的唾液收集到小杯子里）。每次他的助理给狗投喂食物的时候，狗都会分泌唾液。这是狗正常的生理现象，并没有什么特别。

但在实验中，巴甫洛夫发现，一段时间后，即使他的助理不带食物，仅仅进入房间，狗也会分泌唾液。他由此想到，这可能是因为狗将他的助理和食物联系起来了，所以每当狗看到他的助理时，就会分泌唾液。

于是，他重新设计了实验，加入一个节拍器、铃铛等刺激物，每次食物被送来之前，先让节拍器、铃铛等发出声音。果然，过了一段时间之后，即使没有投喂食物，狗一旦听到节拍器或铃铛的声音，也开始分泌唾液。

这种原本不引发反应的弱刺激（节拍器的声音或铃铛声），因为与另一种更强的刺激（食物）相继同时出现，从而使动物对弱刺激也产生反应的现象，就被称为经典条件作用。在行为主义学派看来，这就是一种学习。

这似乎和过往我们对学习的认识有很大差别。为什么这种现象也是学习？我们可以从以下两个层面来理解。

首先，在第一章中，我介绍了行为主义心理学对学习的定义。学习，就是动物因为经验而改变自己行为（调整自身行为）的过程。如果你用这个定义来对比巴甫洛夫的实验可以发现，狗的行为也是符合这个定义的。

当然，这里的行为改变和斯金纳实验中的行为改变有所不同。在斯金纳的实验中，鸽子是主动发起的行为改变；而这里的行为改变，对于狗而言完全是被动发起的。这也是在心理学上，这两种现象分别被称为"操作性条件作用"和"经典条件作用"的原因。因为斯金纳和巴甫洛夫都在研究行为的改变，所以两人的理论都被归入了行为主义流派。

除行为主义心理学的视角之外，在第三章中我们还提到，学习的本质是信息的输入和存储，并将存储的信息表现为神经元连接的过程。正因如此，学习在被动情况下也会发生。在巴甫洛夫的实验中，狗就是在进行被动的学习。

尽管在巴甫洛夫的实验中，我们无法看到狗的条件反射是不是形成了神经元连接，但诺贝尔奖得主埃里克·坎德尔以海兔为研究对象，用实验证实了在巴甫洛夫的实验中，狗的大脑中其实已形成了神经元连接。

埃里克·坎德尔之所以用海兔做研究，是因为海兔的神经元的特殊性。海兔是一种海生蜗牛，它的一个重要特征是神经元数量极少，而且神经元的细胞体积巨大。具体来说，人体有 860 亿个神经元，海兔仅有两万个神经元，而且海兔的一些神经元的体积是在哺乳动物的大脑中能找到的最大神经元的体积的 50 倍，甚至海兔的神经元可以直接用肉眼来观察。因此，海兔是研究神经元的绝佳对象。

此外，海兔是海生的软体动物，需要靠鳃来呼吸。海兔的鳃通过一根水管与海水相连，因此保护好鳃对于海兔而言至关重要。海兔一旦受到相对强烈的刺激，就会快速地做出缩鳃反应。因为神经元的特殊性,海兔从接受刺激到做出缩鳃反应，可以简单到只用一个感觉神经元和一个运动神经元就可以实现。海兔的上述特征，让它的缩鳃反应成了绝佳的观察对象。

埃里克·坎德尔研究发现，当对海兔进行一个轻微刺激（触碰虹吸管）时，海兔不会做出缩鳃反应；如果电击海兔的尾部，海兔则会快速地缩鳃。如果两种刺激多次先后一起进行，轻微刺激就会和缩鳃反应产生关联。这就如同巴甫洛夫的实验，节拍器的声音或铃铛声和狗流口水的现象关联在一起了。不同的是，在海兔的实验中，埃里克·坎德尔可以直接观察到，这是因为在产生关联的过程中海兔的神经元之间发生了连接。

因此，对于巴甫洛夫的实验，埃里克·坎德尔在神经元层面进行了验证。二人实验的底层原理是一样的，都是将外部输入的刺激信息存储为内部神经元连接的过程。现在，你应该可以理解，为什么从神经元的层面来看，这种经典条件反射也可以视为一种学习了。

下一个问题，为什么经典条件作用有情绪激发的功能？

因为经典条件作用通常与生理功能及情绪反应相关。比如，在巴甫洛夫的实验中，狗流口水就是一种与生理功能有关的现象。这种生理反应在广义上也可以视为一种情绪。比如，当人看到食物时会流口水，这就是一种欲望，也可以理解为产生了一种情绪。

除此之外，我们在生活中看到的很多现象是与情绪有关的现象，也都可以用经典条件作用来解释。比如，人被蜜蜂蜇了之后，对蜜蜂会有些恐惧情绪，这种恐惧情绪背后的原理就是经典条件作用，因为蜜蜂和恐惧情绪之间产生了关联。

因此，经典条件作用通常是和情绪有关的。这也是我将其概括为"情绪激发"功能的原因。

需要说明的是，经典条件作用还会产生泛化（敏感化）的现象。这怎么理解呢？

比如，"一朝被蛇咬，十年怕井绳"。正常来说，一个人被蛇咬了，怕蛇是正常的，为什么连绳子也怕呢？因为蛇和绳子有相似之处，这就是经典条件作用泛化的现象。换言之，当刺激强大到一定程度时，人和动物对于和强刺激相似的其他刺激也会做出相同的反应，即使这两种刺激并没有先后一起出现过。

类似地，生活中有人因为被某件事惊吓后，恐惧过度，连一些轻微的声响也变得很警觉，这也是一种经典条件作用泛化的现象。埃里克·坎德尔通过研究，在神经元层面发现了这种现象背后的原理。他发现，如果给予海兔极强的电击，那么海兔原有的神经网络和周边神经元的连接就会加强，反应也会更加强烈。

2）情绪激发的重要价值

随着近些年心理学上认知主义的兴起，行为主义的这种研究成果似乎越来越少被关注了。然而，情绪激发的功能尽管初级，连最初级的生物都具备，但其实至关重要，甚至是对学习影响最大、最深远的一种功能。我们可以从以下两个角度来理解。

首先，情绪激发功能是潜意识产生的重要原因，而潜意识是决定一个人言行的关键。正如荣格所说："你的潜意识指引着你的人生，而你却称其为'命运'。"

在第三章的记忆分类中，我提到其中一种记忆是情绪记忆。人有情绪记忆，很大一部分原因就是情绪激发功能在发挥作用。因为多种刺激同时出现，或者一种强烈的刺激，使刺激和情绪产生了关联，而这种关联并没有被人所意识到，于是就形成了潜意识。

在知名认知神经学家 Michael S. Gazzaniga 等人所写的《认知神经科学》一书中，作者举了下面的例子。

某天，一个年轻人在坐火车的时候，与对面素未谋面的乘客聊着天。火车突然和一辆汽车发生了碰撞，火车司机当场死亡。这个被吓坏了的年轻人立刻下了车。几个月后，在一个酒会上，这个年轻人和一个看起来很面熟的客人聊了起来。聊天时，年轻人莫名地觉得很紧张。此后经过打听，他才知道，原来这个客人就是那天在火车上和他聊天的那个乘客。

这个故事非常有代表性地说明了什么是潜意识，以及情绪激发对于潜意识的形成作用。那次事故给这个年轻人留下了恐惧的情绪记忆，而因为那个乘客和事故同时出现，于是那个乘客也和恐惧情绪产生了关联，即使这个年轻人一开始并没有意识到这一切。

类似地，心理学家简妮·爱丽丝·奥姆罗德在她的《学习心理学》一书中提出，人们惧怕失败是因为将失败和此前不愉快的经历进行了关联。对于很多人而言，这种关联并没有被意识到，但这种对失败恐惧的潜意识，阻止了人们采取行动的努力和可能性。

可以想象，相对于意识层面知识的学习，这种潜意识层面情绪的关联，更可能影响人的一生。

现在一些学生有厌学的情绪。相对于某一次考试成绩的优劣，这种厌学的情绪才是对学习影响最大的。厌学背后的原因，在很大程度上就是受这种情绪激发功能的影响。

比如，生活中你经常会看到一些家长在辅导孩子作业的时候怒吼。从情绪激发对于潜意识的影响来看，这其实是一个严重的问题。父母吼孩子会激发起孩子的一些不良情绪，如果这种情绪每次都和学习同时出现，那就会和学习产生关联，进入潜意识，从而使孩子厌学。

除此之外，在我们的家庭和学校教育中，学习也往往和太多不好的情绪记忆相关联，这些都有可能进入潜意识。这就是很多孩子不喜欢学习，甚至在高考结束后撕书、烧书的重要原因。

心理学家戴维·保罗·奥苏贝尔认为，人都是有认知驱力的。换言之，求知和学习是人的一种本能需求。在马斯洛划时代的名著《动机人与人格》中也提到，人都是有认知和理解的需求的。在成年人群体中却很少看到有人保留这种驱力和需求，这在很大程度上就是因为在绝大部分人的潜意识中，学习和不良情绪产生了关联。试想一下，如果一个人在学习时总能得到夸奖和肯定，总是伴随着愉悦的情绪，那么他的学习就会和良好的情绪产生关联，他也必然是喜欢学习的。

其次，情绪激发是人动力的重要来源，来自外部刺激产生的情绪会让人产生动力。

要了解情绪激发如何能够让人产生动力，我们可以先看一个故事。

考研名师张雪峰分享过一段有趣的经历。张雪峰有一次演讲说自己瘦了30斤，因为他开始跑步了，并且每天坚持跑15公里（千米）。而他之所以开始跑步，是因为受了张绍刚的影响。他上高中时一直在看张绍刚的节目，但后来两人有机会碰面时，他发现居然跑不过比自己年长 10 多岁的张绍刚。他的比喻是，这就好像自己在公园跑步，有一位老人从后面超过了他。他被这件事强烈地刺激到了，于是每天开始跑步。

你可以看到，这个故事中的主角是受了某种外部刺激之后，激发起了一种强大的动力。类似地，我们在第一章中谈到王金战老师的改变，也是因为他受到了同学的刺激。如果你留意一下一些成功的人，会发现很多人都经历过类似事件的刺激，从而改变了一生。而这背后，就是情绪激发功能在发挥作用。

通过以上的介绍，相信你对情绪激发已有了更多的认识。此前我提到，人在很大程度上是由情绪主导的，现在你应该对此也有更深的认识了。

2. 行为塑造

行为塑造是行为主义心理学派研究发现的另一种功能。由于行为主义在 20 世纪 50 年代之前一直占据着美国心理学界的主流地位，所以行为塑造的功能曾一度被认为是人仅有的一种学习功能。行为主义的代表人物约翰·华生曾说："给我一打健康儿童，不管他们祖先的状况如何，我可以任意把他们培养成从领袖到小偷等各种类型的人。"

当然，现在的研究表明，尽管行为塑造至关重要，但它不并不是人唯一的学习功能，也不足以完全靠此来塑造一个人。那什么是行为塑造功能呢？

我们在第一章中提到的斯金纳的实验，就是行为塑造功能的一种表现。鸽子因为有了食物反馈，调整了自己的行为，提高了触碰机关的频率，这就是行为塑造的过程。当然，除了通过奖励增加相应的行为，通过惩罚减少相应的行为也是一种行为塑造。

这种行为塑造，除动物之外，在人类中也非常普遍。行为主义的一个核心观点就是，人和其他的非人类动物一样，都倾向于按照能带来积极结果或者避免消极结果的方式去行动。基于外部反馈来调整行为是人的一种本能。比如，我们说"奖善惩恶"，通过奖励和惩罚来改变一个人的行为，就是利用了行为塑造的功能。

行为塑造功能的应用极为广泛。在企业中，管理人员利用它来管理员工；在学校里，老师利用它来教育学生。而对于人类社会，通常而言，人都是趋利避害的，所以主要也是行为塑造功能在起作用。

需要强调的是，心理学家研究的结论也并不是"趋利避害"这么简单，其背后的理论更为丰富。

举例来说，斯金纳将增加行为的反馈称为"强化物"，而并不称其为"奖励"，其中一个重要的原因是，他并不认为外部的反馈一定是让人"愉悦"的。他认为，只要能让人增加行为的反馈，都可以称为强化物。心理学家进一步研究发现，这些强化物既可以是食物、金钱等物质，也可以是表扬、关注、认可等非物质，又或者仅仅是参加某次活动的机会。除这种外部反馈之外，内心的成就感、自豪感等同样也是强化物。

就惩罚而言，并不是所有的惩罚都能减少行为的发生。只有那些及时的、不带有情绪而且简洁明确的惩罚才最有效。这也是现在的学校禁止体罚的原因。因为研究发现，体罚并不能起到减少不当行为的效果，反而会伤害到孩子的自尊心。

除此之外，外部的反馈尽管重要，但和动物不同的是，人有自己的思维和认知，所以这种反馈是否一定使人的行为发生改变，也受到人的认知和动机的影响。

具体而言，对于外部的反馈，心理学家提出了"相倚性"的概念。简单来说，相倚性就是让人知道自己具体是因为什么行为得到了相应的反馈。比如，你可能听说过，有专家建议夸孩子时，不要夸他"聪明"，而应该夸他"努力"。这个时候，就是让孩子知道是"努力"和"夸奖"之间有相倚性，而不是"聪明"和"夸奖"之间有相倚性。孩子也只有知道了"努力"和"夸奖"之间有相倚性，他才会因为夸奖继续做出"努力"的行为。

除相倚性以外，对于同样的反馈，不同人的效果可能不一样。比如，经济学理论认为，人都是理性的，都是考虑利益的；而《论语》中说，"君子喻于义，小人喻于利"，这里的"利"和"义"都可以视为强化物，但对不同的人，效果就会有所不同。

总之，行为塑造是学习机制非常重要的功能，在人类社会普遍存在，也被广泛地应用。对于它的复杂性，我们也需要有一定程度的认识。

3. 行为模仿

行为模仿是社会认知理论流派的研究成果。相对于行为主义完全关注行为表现，社会认知理论开始关注人内心的变化。社会认知理论流派提出的一个重要观点是，人不仅可以通过外部刺激或者外部反馈来学习，还可以通过观察并模仿进行学习。

相对于行为主义所强调的"学习必须发生行为的改变"，社会认知理论流派的代表人物阿尔伯特·班杜拉认为，人可能通过观察或者实践学到一些东西，但并不一定都表现出来。这一点应该不难理解，如果按照行为主义的观点，只有行为表现出来才算学习，那现在学校中的教育应该都不属于学习了。

对于行为模仿，其实我们也很熟悉。比如，有人说"父母是孩子最好的榜样"，就是指孩子会从父母那里学习和模仿；而我们说"榜样的力量是无穷的"，同样是指我们可以向"榜样"学习和模仿。甚至，常常有人将模仿的重要性进一步提高，认为"学习的本质就是模仿"。

既然行为模仿是学习机制的一种、是人的本能，如果所有人都模仿，那是不是所有人都会变得极为优秀了呢？

答案是，有些模仿或许相对容易，但有些模仿是极为困难的。更为重要的是，是否要模仿还和人的信念（价值观），以及动力、信心等一系列的因素有关。具体而言，社会认知理论通过研究发现，成功的模仿是需要一定的条件和前提的，这些条件和前提大致包含以下五点。

第一，和模仿的对象有关。榜样越优秀，越有声望和权威，其他人越可能对他进行模仿。这一点根据我们的生活常识也可以理解，人通常会模仿比自己更优秀的人；而对于不如自己的人，往往不会模仿。很多的流行趋势也是这样形成的。比如，某些明星、政要开始穿某种风格的衣服或做某些特定的行为，大众争相模仿，也就成了一种潮流。

第二，和模仿者的情境有关。人更可能模仿与自己相似、对自己有用的行为。比如，为什么小孩更容易模仿同伴的行为？因为同伴与他更相似。小孩模仿大人，也往往只模仿与自己相关或有用的行为，而不会对所有行为都模仿。

第三，和模仿者的动机有关。如果你有雄心壮志，你更容易模仿知名人物；如果没有雄心壮志，你自然不会想着去模仿。本书所谈到的大量名人学习方法的例子，对于没有成长动机的人而言，他们同样也不会模仿。

第四，和模仿者的注意和观察有关。如果没有注意到某种行为，也没有进行仔细观察，人们同样不会模仿。这里的观察是指很细致的观察，而不是粗略的观察。

第五，要进行心理演练和动作再现，这一点是最重要的。既然模仿，就需要在心理上对动作进行演练，然后以动作再现的方式予以实践。这就好像练习书法，你不进行临摹，自然无法学习。类似地，本书列举了大量的学习方法，如果你不去动作再现，自然也无法模仿。

总之，模仿是一种极其重要的学习方式，尤其是对于行为的学习而言，如果没有模仿，就不属于真正的学习。

4. 信息处理

信息处理是认知主义理论流派的研究成果。与行为主义、社会认知理论等主要从行为、从外部环境等视角来观察学习不同的是，认知主义主要从人的认知过程来观察和研究学习。对于学习机制的信息处理功能，我们应该较为熟悉，因为主流所认为的学习及在学校中进行的教育，都在应用学习机制的这个功能。这也是认知主义理论已成为学习的主流心理学理论的原因。

客观地说，信息处理确实是人在学习过程中最为重要的学习形式。当我们谈到学习时，通常就是将学习理解为一种信息处理的过程，而不包括前面的三项功能。

需要强调的是，信息处理并不等同于知识的记忆。很多人以为，只要将输入的信息予以记忆，就算是学习了。其实信息处理并不仅仅是记忆。一方面，如果不了解大脑处理信息的特征，人就很难对信息进行完整无误的记忆。在后面的介绍中你会知道，大脑在接收信息时，会在无意识的情况下，重新加工和组织信息，从而使信息出现遗漏、删减、扭曲等。另一方面，信息处理有多种功能，如果我们仅仅用于记忆，也极大地浪费了信息处理的其他功能。

因此，为了增加学习的收获，也为了更全面地应用信息处理功能，我们有必要对信息处理功能有一个相对全面的认识。大脑处理信息的过程有哪些特征呢？

具体而言，大脑处理信息主要有两大特征：第一，大脑会对信息进行重新加工、组织和记忆；第二，大脑所记忆的信息，受个体的知识、经验和期望的影响。

1）会重新加工、组织和记忆信息

人在学习时，并不是直接记忆接收到的信息，而是对信息进行重新加工、组织。这是认知主义的核心观点，这种观点涉及丰富的知识，有着大量的研究成果。然而，本书的目的不是让你系统地掌握认知心理学知识，因此不对相关理论和研究成果做过多介绍。但我依然希望通过以下几个实验，你能对此大致有所了解，进而更好地认识人是如何处理信息的。

我们可以先来看两张图（见图 4.1、图 4.2）。你初次看到这两张图，肯定会认为它们是有所不同的。在图 4.1 中，你看到的是中间三对线段，边上是两条单一的线段；在图 4.2 中，你看到的是四个长方形。如果认真观察，你会发现图 4.1 和图 4.2 就中间的线段来说，它们是一样的。只是图 4.2 中增加了一些线段，这样图 4.2 中的中间线段就和图 4.1 中的中间线段有了不同的含义。

这就是认知主义所提出的，人输入的不是信息本身，而是对信息重新加工、组织的一个结果。而且，这个加工的过程是在无意识中进行的。

另一个实验是这样的。一位叫科勒的心理学家把一只名为 Sultan 的猩猩放到了一只笼子里，并在笼子里放了一根短棍子，然后在离笼子很高的地方放置了一些水果。Sultan 此前有用棍子够到水果的经验，但这次由于棍子太短，它无法够到水果。不过，在笼子外，科勒还放了一只长棍子，如果 Sultan 用长棍子的话，就能够到水果，而且这根长棍子可以被短棍子够到。

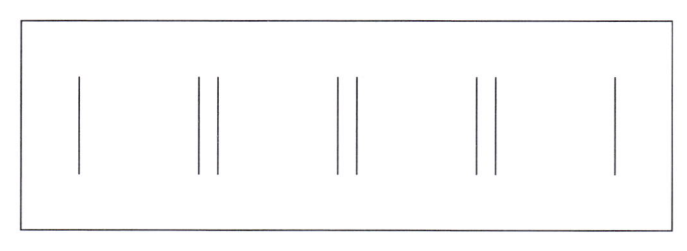

图 4.1　图中间三对线段

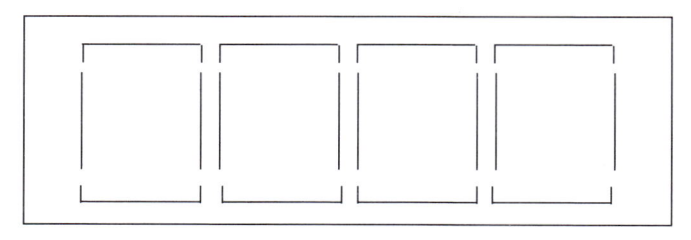

图 4.2　四个长方形

一开始，Sultan 显得毫无办法，处于停顿状态。此后，它突然发现，可以用短棍子够到长棍子，然后再用长棍子来够水果。于是，它一气呵成完成了这几个动作，并拿到了水果。

尽管这是对猩猩做的实验，但其实人也有一样的表现。当我们对一道难题苦苦思索时，基于现有的信息，也会通过重新组织信息的方式来解决问题。换言之，人在输入信息后，会重新加工、组织信息。而这其实就是人思考过程的一部分。

2）信息的记忆受个体的知识、经验和期望的影响

人在接收信息后，除了无意识或者有意识地加工、组织信息，在形成记忆时，也会受到个体的影响。我们同样可以通过以下实验来了解一下。

30 个大学生被依次带到了一个房间里，这个房间被认为是实验者的办公室。在大学生被带到房间不到 1 分钟后，他们就被带离了。随后，他们被要求写下这个房间的一切。

结果，绝大部分学生都记住了在办公室中通常被期待会出现的物品，比如桌子、椅子和书架等。很少有人记住房间里还有骷髅头、小丑状的开关及一副网球拍。而有 9 个学生则说记得房间里有书，尽管事实是房间里并没有书。

这个实验表明，在给不同的人呈现相同信息的情况下，人和人所记忆的信息是不一样的。而这种信息的记忆又和以下几点因素相关。

首先，人们的预期会影响记忆内容。比如，因为一开始被告知这是一间办公室，所以学生们记住了桌子、椅子和书架等在办公室中常见的物品，而对于在办公室中

不常见的物品，如骷髅头、网球拍等，很少有人记住。

其次，每个人各自不同的知识和经验会影响记忆的内容。那些之所以记住了办公室有书的学生，是因为他们的原有知识和经验告诉他们，办公室的书架上通常应该是有书的。

除上述实验之外，心理学家还做了一个类似的实验。心理学家给一些大学生讲述了一个并不长的故事，然后让那些大学生复述故事。结果，他们复述的故事不仅内容详略各有不同，还有不少人添加了自己的经历，或者添加了他们此前在其他地方听过但原故事中没有的一些情节。

这些实验都足以说明，人对信息的记忆受个体的知识、经验和期望的影响。其实，这也和我们的生活经验是一致的。因为不同的人阅读同样的文章、听到同样的发言，每个人最终能够记住的或者感悟到的，都会有所差别。

二、学习的载体——认知图式

对于学习机制的认识，除以上的四大功能之外，我们还需要了解一个重要的概念——认知图式。通过认知图式，我们也可以进一步了解机械学习和意义学习的不同，以及记忆和理解有什么区别。

1. 认知图式

认知图式是瑞士心理学家让·皮亚杰提出的一个概念，是指人表征、组织和解释经验的模式或心理结构。在心理学上，还有一个类似的概念——心理表征。《刻意练习》一书对心理表征的定义是，一种与我们大脑正在思考的某个物体、某个观点、某些信息或某些事物相对应的心理结构，或具体或抽象。两者的意思基本相近，本书使用"认知图式"一词来进行探讨。

以上对认知图式的介绍，你或许觉得有些抽象，如果我们结合神经元的相关知识，这个概念反而变得容易理解。在第三章中，我介绍过，信息在大脑中是通过神经元连接而进行存储的。因此，我们也可以将认知图式大致理解为由数量庞大的神经元连接而成的一个整体的神经网络。

为什么要了解认知图式呢？因为每个人都是通过自己的认知图式来认识世界的，而外部输入的信息，原则上是在自己原有的认知图式上不断发展和构建的。前面提到，人对信息的记忆受个体的知识、经验和期望的影响。我们之所以要了解认知图式，关键原因就是外部输入的信息和每个人的认知图式在关联时被加工了。

为更好地认识和理解这一点，我们可以进一步了解一下，信息在计算机中的传输和在人脑中的传输有什么不同，以及认知图式具体是如何影响信息的。

就信息传输而言。信息在传输进入计算机时，正常情况下的传输都是准确而完整的。比如，我只要用 U 盘拷贝，所有信息都可以完整拷贝。但信息传入人脑的过程则有很大不同，如果没有与原有的信息储备产生关联，外部信息原则上是传不进去的。

比如，假设我不懂英文，有人给我讲了几个英文单词，我听不懂，此时，信息就没有传入大脑。如果有人给我用中文解释了一遍，那他再说一遍，我就听懂了，此时信息就传输到大脑中了。

为什么信息在大脑中传输会有这样的现象呢？这是因为人的学习是以认知图式为基础的，或者说，外部输入的信息只有与原有的认知图式产生关联，才能进入大脑。而在这种关联的过程中，信息被重新加工了。

这种加工的过程具体是如何进行的呢？对此，提出认知图式概念的让·皮亚杰也提出了认知图式对信息加工的两种方式：同化和顺应。

同化是指用已有的认知图式对新事物或新现象做出解释；顺应则是修改原有的图式，以解释新事物或新现象。换言之，人在学习时有两种表现：一种表现是用自己原有的知识来解释新事物或新现象，此时人的知识并没有增加；另一种表现是更新自己的认知图式，用新认知图式来解释新事物或新现象，此时人的知识会相应增加。

让·皮亚杰认为，对于成年人来说，往往更倾向于保持认知图式的稳定，用原有的认知图式去解释新事物或新现象。

所以，根据让·皮亚杰的理论，我们可以认识认知图式的功能，了解信息如何被认知图式加工和影响，同时也可以了解到，为什么对于成年人学习而言，很多时候收效有限。因为成年人往往不会修改并升级自己原有的认知图式，而只会用原有的认知图式不断解释新事物或新现象。

2. 机械学习和意义学习

对于学习需要以认知图式为基础，除让·皮亚杰之外，其他的心理学家也有类似的研究。比如，认知心理学家杰罗姆·布鲁纳认为，人的认识过程就是把新得到的信息和以前学习所形成的心理框架联系起来，积极地构建知识体系的过程。杰罗姆·布鲁纳的这个观点和让·皮亚杰的观点基本是一致的。

此时，你是否产生一个疑问：在生活中，有时信息即便没有与原有的认知图式产生关联，也可以输入大脑，这又怎么解释呢？比如，有人给我讲了几个英文单词，即便我不懂英文，但我也能大致听清发音，只要重复几次，我就能予以复述。

确实，即便信息没有与原有的认知图式产生关联，也可以输入大脑，但此时输入的效率极低。如前面所举的例子，如果你不懂英文单词，纯粹记忆单词的发音就需要重复多次，而且这个单词即便你已经记住了，也难以使用。

要更深入地理解这一点，我们有必要知道另一位心理学家的核心理论。

心理学家戴维·保罗·奥苏贝尔提出了"机械学习"和"意义学习"两个概念。机械学习是指学习各种无关联的知识，需要通过反复练习才能习得；意义学习需要以学习者头脑中原有的知识为基础，此时只需付出较少的努力，便可习得新知识。

所以，外部信息如果没有与原有的认知图式产生关联，学习效率将会极低，而且即便掌握了新知识，也很难将其应用。依照戴维·保罗·奥苏贝尔的观点，这就是一种"机械学习"。而只有外部信息与原有的认知图式产生关联，才可以被称为"意义学习"。

3. 记忆和理解的区别

了解记忆和理解的差别，对于学习而言至关重要。因为很多人错误地认为，只要记忆了知识，就是一种学习。事实上，两者有本质的差别。

理解，其实就是奥苏贝尔所讲的意义学习，是使外部输入的信息与原有的知识产生关联的过程。如果深入神经元层面来说，信息通过神经网络进行编码，因此也可以将上述过程视为神经元之间形成连接的过程。

上面的解释和我们的生活经验是匹配的。以前面的英文单词的学习为例，当我不知道英文单词的含义时，有人用中文给我解释一遍，我会说自己"理解"了。这个过程，就是使我不懂的英文与已经懂了的中文产生关联的过程。

类似地，当我们遇到某个不懂的概念和理论时，如果有人用通俗易懂的例子给我解释一下，那我也就"理解"了。这个过程，同样是使我不懂的概念和理论，与我已经懂了的例子产生关联的过程。

相比而言，单纯的记忆并不一定需要以理解为前提。即便没有理解，我只要多重复几次，也依然能够形成记忆。但这样的学习效果不好，难以记忆，且难以应用。这就是戴维·保罗·奥苏贝尔所说的"机械学习的弊端所在"。

因此，真正的学习不仅是记忆，还需要去理解知识。一旦你理解了知识，让知识形成了连接，记忆也就自然而然实现了。这也是在第三章中我谈到记忆时说到的，有效记忆的一个方法是建立更广泛的神经元连接。

三、认识学习机制功能的意义

从心理层面认识了学习的功能之后，我们知道，学习是人的一种本能。如果将学习视为应用软件的话，这款软件本身内置了好几项强大的功能。但很多人仅仅用了其中一项功能的一小部分：信息处理中的信息存储功能。这极大地浪费了人的本能和天赋。

很多家长热衷于开发孩子的大脑，但从学习机制的功能来看，与其开发大脑，不如尽可能地用好学习机制自带的软件功能。对于人的成长来说，这应该更为重要。

我们在认识了学习机制的功能之后，同时还得到了以下几点启发。

1. 看清人具体是如何被信息影响的

在第三章中，我们知道了学习的本质是获取并存储信息，同时将这些信息以神经网络的形式予以存储的过程；我们也从总体上探讨了信息对于人的塑造作用。在本章中，你可以进一步深入地认识到，信息具体是如何塑造人的。学习机制的这些功能，其实就是不同信息输入大脑，以及大脑对这些信息的处理和应对方式。

情绪激发是指人对外部的刺激信息做出反应，并将其存储为一种情绪记忆；行为塑造是指人因外部的反馈信息，调整自己的行为；行为模仿是指人对他人的行为信息进行模仿，从而转变为自己的行为；信息处理是指人对输入的各种信息进行加工、存储，并转化为人的知识、思维、行为。

换一个更具体的场景，我们说人的原生家庭很重要，这种说法更多关注的是遗传因素，或者很笼统地认为原生家庭很重要。而现在，基于对学习机制的认识，你可以知道，家庭对孩子的影响过程是这样的：父母和孩子的互动，会产生情绪激发的结果，形成孩子的潜意识；父母的言行，会影响孩子模仿的行为，父母对孩子做出的反应，则决定了哪些行为被强化、哪些行为被弱化，进而使孩子形成各种习惯和性格；父母日常和孩子的交流，会影响孩子输入信息的内容和质量，也会在很大程度上影响孩子的认知和思维。

当然，除家庭之外，在学校、职场等场合，学习机制同样可以让我们更具体、更全面地认识学习是如何影响人的。比如，在职场中为什么奖惩制度如此重要？因为这是塑造行为的重要手段。而培训和学习为什么也很重要？因为这会影响员工的认知、思维和技能。为什么主管需要以身作则？因为主管会成为员工的模仿对象。为什么工作氛围很重要？因为工作氛围会影响员工的潜意识。

总之，认识了学习机制之后，我们可以更深入地、从更多细节方面看到信息对人影响的方式和路径。

2. 系统地运用学习功能来开展教育

学习机制让我们看清了信息是如何影响人的，我们可以主动应用学习机制开展学习和教育。尽管我们无法如约翰·华生一样笃定地说，可以把任何一个儿童培养成各种类型的人。但如果我们系统地运用学习机制的功能，至少可以更科学地对儿童进行教育和培养。

以培养儿童为例。首先，我们可以恰当地运用情绪激发功能，将学习和愉快的情绪相关联，以形成孩子的潜意识，并想办法激发他们的动力；其次，父母以身作则，同时寻找好的榜样来影响和激励孩子；再次，用恰当的方式进行反馈，塑造和改变他们的行为和习惯；最后，让孩子阅读优秀的书籍，带孩子开阔视野，给孩子输入优质的信息。

通过这样系统地教育，我们无法确保孩子一定会取得成功，但相对于仅仅关注孩子的学习成绩，这种方式的教育效果一定是更好的。

你或许在市面上见过各种各样的育儿书籍，不少书籍确实非常有见地，但通常而言，它们仅仅应用了学习机制中的一项功能，并将这一项功能的价值和意义放大。我们并不否认某一个维度的重要性，但仅重视一个维度容易让我们忽略其他同样重要的维度。当系统而全面地认识人的学习机制之后，我们就可以知道儿童教育的整个系统是什么样的，然后在其中寻找薄弱点予以改善，找到自己做得好的予以加强。

3. 进一步认识学习的误区

在第一章中，我谈到人们对学习的一个误区，就是仅仅将知识的学习当成学习的全部，忽略其他维度的学习。而了解了学习机制的功能之后，你可以进一步认识学习的误区。

因为一个人的完整发展，是通过学习机制的不同功能共同塑造的。情绪激发，可以形成人的价值观、信念，激发人的动力；行为塑造和行为模仿，可以规范、训练一个人的行为；信息处理，可以增加人的知识，改变人的思维。学习机制的每一个功能都有其不可替代的作用。如果将学习仅限于知识的学习，那既是对学习机制的一种浪费，也不利于人的全面发展。

有人说，现在社会有些人价值观混乱、生活没有动力、品行不端、能力低下。我们认识了学习机制的不同功能之后就可以发现，这些问题就是因为学习机制的其他功能未能被应用所导致的。因为绝大部分人仅关注了学习机制的信息处理功能，而忽略了其他的功能。

这就如同你手机上安装了一个多功能的软件，但你仅使用了其中一个功能中的一小部分。这是一种极大的浪费！

第二节　大脑的操作系统是如何运行的

在了解了学习机制是如何运行的之后，我们再来进一步认识它的底层（大脑的操作系统）是如何运行的。

尽管我们无法如计算机一样，在人脑中明确地找到这套操作系统，但操作系统的核心功能是管理信息及能量，人脑中似乎也有一整套机制来管理信息和能量。所以，接下来我们主要探讨大脑是如何进行信息管理和能量管理的。

一、大脑如何管理信息输入

我们已经知道，学习的本质是信息的输入和存储。对于信息的存储，我们已深入探讨过，因此这里我们主要探讨大脑是如何管理信息输入的。

对于学习而言，绝大部分人关注到了信息存储的重要性，会非常关注知识的记忆，但我们谈到记忆受个人影响极大，因此记忆是以信息的完整和准确输入为前提的。对于很多人而言，学习的问题恰恰出在信息的输入环节。

大脑在接收信息方面的特殊性，使信息难以被完整和准确地输入，出现忽略、删减、扭曲等情况。比如，有人在你面前说了一段话，你肯定无法完全复述他所说的内容。

李笑来在"得到"上开设的《通往财富自由之路》专栏上有这样一段话："……这么多年的观察和思考，你知道我认为大多数人学习能力差的最根本原因是什么吗？绝大多数做不到只字不差地阅读。所以，他们总也读不明白，甚至竟然在没有读明白的情况下认为自己读明白了；到了用的时候，他们才发现自己不会，然后竟然坚决不去认真只字不差地读书……"

尽管对于是不是要只字不差地读书，我个人有不同意见。因为很多人即便只字不差地读书，依然会使很多的信息损失和扭曲。但我非常认可李笑来这句话背后的原理：对很多人而言，学习最大的问题是信息的损失和扭曲。对学习来说，保持信息的完整和准确输入至关重要。

因此，我们有必要更系统、更完整地认识信息在输入大脑时的不同表现，以及这些表现背后的原因。

总体上来说，信息在输入大脑时大致有六种表现：信息忽略、信息受阻、信息屏蔽、信息删减、信息简化及信息扭曲。

以上这些表现，根据我们生活的常识，其实都不难理解，而且心理学家也进行了很多的研究。这里我们结合生活常识和相关的研究，看看信息具体是如何被损失和扭曲的。

1. 信息忽略

信息忽略是指信息因为被忽略了，从而无法输入大脑。举一个简单的例子，当别人讲话时，你走神儿了没听到，这就是一种信息忽略。

尽管在常识上，我们对此不难理解，但心理学上有一个更具代表性的实验——"看不见的大猩猩"，可以更充分地说明注意力对于信息输入的重要性。通过这个实验，你会惊奇地发现，尽管事物就在你的眼前，但因为没被你关注到，它依然会被忽略。

实验大致如下所述。心理学家丹尼尔·西蒙斯和克里斯托弗·查布利斯给一群学生播放了一段只有1分钟左右的视频，视频中是两只球队在进行篮球比赛。播放视频前，克里斯托弗·查布利斯对学生说："请注意看我接下来要播放的这段视频。视频中身着黑、白球衣的两支篮球队伍正在比赛，请将注意力集中在白衣球员身上，并数一数他们之间的传球数。"

因为克里斯托弗·查布利斯的指令，在视频播放的过程中，学生们都认真而专注地盯着白衣球员，并计算着传球数量。与此同时，在视频中，克里斯托弗·查布利斯故意安排了一位扮成大猩猩的人在两支球队间穿梭。比赛结束后，克里斯托弗·查布利斯并没有问学生白衣球员传了多少球，而是问："你们看见大猩猩了吗？"

这时，大部分学生显得有点茫然，表示没有看到。而再次播放后，那些学生才惊讶地发现，不仅有一只大猩猩在球员之间穿梭，它还曾在中间的位置停了下来，捶了好几次自己的胸口。

这个实验看起来与常识截然不同。如果你上网搜一下相关视频，就会发现这只大猩猩是非常明显的，但第一次播放视频时，大部分学生确实没有看到。因为他们的注意力都在白衣球员身上。

在几年前，我也亲身参与了这个实验。一位培训老师给我们放了这段视频，并在随后问了同样的问题。而我就属于那些没有看到大猩猩的人之一，所以对这个实验印象特别深刻。或许，你也可以找人试试。

通过这个实验，相信你可以进一步了解到，注意力对信息输入的重要性。回到生活中的场景，这种信息忽略其实很常见。当你阅读、听人讲话或身处某个环境时，应该经常有这种忽略信息的经历。

对于学校中的学习来说，之所以我们强调学生上课要认真听讲，就是因为如果不集中注意力，信息会被忽略，从而无法输入大脑。而注意力不集中，也确实是很多学生成绩不好的重要原因。

2. 信息受阻

信息受阻是指信息传递受到阻碍，无法输入大脑。前面已介绍，信息输入需要以认知图式为基础。如果没有相应的认知图式，那么信息无法输入大脑。换个更好理解的说法：之所以信息受阻，是因为一个人原有的知识储备不足、视野不够、经历有限。

了解信息受阻的现象对认识学习有什么意义呢？答案是，它可以让我们了解学生成绩不好的深层次原因。认知图式受限将导致信息受阻，从而无法学习。

对于学生成绩不好的现象，不少人简单地归因于智力问题或者学习态度问题。但真实的原因，很可能是学生在某个环节知识缺失，导致后续的信息传递受阻，从而难以掌握后续的知识。而因为当前学校的教育方式，这种情况会不断加剧。

比如，某学生在上初一时数学的某个知识点没懂，会导致上初二时无法跟上，继而导致上初三时依然听不懂。最后，他可能会归因于自己智力水平不高，产生挫败感，甚至严重打击自信心。结合前面谈到的学习机制中的情绪激发功能，挫败感又会导致厌学，很多差生也就因此产生了。正如王金战所说："当一个学生反复遭遇失败的打击后，便成了差生。"

如果我们尝试帮助学生补上缺失的知识，让信息传递不再受阻，学生的成绩就可以上来了。这并非我的逻辑推演，而是早已有相应的理论研究和实际案例支持了。

可汗学院是全球最大的在线公益教学网站，该学院得到了比尔·盖茨的投资，并被他大力推崇。在可汗学院的创始人萨尔曼·可汗所写的《翻转课堂的可汗学院》一书中提到，早在 1919 年，美国的教育家卡尔顿·沃什伯恩就提出了一种名为"精熟教学法"的理论。

精熟教学法，简单来说，是指教学的安排不是按照学校统一的时间节奏来安排，而是让每个学生按个人的节奏实现对知识的同等水平的掌握。换言之，在教学的过程中，学校必须保证学生对相关的知识都达到一定的理解程度并取得较高成绩。这样，学生就不会因为此前的知识不足，导致后续信息在输入过程中受阻。

这和我前面提出的理念是完全一样的。遗憾的是，尽管这种方法在提出之时颇为流行，并取得了很好的教学效果，但不知为何，后来却被遗忘了。

所幸，现在可汗学院又一次践行了"精熟教学法"的理念。在可汗学院中，萨尔曼·可汗的一个核心设计就是，每个学生在进行后续知识的学习之前，必须完全掌握此前的知识。学生只有全部做对为此前知识点设计的 10 道题，才可以继续深入学习。正是采用了这种教学方法，可汗学院很多学生的成绩得到大幅提升。

在可汗学院，有些学生先前的成绩甚至在全班是排在末尾的，但因为从头开始学习，补齐了原先遗漏的知识点，成绩进步到了全班前几名。可汗学院和一些学校合作后，也大幅提高了很多学生的成绩。

总之，通过信息受阻的维度，我们可以看清楚很多学生成绩差的原因，也可以借此来提升和改善学生的成绩。

从信息受阻的维度可以看清楚学生成绩差的原因，除此之外，我们也可以再来看一下成年人的学习。前面提到，我不完全同意李笑来"只字不差地读书"的意见。因为即便只字不差地读书，依然会有很多的信息损失，原因就是信息会受阻。在没有知识储备的情况下，一个人即便每个字都看，也不一定看得懂。这也是很多成年人之所以学习效果差的重要原因。

而且，在学校期间，学生是否已经掌握知识可以通过考试来检验，但对成年人来说，很少有考试的情况，甚至很多人并不知道由于自己原先的知识储备不够而导致信息受阻。尤其是对于很多社科类领域的知识，看起来文字都认识，人往往不会怀疑自己的知识储备不足。

在《庄子》中有"井蛙不可语于海""夏虫不可语于冰"的名句，就是描述的信息受阻的典型情形。对于井蛙而言，它没有见过海；对于夏虫而言，它没有见过冰。所以，这些信息是无法输入大脑的。

当然，如同学生的学习一样，要解决这个问题并不难，只需回头补充一些基础知识即可。

3. 信息屏蔽

如果说信息受阻是客观原因造成的信息损失，信息屏蔽则是主观意愿上对于信息的隔离。

比如，一个人因为讨厌另一个人，无论那个人讲了多么重要的信息，他都不会去听；或者，我们时常听到大人批评孩子"这小孩，怎么讲都不听"。在这种情况下，大概率也是孩子把父母的信息屏蔽了。

讲一件我亲身经历的事。有一次和朋友讨论一个话题，我从心理学的视角解释了大约五六分钟，但在我讲完后，那个朋友直接忽略了我的讲话，开始了一个新的话题。此后，进一步沟通我才知道，原来他对心理学的认知还停留在弗洛伊德的时代。在他看来，心理学是非常不靠谱的。于是，我在用心理学进行解释问题的时候，他基本上屏蔽了我的信息。我想，这可能不是个例，很多人或许也有类似的经历。

张一鸣曾在微博上发过这样一段话："有的微博我很反感，但是我总是忍住不去取消关注，因为既然微博是一个窗口，那我就要更完整地关注以保持更完整的认识。微博是用来了解和观察的，而不是用来娱乐自己的。我的原则就是有信息量就关注，而不是喜欢才关注。"

对于绝大部分人来说，其实很难做到这样的客观和理性，所以屏蔽也是信息在输入大脑时普遍存在的现象。不过，如果一个人想充分和完整地接收信息，那就需要如张一鸣一样，尽可能地保持开放，不以个人的喜好去屏蔽信息。

4. 信息删减、信息简化和信息扭曲

信息的忽略、受阻和屏蔽是信息进入大脑之前出现的现象，而信息的删减、简化和扭曲则是信息进入大脑之后出现的现象。

信息删减，顾名思义，是指信息进入大脑后，大脑会对信息进行一定程度的删减，信息减少了。信息简化，是指对信息进行归纳、概括、总结，从而将其以要点的方式在大脑中保存。信息扭曲，是指信息在输入大脑后，其原本表达的含义被扭曲了，与原意不同。这三种现象有一定的关联，几种情况会同时出现，尤其是信息被删减和简化后，很自然就会出现扭曲的情形。

在《论语》中有这样一段内容："子曰：'吾十有五而志于学，三十而立，四十而不惑，五十而知天命，六十而耳顺，七十而从心所欲，不逾矩。'"很多人读了这一段内容之后，对于"三十而立"印象深刻，特别是年近三十的年轻人，由此甚至产生了很强的紧迫感，以为自己一定要在三十岁的时候有所成就。从信息传输的视角来看，之所以很多人产生错误理解，就是因为信息被删减了。孔子的这段话包含了很多内容，但很多人将其他的删除了，只留下了"三十而立"这一句。

如果我们完整地看这段话，可以知道，这段话中的一个重点是"十有五而志于学"。换言之，孔子因为在十五岁时立志求学，所以到了三十岁才能够"而立"，并不是每个人到了三十必然能够"而立"。因为信息被删减了，所以这段话的原意也就被扭曲了。

在我们的日常生活中，其实也经常出现类似的信息被扭曲的情况。比如当你讲完一段话后，让别人复述一下，复述的内容常常和你的原意是不同的。

二、大脑信息输入特征背后的原因

为什么信息输入大脑会出现以上各种现象呢？前面谈到，外部信息输入需要与认知图式建立连接，二者无法正常连接是出现以上各种现象的一个重要原因。二者无法正常连接有两个重要原因：注意力有限，自我防御机制。

1. 注意力有限

注意力有限是信息被忽略、被删减、被简化的一个重要原因。没有被关注到的信息会被忽略，因为注意力有限，信息也会被删减和被简化。问题是，为什么人

的注意力有限呢？总体来说，有以下三个原因。

首先，注意力是人筛选信息的重要机制，相对于数量庞大的信息，注意力必然是有限的。

人每天会接触大量的信息，如果大脑对所有信息都进行处理，那显然是不可能的。所以，大脑发展出了注意力机制：通过注意力从所有信息中选取一部分给予关注并进行处理，同时忽略掉其他信息。这就造成了必然有一部分信息会被人忽略。

其次，人集中注意力非常耗能，因此被注意力所关注的信息非常有限。

在通常情况下，人往往只能在一段时间内高度集中注意力，难以持续很长时间。比如，当你长时间阅读一本书或者听课时，总会难以克制地分心。之所以这样，是因为注意力是极为耗能的一种心理机制。因为人难以时时刻刻集中注意力，所以很多信息自然就被忽略、删减或者简化了。

再次，在注意力如此有限的情况下，注意力内部其实还面临着重要的竞争，这种竞争进一步加剧了注意力分散。要理解这一点，我们需要再深入地认识一下注意力。

心理学家通过研究发现，人的注意力分为两种：一种被称为反射性注意，一种被称为有意注意。

反射性注意，是指人在对外部刺激做出反应时，投以的注意力。比如，你的手机响了，你对手机投以的注意力就是反射性注意。**有意注意，是指你主动选择对某个对象投以的注意力。**比如，正在阅读本书的你所使用的注意力，就是一种有意注意；你在全力工作时、认真学习时，也是在使用有意注意。

注意力内部的竞争，是指上述两种注意力之间相互竞争。

比如，你此时正在阅读本书，有人突然叫你，你一定会做出反应，把注意力从书本上移开，给到叫你的那个人。在这个过程中，你本来使用的是有意注意，后来转变成了反射性注意，这就是注意力内部的竞争。根据生活经验可以知道，虽然两者都被称为"注意"，但从有意注意转向反射性注意的过程，其实是一种分心的过程。

对于现代人而言，因为外部各种各样的刺激，人的绝大部分注意力，其实是分配给反射性注意的。而且，出于商业目的，很多机构还在深度研究怎样可以更加吸引人的注意力，并设计出各种方式，以让人更多地使用反射性注意。这进一步加剧了人注意力的分散。

总之，人的注意力是极为有限的，且启动人的注意力非常耗能，但人获取信息又需要以注意力为前提，这也就造成了信息被忽略、被删减、被简化。

正是注意力的上述特征，很多优秀的人一直强调注意力的重要性。李笑来认为"注意力的重要性高于时间，时间的重要性高于金钱"。而张一鸣也专门发过一条只包含五个字的微博——"节约注意力"。

2. 自我防御机制

自我防御机制，是指人在潜意识的作用下，出于自我保护的目的，避免自己不好的心理感受，会将不愉快的感觉、想法等排除在意识之外。

这个理论最早是由弗洛伊德提出的，也是弗洛伊德少数依然被主流心理学界所接受的一种理论。之所以如此，是因为这个理论和现代心理学研究的一些结论是相符合的。

前面我们谈到，情绪记忆是潜意识众多种类中的一种。人会在无意识的情况下，受情绪的推动，从而采取相应的行动。人启动自我防御机制，背后的原理就是情绪在发挥推动作用。因为人在本性上都喜欢更良好的感受，不喜欢不好的感受。这样介绍或许有些抽象，我们可以看看心理学上一个经典的研究结论和实验。

心理学家费斯汀格曾提出过一个认知失调的理论，并通过相关的实验予以证实，而这个理论的背后，其实就是防御机制在起作用。费斯汀格关于认知失调的研究是这样的。

1934年，印度曾发生过一起严重的大地震。在地震之后，有沸沸扬扬的谣言预测：在灾区之外还会有地震，而且规模更大、波及范围更广。令费斯汀格好奇的是，这些谣言没有任何科学依据，但为什么人们要传播这些谣言呢？后来经过研究他发现，那些人之所以传播谣言，不是为了增加焦虑，而是为自己找一个貌似可靠的理由，更合理地解释自己内心的焦虑，让自己相信震后的恐慌感并不是毫无来由的。

费斯汀格认为，那些人之所以扭曲事实，其目的是弥补认知与现状之间的差距。这种扭曲事实的现象就是认知失调的现象。

为什么说认知失调的现象是一种自我防御机制？因为如果不扭曲现实以符合自己的认知，人就需要面对自己不好的感受，没人喜欢那种感受，于是他们就扭曲了现实。

前面我提到，成年人在面对新事物、新信息时，更倾向于用原有的认知图式来解释，背后的原因同认知失调的原因类似。要更新认知图式，就意味着承认原有的认知图式可能出错了，人并不喜欢那种感觉，所以才会屏蔽信息、扭曲信息。

当然，从心理学的专业视角来说，人的自我防御机制更为复杂，有多种多样的表现，但对于我们而言，大致了解这些即可。

三、大脑是如何管理能量的

在了解了大脑是如何管理信息输入的之后，我们再来看一下大脑是如何管理能量的。对于信息输入大脑的过程而言，核心特征是信息会因为各种原因造成损失和扭曲；而对于大脑的能量管理来说，核心特征是大脑会通过各种方式来节约能量。

此前，我们提到过丹尼尔·卡尼曼在《思考，快与慢》一书中所提出的双系统理论，我们也从系统一和系统二的大脑生理基础方面进行了探讨。如果我们从大脑的操作系统对能量管理的视角来看，会发现之所以人的大脑通常由系统一主导，是因为大脑的操作系统在进行能量管理。因为系统一相比系统二能耗更低，所以大脑会默认优先启用系统一。只有在系统一无法解决问题或者不能胜任的时候，大脑才启用系统二。

认识了大脑的操作系统对能量管理的上述特征之后，我们就可以很好地解答生活中的一系列问题了。

为什么很多人喜欢娱乐而不喜欢学习？因为娱乐更为轻松、能耗更小，而学习需要调用系统二，能耗更高。

为什么很多人明明知道思考的重要性，但往往不喜欢思考？因为思考非常耗能，大脑倾向于节约能量。

为什么很多人喜欢追求稳定和确定性，而不喜欢冒险和不确定性？因为面对稳定和确定性，人的能耗更低。

我们绝大部分人很容易受到周边环境和信息的影响，其实这也可以用大脑的节能倾向来解释。因为人不去主动思考，只根据外部的刺激和信息做出反应更为节能。

总之，当我们认识到大脑的操作系统有这样一个特征之后，很多问题都可以得到解答，我们也会对人性有更深刻的认识。

必须强调的是，尽管在本能上，大脑有上述的特征，但并不意味着我们就可以放任大脑随意运行。人与其他动物的一个明显区别是，人具有主观能动性。即便我们在生命诞生之初被安装了这样的操作系统，但我们仍然可以自我升级和优化。很多人也确实通过学习和训练升级了自己的操作系统。

第三节　升级你的大脑的操作系统

人可以通过学习和训练升级自己的操作系统，那具体该如何升级呢？我们又凭什么说某些改变属于大脑的操作系统的升级呢？

一、升级大脑的操作系统意味着什么

前面已介绍过，大脑的操作系统主要是指大脑对信息和能量管理的一种心理机制。尽管大脑极为精密，但它在信息和能量的管理上还是存在一些缺陷的。

在信息管理上，大脑会忽略信息、屏蔽信息、阻塞信息、扭曲信息等；在能量管理上，大脑则优先启用能耗更低的系统一，而不是基于情境的需要，更科学、合理地选择启动哪一个系统。

因此，升级大脑的操作系统，主要是指在信息管理和能量管理上的优化和改善。具体而言，在信息管理上，我们可以尽可能更准确、更完整地获取信息；在能量管理上，我们也不再以低能耗为第一原则，而是可以根据情境的需要，选择所启动的思维系统，并更多地调用自己的系统二。

或许你会好奇，既然大脑原先对信息和能量的管理模式是一种本能，我们有可能升级吗？升级后又会成为什么样子？事实上，人可以升级自己的大脑的操作系统，尽管这并不容易。我们可以看一下升级后的大脑操作系统的样子。

以信息管理为例。自我防御机制是人的一种本能，正是因为这种心理机制，造成了很多的信息被屏蔽。对于某些人来说，他们可以克服本能，做到极度开放，尽可能多接受各种信息，而不屏蔽信息。前面提到的张一鸣关注微博就是一个典型的例子。

此外，前面我也提到，成年人更倾向于保持认知图式的稳定性，用自己原有的认知图式去解释新事物、新现象，从而扭曲了信息。但也有些人即便成年了，仍会不断升级和改变自己的认知图式，这同样可以视为一种信息管理模式的升级。

再以能量管理为例。尽管绝大部分人的思维都由系统一主导，但依然有些人通过学习和训练，升级了自己大脑的能量管理模式。他们的思维不再由系统一主导，而是根据具体的情境，选择合适的思维系统做出反应，而且在日常生活中，他们也会更多的启用系统二。

比如，查理·芒格提出的多元思维模型（一个人应该掌握多个思维模型，并根据具体情况选择合适的思维模型），就可以视为一种能量管理模式上的升级。（具体思维模型的含义将在第七章中进行探讨）生活中，有很多被称为"深度思考者"的人，就是更多的启用了系统二，也可以被视为升级了大脑的能量管理模式。

总之，你可以看到，人确实可以升级大脑的操作系统，而且有些人已经做到了。

既然大脑的操作系统可以升级，那么我们如何才能升级自己大脑的操作系统呢？

需要明确的是，大脑的操作系统的升级与计算机操作系统的升级有着本质区别。后者是一次全面的升级，而对于大脑来说，可以是部分的、零星的升级。一个人只要在一定程度上改善了自己大脑的信息和能量管理模式，就可以视为升级了自己大脑的操作系统，这并没有一个固定的升级模式。

尽管如此，但为了能有助于更多人升级自己大脑的操作系统，后面我仍将介绍两种有效的升级方式：具备成长型思维、提升元认知。这两种方式可能很多人已经比较熟悉，只是很少有人从大脑的操作系统升级的视角来认识。

二、具备成长型思维

在第二章中，我们提到了卡罗尔·德韦克教授提出的"成长型思维模式"，也大致介绍了成长型思维模式给人带来的改变。为什么说人具备了成长型思维，就相当于升级了大脑的操作系统呢？

我们知道，固定型思维和成长型思维的核心区别在于：前者认为人的智力、性格、能力等都是不变的，是天赋所决定的；后者相信人的智力、性格、能力等都是可以变化、可以成长的。

在具备固定型思维的人看来，既然智力、性格、能力等都是天生的、是不变的，那付出再多的努力也无济于事。一旦遭遇挫折和失败，他们就会很容易给自己定性"我就是一个失败者""我的人生太可悲了"。

尽管有些具备固定型思维的人可能很努力、拥有很强的能力，但他们依然认为人的智力和能力是先天的。只是，他们认为自己天赋过人，需要通过自己的努力来进一步证明。他们可能也会因此取得一系列的成就，但一旦遭遇失败，就很容易遭受打击，将其归因于自己的天赋不够、能力有限，放弃了继续努力；又或者，由于自我防御机制的原因，他们会将责任推卸给别人，因此失去了改进的机会。与此同时，当面临一些可能失败的任务和挑战时，为了避免显得自己无能，他们更倾向于回避，由此也造成了锻炼和成长机会的缺失。

而对于具备成长型思维的人来说，一切都是可以成长的，所以每一次失败，他们都认为只是成长中的一个过程，会自我反思和调整，并继续努力。因为他们认为一切都是学习和成长的过程，所以他们更可能挑战一些有难度的任务，对于失败也更坦然，更关注过程中的收获。由此，他们也就获得了更多锻炼和学习的机会。

正是这种判断，以及后续思维、行为逻辑上的不同，从一生的发展来看，造成了人和人的巨大差别。思维模式对人的影响，我们也可以在很多人身上看到。

演员刘德华曾说："谭咏麟说我不能唱。黄霑当年是一个填词高手，他说'刘德华写歌不行'。陈可辛也说过'刘德华的演技实在太一般了'。但是三年后我还在，五年后还在，十年后还在，一直到最后他（陈可辛）真的找我拍戏。"这其实就体现了刘德华的成长型思维，不会因为某个人的评价或阶段性的一种状况，就轻易地给自己下定论，而是持续地成长和努力。

类似地，演员张译 28 岁时还籍籍无名，从来没人看好过他的天赋。但在经过多年努力之后，他的演技得到了演艺圈的公认好评。2020 年，他几乎达到了"霸屏"的程度，很多部有影响力的电影作品中都有他的身影。

然而，对于具备固定型思维的人而言，如果遭遇到了刘德华和张译等类似的评价和初期经历，他们很可能就此将自己定性为天赋不够、能力不行，于是就不再继续努力，也不会调整自己、持续进步。

以上就是两种不同思维模式在行为逻辑和具体表现上的不同。为什么说思维模式的改变是大脑的操作系统的升级呢？因为从信息管理的视角来看，不同的思维模式也可以看作人在信息输入上的不同模式。

对于具备成长型思维的人而言，他们相信人可以成长、可以变化。因此，他们愿意尝试各种机会，也愿意接受各种反馈，因为他们认为一切都是成长和学习的机会。由此，他们能够获取更丰富、更全面、更完整的信息。

相比而言，具备固定型思维的人由于相信一切都是先天的、不变的，所以他们不愿意尝试。出于自我保护，他们也更加封闭，不愿意接受反馈，由此只会接受更少的信息，并且会将信息屏蔽、扭曲。

因此，从大脑的信息管理角度而言，具备成长型思维的人其实就是升级了他的大脑的操作系统。

既然从固定型思维转变为成长型思维，就是一种对大脑的操作系统的升级，那么具体该如何实现这种转变呢？这里的关键在于以下两点。

首先，你要相信人通过努力是可以成长的。

通过前面的介绍，你可以知道，人是不是可以成长、可以改变，它不是某个人的观点，而是有充分的科学依据的。

卡罗尔·德韦克教授的研究证实，只要转变了思维模式，学生的成绩都可以提高；神经科学的研究结论是，即便到了成年，人的大脑也依然具有可塑性。而前面所举的刘德华、张译等人的例子也可以让我们认识到，天赋、起点等并没有那么重要，只要愿意付出努力，人是可以持续成长、可以改变的。

所以，从固定型思维转变为成长型思维，第一步要做的就是相信科学的结论，相信人通过努力、通过学习是可以成长的。

其次，你需要进行一定程度的自我训练。

不可否认，尽管你相信了人是可以成长的，但因为思维惯性或者行为习惯，不可避免地你可能又用固定型思维来思考和认识问题。此时，你需要进行一定程度的自我训练。

具体而言，训练是指在面对失败、面对挫折时，人不是归因于自己没有天赋、智商不够等，而是审视自己在成长和学习过程中存在的问题，不断地调整和改变自己。正如孔子所言"过则勿惮改"，坚信只要改进、努力调整自己，人是可以成长的，结果是可以改变的，成功的彼岸也是可以达到的。

三、提升元认知

元认知，是指对自己的认知及思维过程的认知，并在此基础上对自己的认知和思维进行调节。我们在前面谈到，人都倾向于使用大脑中的系统一，而不是系统二。但如果具备了元认知，就相当于给大脑安装了一个监控程序，可以查看大脑的工作过程，并根据目标、任务及具体的情境来调整并合理地使用能量。

具备了元认知相对于一切都以低能耗为第一原则的大脑能量管理模式，确实是一种升级和优化。这也是为什么说，提升了元认知就相当于升级了大脑的操作系统。

你或许经常听说有人只是看起来很勤奋，其实是在做非常低效甚至无效的努力。这里的关键，很大程度上就在于一个人是不是具有较强的元认知能力。一个人具备了元认知能力，就能全面地自我审视、调整大脑能量的分配，从而将大脑的能量真正投入重要的环节中。否则，人总是倾向于做容易的事情、做大脑耗能少的事情，看起来很努力，但只是在做低水平的努力。

既然元认知如此重要，那我们该如何提升元认知呢？需要说明的是，与具备成长型思维不同的是，转变思维模式更多的是一种信念的改变，而提升元认知则是一种能力的形成，它需要更长的时间，也更有难度。但假以时日，一旦提升了元认知，就可以带来很大的价值和回报。具体来说，我们可以通过以下方式来提升元认知。

首先，加强学习，尤其是对于心理学及思维过程等相关知识的学习。

心理学研究发现，人之所以难以认识自己，在很大程度上是因为对自己的无知。在没有相关知识储备的情况下，人甚至都不知道自己无知。心理学上有一种被称为达克效应（邓宁-克鲁格效应）的理论。简单来说，达克效应是指能力越低的人，越容易对自己有过高的评价，因为他们无法正确认识自己的能力水平，但通过学习和训练，人就可以更好地认识到自己的不足。这是人类普遍存在的一种现象。

这一点应该不难理解。以本书中的内容为例。如果没有了解信息在传递的过程中会造成损失，很多人可能无法认识到，自己在学习时竟然会因为信息损失或扭曲而影响学习效果。同样地，如果没有了解过人的大脑有两套思维系统，并且大部分时候启用的都是系统一，人也无法认识到自己大多数情况下是非理性的。

当然，有些人即便了解了相关知识后，依然无法清醒地自我认知。但至少，在没有相关知识的情况下，人更加不可能清醒地自我认知。这也解释了为什么孔子说"知之为知之，不知为不知"。对于很多知识储备有限的人来说，清醒地自我认知其实是极为困难的，因为知识有限，他们反而容易认为自己无所不知。

所以，如果想要更好地自我认知，我们需要通过学习掌握更多的知识，尤其是心理学及思维过程的相关知识。这样才能对自己的心理机制及思维过程有一个相对客观的认识。

其次，加强自我反思，提升自己批判性思维的能力。

人即便掌握了再多的知识，如果没有用这些知识来反思自我的思维和认知过程，那也很难提升元认知。但对于很多人来说，反思其实是极为困难的事情。因为人一旦开始反思，就容易被理解为犯了错误，这时人就会启动自我防御机制。自我防御机制是人类社会普遍存在的现象，也是人的一种本能。

在戴尔·卡耐基的经典名著《人性的弱点》一书中，开篇就讲了多个杀人犯、黑帮头目的故事。尽管他们穷凶极恶、臭名昭著，但他们从不认为自己错了，而坚信是他人和社会的问题。虽然绝大部分人不会如这些犯罪分子一样极端，但自我反思并发现问题，确实是极为困难的。

尽管自我防御是人的一种本能，但如果你具备了成长型思维，那自我反思将不再那么困难。人一旦具备了成长型思维，就会更坦然地面对自己的问题和不足，并将其视为一个成长的机会。

除反思之外，我们也需要提升批判性思维的能力，这可以理解为更为系统的反思。需要特别强调的是，批判性思维并不是指批判他人，而是指以逻辑为基础，对自己的思维过程进行评估和判断，并基于这种评估和判断进行改善和调整。相对于单纯的反思，批判性思维的要求更高，思考的内容也更为系统。

再次，通过具体的事项练习元认知能力。

人能够认知自己的思维过程，是提升元认知能力的开始。但如前所述，元认知是一种能力，所以我们还需要通过更具体的事项来练习。

比如，当我们做出某个决策或者某种行为时，问问自己：我为什么要这么决策？为什么要这么做？此时，如果你学习了相关心理学及思维过程的一些知识，将有助于你认识自己的思维过程是如何进行的。

当不断地通过自我训练可以更容易地识别自己的认知过程时，你也可以更容易地发现问题所在，并进行相应改善。

励志演说家刘媛媛分享过自己如下的学习方法。

> "学习第一个需要的是策略，不是头脑。你的智商只要正常就可以了。什么叫策略？我要努力，努力算方法吗？其实不是的。你一定要想，我做这件事分为几个步骤，我只要完成这几个步骤，我就能把这个事做到。这才叫策略。
>
> 比如说，我要考清华、北大，我觉得考清华、北大分为以下几个步骤。第一步，我先看看清华、北大要求我达到什么样的分数，通过查询可以发现，清华、北大大约要考到总分的 90% 以上。第二步，你去想一想，如果想要考到总分 90% 的分数，到了考场上，得会做 90% 的题目。第三步，再往前倒，如果我想要在考场上做对 90% 的题，那我今天在教室里听课、做作业、写练习题，是不是至少得对 90% 才可以？
>
> 然后，我现在还要再想一个问题。如果想要更准确地复习，第一步首先需要知道考什么。考纲特别重要，要确定其中的范围，才能搞定其中的比例。那我需要做的事情就是把其中的 90% 从不会变成会。那我的策略就是找到不会的，把它变成会的，然后就不停地重复。"

表面上看来，上述的行为似乎与元认知能力无关。其实，她之所以能制定这样的策略，前提是她能够认识自己的认知和思维过程，进而才能做出调整，制定这样的策略。

绝大部分人在学习时，并不是从结果倒推、从考纲出发，而是从书本上的内容出发。而且，他们也并不会认识到自己原来的思维过程存在什么问题，自然也就不会做出调整并制定上述的策略。

总之，找到生活中具体的事项，认知自己的思维过程，发现和审视过程中的问题，从而调整、改变自己的认知，制定策略、监控过程、做出调整，通过这样不断地重复，你的元认知能力就可以不断得到提升。

第四节 大脑的驱动程序——人的动机系统

对于计算机而言，驱动程序是必不可少的一种软件，是沟通硬件与软件的桥梁。对大脑而言，其实也有着类似驱动程序的心理机制——人的动机系统。如果没有驱动程序，计算机相应的硬件将无法运行；如果没有动机系统，人也不会有自动自发的行动。

不过，尽管人的动机系统和驱动程序在功能上相似，但它们也存在很大的差别。具体而言，计算机的驱动程序是硬件和软件的沟通桥梁，负责将软件发出的指令翻译成硬件能听懂的语言。换言之，推动计算机运行的是外部输入的指令，驱动程序仅仅负责翻译。

人的动机系统则可以独立发出指令，除了大脑中自动运行的部分，在一定程度上，大脑硬件和软件的运行是由人的动机系统推动的。所以，如果同样将人的动机系统视作一类软件的话，它似乎是有别于计算机软件的一种特殊类型的软件。

一、人的动机和需求

动机是学习中最为重要的因素。有了强烈的动机，方法是可以学习的，困难是可以克服的；离开了动机，大脑的操作系统及学习机制都将无法有效地运行。

前面提到王金战、张雪峰等人的例子，就是因为他们产生了强烈的动机，从而使学习成绩得以大幅提升或实现大幅减肥。但这也产生了一个问题，既然动机如此重要，那么动机是如何产生的？人的动机系统又是如何运行的？

谈到人的动机，我们应该会想到马斯洛提出的需求理论。根据马斯洛的需求理论，人的基本需求分为五个层次，从最低到最高分别是生存需求、安全需求、爱与归属需求、尊重需求及自我实现需求，如图4.3所示。之所以这样分层，是因为人在满足了相对低层的需求之后，才会产生高一层的需求。不过，这种分层并不是非常严格的，我们在后面会进一步探讨。

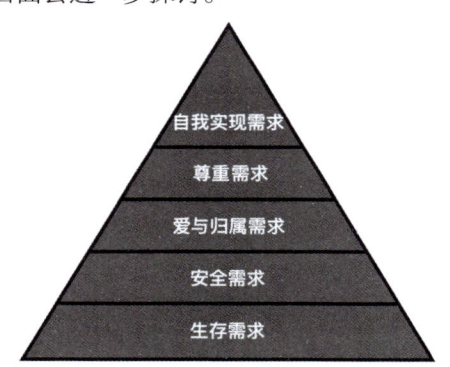

图4.3 马斯洛的需求理论层次模型

这里也有一个问题。在生活中，很多时候驱动一个人的，似乎并不是这些需求，而是具体的目标，如一个人会被买房、买车等目标驱动。那么，目标和需求之间的关系是什么？

答案是，一个具体动机的背后，底层是需求在驱动，而且可以是多种需求。比如，同样是想吃东西，有些人是出于生存需求，有些人则可能是出于安全需求。类似地，同样买一辆车，有人是出于尊重需求，希望周边的人能看得起自己；有人则是出于爱与归属需求，希望能给家人更好的生活。

在王金战等人的例子中，我们可以看到，驱动他们的是各自的经历而产生的强烈信念。后面我们会进一步探讨，这种信念的底层其实也是因为需求在驱动。因此，要全面理解人的动机系统，我们仍然有必要借助马斯洛的需求理论。

需要说明的是，除马斯洛的需求理论之外，心理学家爱德华·L.德西和理查德·瑞安还提出了另外三种重要的需求：自主需求、胜任需求、联结需求。如果我们要全面、系统地认识人的需求，这个理论也是需要了解的。不过，德西、瑞安的需求理论与马斯洛的需求理论有一定的重合性，本书尝试将二者进行整合，以便我们能更容易地理解人的动机系统。

二、动机系统的模型及概述

通过前面的分析我们知道，人的动机系统其实是分层的，一个具体的动机背后可能是某个具体的目标，也可能是因为某次经历产生的信念，底层则是人的需求。我们也尝试构建一个模型，以更好地认识人的动机系统，如图 4.4 所示。

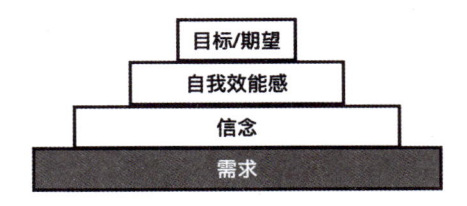

图 4.4 动机系统模型

1. 动机系统模型概述

图 4.4 所示的模型是基于马斯洛、阿尔伯特·班杜拉、德西等心理学家的相关理论而构建的，同时也结合了生活中的一些观察结论。对于模型中各个要素的详细介绍，我将在后面展开，这里先整体做一下介绍。

动机系统模型包含四个要素，且这四个要素存在一定的层级关系，从上到下分别是目标/期望（简称"目标"）、自我效能感、信念及需求。

那是基于什么提炼出的这四个要素呢？它们为什么又是这样的层级关系？

1）动机系统的构成要素

我们先来看看目标和需求这两个要素。前面已提到，生活经验告诉我们，直接驱动一个人的通常是他的目标，但底层是由他的需求驱动的。当然，这里的目标可以是非常明确的，也可以是相对模糊的，因此我们也可以称之为期望。

那怎么理解模型中"信念"和"自我效能感"这两个要素呢？

我们先来认识一下信念。在第七章中，我会进一步详细介绍信念，这里先做一个简单介绍。

简单来说，信念是指一种自己相信为真的判断，并且这种判断伴随着强烈的情绪记忆。我们可以回想前面提到的张雪峰的例子，充分理解"信念"一词的含义。

在张雪峰的例子中，他产生了强烈的想法，我们可以将他的想法大致概括为"我一定不能比张绍刚跑得慢"。这个想法就是这里所说的信念。

所以，我们可以将张雪峰的信念拆解为"我一定不能比张绍刚跑得慢"的判断，以及这个判断背后的强烈情绪。那这个情绪是哪里来的呢？这是他和张绍刚在跑步过程中所激发出来的，也就是情绪记忆。所以说，这里的信念是由判断和情绪记忆共同构成的。

自我效能感，是社会认知心理学家阿尔伯特·班杜拉所提出的一个概念。简单而言，你可以将其理解为，一个人对完成目标的自信心。你也可以将其理解为信念的一种，只是这种信念是专门针对人是否相信自己能够完成目标而言的。

之所以将自我效能感单独拿出来讨论，是因为它对人的动机有单独的影响，而且至关重要。

尽管目标可以使一个人产生驱动力，但如果目标过高，他对实现目标没有信心，那就不会产生驱动力。比如，让一个普通大学生定下获得诺贝尔奖的目标，这个目标显然对他是没有驱动效果的，这个时候就是一种自我效能感不足的表现。

所以，在人的动机系统中，自我效能感是一个重要的要素。

2）动机系统各个要素的层级关系

接下来，我们探讨一下四个要素之间的层级关系。我们先来探讨一下目标、信念及需求三个要素之间的关系。

对于目标和需求而言，目标是需求的一种呈现方式，所以目标是在需求之上的一个要素。那信念为什么排在目标和需求之间？目标又为什么是上层的要素？

我们看一下张雪峰的例子。张雪峰被张绍刚刺激后，产生了"我一定不能比张绍刚跑得慢"的信念。这种信念的产生，是因为张雪峰底层有自尊的需求。如果换一个人和张绍刚跑步，就不一定会产生这样的信念，反而可能是一种很愉悦的体验。

所以，信念产生的基础是需求，信念应当是排在需求之上的要素。

我们再来看一下目标和信念的排序关系。仍以张雪峰为例，他给自己制定的目标是每天跑15公里。所以，直接驱动他每天跑步的是具体的目标。而这个目标的背后，则是"我一定不能比张绍刚跑得慢"的信念。

所以，目标、信念、需求三者的关系是：目标在上层，信念居中，需求位于底层。

在探讨完上述三个要素之后，我们再进一步探讨"为什么自我效能感这个要素位于目标之下、信念之上"。

因为自我效能感反映的是一个人完成目标的信心程度，它单独对目标有所影响，而不影响其他要素，所以它的层级在目标之下、在其他要素之上。

需要说明的是，动机系统内部各个要素层级关系的排序，只是为便于我们理解人的动机系统，我对各个要素关系进行的一种逻辑推演和假设。它的正确性还有待严谨地论证。

2. 动机系统与外部信息的关系

尽管前面的分析在逻辑上比较自洽，但一个人的行为似乎并不是完全由动机系统推动而自动自发产生的，它还可能受到外力的推动而产生。这又如何解释呢？

确实如此，人的行为是由动机系统和外部信息（即外力）共同作用而产生的。而且，外部信息对一个人的影响比我们想象的影响要大。比如，你的家人、朋友、合作伙伴，让你帮忙做一件事情，这时候你的行为就是受外力推动而做出的。

需要明确的是，人的动机系统会对外部信息进行筛选。一个人的动机系统越完整、动机越强烈，外部信息的影响就越小，而且不同的需求也会对外部的信息进行不同的取舍。这怎么理解呢？

举例来说。一个大学生的自尊心比较强，因为受了某种刺激，而产生了一定要出人头地的坚定信念。于是，他制定了要考上北京大学研究生的目标。在这种情况下，即使他的同学、朋友拉他去参加一些好玩的活动，他大概率也是不会去的。此时外部信息对他的影响是很小的。

然而，一个目标并不明确的大学生，同时也没有什么特别坚定的信念，他的心理需求主要是爱与归属，一旦他的同学、朋友让他去参加活动，他很可能欣然前往。如果这个大学生虽然没有明确的目标，也没有信念，但驱动他的是尊重需求，那他很可能不去参加这个活动，或者这个活动至少对他吸引力不大。如果刚好有某个活动，能让他得到很多人的肯定、认可，满足他的尊重需求，那他很可能就去参加这个活动。

因此，通过上述的分析可以看出，人的需求会对外部信息进行筛选。

当然，以上只是对动机系统和外部信息之间关系的大概介绍，至于外部信息对人的影响更全面的介绍，我会在第六章中进一步展开。

三、动机系统内部的要素

在大致了解了动机系统的构成及层级关系之后，我们再来深入认识一下动机系统中的各个要素。

1. 需求

在前面列举大学生的例子时，我特别进行了对比，一个是尊重需求较多，一个是爱与归属需求较多。不知道你是否会产生疑问：为什么人和人之间的需求会有所不同？是什么造成了人的不同需求？

如果要回答上述问题，我们就需要相对全面地了解人的需求类型，以及不同需求之间的内在逻辑关系。

1）需求的类型

如前所述，就需求的类型来说，包括马斯洛提出的生存需求、安全需求、爱与归属需求、尊重需求及自我实现需求五种，以及德西和瑞安提出的自主需求、胜任需求及联结需求三种。

另外，马斯洛在《动机与人格》一书中还提到了两种非常重要的基本认知需求：认知和理解需求及审美需求。

这些需求具体都是什么含义？我们先来看一下马斯洛所提出的七种需求。

（1）生理需求：人对于食物、水分、空气、睡眠、休息等生理方面的需求。

（2）安全需求：人对于稳定、安全、有秩序、能免除恐惧和焦虑等方面的需求。

（3）爱与归属需求：人对于与其他人建立感情联结，并希望隶属于某个社会团队并被接受的需求。

（4）尊重需求：人们对于自己感觉良好（自尊）并需要他人对自己积极评价（他人的尊重）的需求。

（5）自我实现需求：人们对于自己理想成为的人的需求。

（6）认知和理解需求：人们对于满足好奇心，了解、解释、理解事物，进行分析、寻找联系、寻找意义、创立价值系统的需求。

（7）审美需求：人们对于对称性、闭合性、规律性及结构等与美有关的事物的需求。

以上是对马斯洛需求理论的大致描述，相信会让你对人的需求有更进一步的认识。我们再来看一下德西和瑞安提出的三种需求。

此前，我提到德西、瑞安的理论和马斯洛的理论是有一定重合的。其中，德西、瑞安提出的联结需求，和上述爱与归属需求非常相似；胜任需求，是指一个人对于胜任和成就感的需求，它可以理解为马斯洛所提出的尊重需求的一部分，也和自我效能感有些相似。如果进一步展开探讨，我们发现这些需求之间依然会有差别，但本书的目的是让我们对人的需求有一个总体的认识，所以我们不做过于深度的细究。对于重合的需求，这里不再重复探讨。

如何理解自主需求？自主需求是指人们需要感到他们的行为是自己选择的，即掌控自己生活的需求。这应该不难理解，因为没有人喜欢被他人管控。有人宁愿选择挣钱少但更自由的工作，背后也是因为他们希望能掌控自己的生活，满足自己的自主需求。

综上，去掉两个有些重复的需求，人的需求大致可以分为八种：生理需求、安全需求、爱与归属需求、尊重需求、自我实现需求、认知和理解需求、审美需求、自主需求。

2）对需求的理解

对需求的理解，我们主要探讨的是需求对人的影响，以及需求之间的内在逻辑关系。

马斯洛将生理需求、安全需求、爱与归属需求、尊重需求及自我实现需求又进一步分类，前四种被称为"缺失性需求"，而自我实现需求则被称为"成长性需求"。不过，他并未将认知和理解需求、审美需求归到上述两种分类中。当然，德西和瑞安提出的自主需求，也不属于上述两种需求的分类。

为了便于讨论，我们这里先谈谈缺失性需求和成长性需求的关系，后面再探讨另外三种需求。

（1）缺失性需求和成长性需求。

尽管不少人大致了解过马斯洛的需求理论，但其实存在很多误解。第一个误解是，人们通常以为马斯洛需求理论的分层是非常明确的。其实并非如此。马斯洛的需求理论是一个原则性的概括，但到具体的个人则会有不少特殊性。

尽管马斯洛将缺失性需求和成长性需求具体分为五层，但他在《动机与人格》一书中也提到，这种分层并不是界限分明的。换言之，即使下一层级的需求被部分满足，上一层级的需求也可能产生。比如，假设爱与归属需求被满足了25%，就可能产生5%的尊重需求；或者，爱与归属需求被满足了75%，就可能产生50%的尊重需求。

而且，这种分层只是原则性的，是对人类需求的总体性概括，具体到个人，则可能出现各种情况。这意味着，对于个体而言，五种需求是可以同时并存的。

对马斯洛需求理论的第二个误解是，人们并未关注到马斯洛所提出的缺失性需求背后的深意。

按照马斯洛的需求理论，缺失性需求是每个人所必需的，正如维生素是人所必需的一样。人未能摄入足够的维生素会生病，缺失性需求未被满足的人同样也会"生病"，很多人的问题就是因为缺少了关爱、安全感、尊重等而产生的。

如果缺失性需求被满足了，那它对人产生的影响就会下降。比如，某人的安全需求被满足了，那他相应的安全需求就会降低，他也就会更有安全感。

这意味着，我们时常所说的"人的欲望是无限的"之类的话，是需要重新审视的。就像人摄入维生素要有一个限度一样，人的需求也应当是有限度的。

当然，也有些人终生追求安全感或者终生追求爱与归属感，似乎永远无法满足，这种情况可以用病态来解释。这就像人如果缺少某种维生素达到一定程度会生病一样。我们不能用这种病态来理解正常的人性。

此外，根据马斯洛的需求理论，原则上来说，如果全部的缺失性需求都被满足了，人自然就会产生自我实现需求。换言之，此时人主要以自我实现需求为主导，这种需求是健康的、可持续的。虽然根据马斯洛的研究，达到自我实现的人在人类社会是极为少数的，但毕竟是存在的。

所以，回到前面提的问题——为什么人和人之间的需求会有所不同？其中一个原因，是人的缺失性需求会被不同程度地满足，最终呈现出不同的需求状态。

（2）认识需求（认知和理解需求）、审美需求及自主需求。

尽管马斯洛并未分析认识需求、审美需求及自主需求这三种需求和缺失性需求的关系，但从生活经验来看，这三种需求似乎同样要以缺失性需求被满足，或者至少部分被满足为前提。

如果一个人的生理需求、安全需求完全没有被满足，饭都吃不饱，人也生活在恐惧中，那他也很难有认识、审美及自主的需求。反之，如果一个人的缺失性需求得到比较高层级的满足，那么上述的需求也就产生了。

看到这样的描述，你可能有不同意见，但需要特别说明的是，要理解上述需求的关系，我们不能基于自己的经验视角，而要从理解人类这个物种的视角来看。所以，当去看一个出生在战乱年代、活在恐惧和焦虑之中、人身安全都难以保障的人，或者一个从来没有被父母甚至周边的人关爱过、也没有被尊重过的人时，你应该能更好地理解"为什么认识、审美及自主的需求，是一个相对更高层级的需求"。

对于以上三种需求，除了解它们和缺失性需求的关系外，我们也有必要再深入了解一下需求本身。

首先，对于审美需求，相信这不难理解，尽管人们对美的判断有一定的主观性，但大家都喜欢美的东西，这是毋庸置疑的。不过由于它与学习相关性不大，这里不做过多介绍。

其次，认识需求是我们需要重点探讨的，因为它时常被人误解。

时常有人说"学习是反人性的"。但既然认知和理解是人的一种需求，那学习可以说恰恰是人性的一种体现。因为只有人类有认识需求，其他的动物基本都没有。

只是，一方面，学习的过程确实是大脑相对耗能的过程，所以人往往并不喜欢；此外，如前面介绍情绪激发时所提到的，很多人在学习的过程中关联了很多不好的情绪记忆，从而逐渐丧失了对学习的乐趣和热情。另一方面，求知是相对高层次的需求，只有其他的需求被满足了才会出现这类需求。如果人的安全需求没有被充分满足，没有得到足够的关爱、尊重，则可能影响人的认识需求。

然而，如果一个人的好奇心得到了很好的保护，他的学习过程也没形成很多负面的情绪记忆，反而更多的是正面的情绪记忆，其他需求也被比较好的满足了，那尽管学习相对耗能，但靠着认识需求的驱动，他也会非常享受学习的状态。孔子说："知之者不如好知者，好知者不如乐知者。"一个人之所以能够成为乐知者，就是因为求知本来就是人的底层需求之一。

再次，自主需求是一种被很多人忽略的需求。其实自主需求至关重要，因为它是一个人动力的重要来源。基于我们的生活经验也可以知道，如果一个人所有的行为都无法自主，都需要听命于人，这样的人是很难有动力的。

现在的孩子尽管看起来衣食无忧，但父母对孩子的管理和约束日益增多。这在很大程度上损伤了孩子的自主需求，自然就很容易使孩子丧失生活的动力和意义感，也就很可能形成"空心病"。

3）需求的应用

以上是对动机系统中需求这个要素的介绍。之所以如此详细地介绍需求，除解答前面的疑问之外，也是因为需求是动机系统中底层的要素，要全面认识人的动机系统、激发人的动力，对于需求深度的理解和认识必不可少。

首先，认识了人的需求之后，我们可以理解人和人在目标追求及行为上不同的更深层次原因。

对于一个成年人来说，有些人雄心万丈，有些人只追求一份安稳的工作，当我们认识了人的需求之后，就可以知道，很可能（之所以说"很可能"，因为还会受到自我效能感、信念等要素的影响）是因为底层需求上的不同。前者主要是受自我实现需求的驱动，而后者主要在追求安全需求的满足。

类似地，很多家长抱怨孩子没有学习的动力，但如果一个孩子的自主需求未能得到满足，没有得到关爱，没有被给予安全感，也没有被尊重，那其实是很难产生自动自发的学习需求的。

其次，认识了人的需求之后，我们可以更好地利用人的需求特点来激发人的动力。

一方面，如前所述，就缺失性需求而言，它的满足程度越高，人的心理越健康，越可能产生自我实现需求及其他需求；另一方面，毕竟每个人的情况不同，需求重点也不同，我们可以针对每个人的需求进行激发。

一个人的需求如果主要是尊重需求，那在激发他的时候，更多通过其尊重需求被满足，可能会带来更好的效果；一个人的需求如果主要是爱与归属需求，那么通过爱与归属需求被满足，可能激发的效果更好。之前提到的罗伯特·J. 马扎诺等人所写的《如何调动与激励学生》一书，其内容主要探讨了如何围绕孩子的需求来对他们进行调动和激励。

当然，需求并不能解释一切的动机现象。这也是我们需要进一步认识人的信念、自我效能感及目标的原因。

2. 信念

通过前面的介绍我们知道，信念至关重要。不同的人在需求相同的情况下，信念不同，他们的动力也会有所不同。而信念很大一部分是人的经历所产生的情绪记忆。所以，如果想更好地建立并激发一个人的信念，必要的生活经历是必不可少的。

比如，前面提到王金战、张雪峰等人的例子，都是因为他们的个人经历才产生了某种信念，进而才产生了强大的动力。

现在的问题是，在学习时，人们过于强调知识的重要性，而在一定程度上忽略了经历。无论是在学校的教育中还是在成年人的学习过程中，很少有人去关注经历，这也在一定程度上造成了很多人的信念感并没有那么强。

因此，如果想要更好地应用信念来激发人的动力，我们需要关注经历的重要价值。

3. 自我效能感

在哈佛大学心理学博士刘轩所做的 TED（即 TED 大会）演讲《幸运的关键》中，他基于对大量成功人士的研究得出结论，真正影响人成功的关键要素是自我效能感。心理学家也普遍认为，自我效能感对于人的活动选择、目标、努力程度和坚持性，以及是否愿意延迟满足都有很大的影响。

这也产生一个问题，既然自我效能感如此重要，那它是如何产生的？根据心理学的研究，影响自我效能感的主要是以下因素：自己先前的成功经验和失败教训、他人的成功和失败、集体的成功和失败、当前的情绪状况、他人所传递的信息。

一个人在此前有过一些成功经历，那他就更容易对自己有信心。成功经历越多，自信心也就越强。或者，身边的朋友、亲戚，在你看来他的能力、知识和你基本相近，如果他在某个领域取得了成功，那也能给你更多的信心。

以上可以说是生活经验的总结。2017 年，浙江大学胡海岚研究组针对老鼠所做的一个实验，从科学上证实了一个人的多次成功经历，对自我效能感至关重要。

这个实验是这样的。胡海岚研究组选了四只老鼠，经过等级测试后，将老鼠按照强弱予以排序。其中，排在第四的最弱的老鼠被命名为"豆豆"。研究人员故意让豆豆和另外的老鼠在一个狭窄的管子里相遇。开始时，每次与其他老鼠相遇，豆豆都会显得比较弱势，被步步逼退，直至被推出管子。

研究人员发现，只要用蓝色激光刺激脑部的前额叶皮层细胞，豆豆就会变得强大，能够战胜其他老鼠，从而将其他老鼠逼退、推出管子。而一旦不再接受刺激，豆豆就会恢复原状。

然而，在经历了六次蓝色激光刺激，豆豆获得了六次成功战胜其他老鼠的经验之后，它竟然逆袭了。在不靠蓝色激光刺激的情况下，豆豆竟然可以将此前排名第一的老鼠推出管子。豆豆的变化如图 4.5 所示。

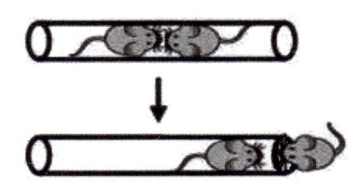

图 4.5　豆豆的变化

老鼠有了六次的成功经验之后，会呈现出类似"自我效能感"的状态，这和我们的生活经验也是一致的。这也进一步证实，过往的成功经验是自我效能感形成的重要原因。

所以，成功才是成功之母。一个个小成功的累积，可以让人的自我效能感不断增强，从而能够获得对自己的强大信心。王金战老师说他教差生的秘诀是让差生经历一次次成功，而从上述这个实验来看，他的方法是非常科学的。

类似地，如果一个人想要更好地激发自己的动力，那么去体验更多的成功、去获得更多的自我效能感，至关重要。当然，周边人给他的支持、给他的信心，让他去发现周边人更多的成功经历，这也很有必要。

4. 目标

目标是人的动机系统中最为直观的一个要素，同样至关重要。事实上，目标会产生一种很强的聚焦作用。一个人即便有很强烈、很健康的需求，有强大的信念，也有极强的自我效能感，但他没有为自己设定一个相对较高的目标，没有产生聚焦作用，同样不会产生强大的动力，取得的成就也会非常有限。

前面提到，目标可以是非常明确、具有可执行性的具体目标，也可以是一个相对模糊但具有一定指导作用的期望或者志向。比如，王阳明说"圣人可学而致之"，孔子说"吾十有五而志于学"，这种人生的志向同样可以视为一种目标。对企业而言，目标可以是非常具体的 OKR（目标与关键成果）、KPI（关键绩效指标），也可以是抽象的使命、愿景等。

总之，目标确定之后，就可以产生聚焦和导向作用，就能指导人的行为。当然，目标的设定是有一定的方法的，越明确、清晰的目标，往往越能激发人的动力，但至于怎么设定目标，并非本书所探讨的重点，这里就不具体展开了。

四、动机系统总结

如前所述，动机系统可以说是学习的软件中最为重要的部分。由于动机系统涉及要素众多，而且除目标之外，其他的要素并不是我们能直接观察到的，所以这个维度被人关注不多。

无论是我们自己学习还是对于孩子的教育，如何激发和调动积极性及动力都至关重要。甚至，我们有必要专门抽出一定的时间来专门进行这项工作。

在以女排教练郎平为原型的电影《夺冠》中，为了激发女排队员的积极性，让女排队员明白打球的意义和价值，郎平专门花时间带队回到原训练基地训练，花大量的时间和女排队员谈心，最终女排队员被激发动力，并取得了优异的成绩。

这其实就是一个很好的例证。在解决了动力问题之后，其他的知识、技巧、方法问题都是不难解决的。

本章参考资料

[1] 巴甫洛夫. 条件反射：动物高级神经活动 [M]. 周先庚，荆其诚，李美格，译. 北京：北京大学出版社，2010.

[2] 亚伯拉罕·马斯洛. 动机与人格 [M]. 许金声，等译. 北京：中国人民大学出版社，2012.

[3] 庄子. 庄子 [M]. 方勇，译注. 北京：中华书局，2015.

[4] 克里斯托弗·查布利斯,丹尼尔·西蒙斯. 看不见的大猩猩:无处不在的6大错觉[M]. 段然,译. 北京:中国人民大学出版社,2011.

[5] 萨尔曼·可汗:翻转课堂的可汗学院[M]. 刘婧,译. 杭州:浙江人民出版社,2014.

[6] 爱德华·L.德西,理查德·弗拉斯特. 内在动机:自主掌控人生的力量[M]. 王正林,译. 北京:机械工业出版社,2020.

[7] 安德莉亚·博尼尔. 史上最重要的心理学家和心理学思想:他们如何启示与指导你的生活[M]. 黄蔚,译. 北京:中国青年出版社,2019.

[8] 亚伯拉罕·马斯洛. 人性能达到的境界[M]. 曹晓慧,等译. 北京:世界图书出版公司,2019.

[9] Science 长文刊登浙大教授研究新成果:强者只会更强!想逆袭,也许要电电脑子,浙江大学官方百家号.

[10] 李笑来,《通往财富自由之路》专栏,得到 App.

[11] 魏坤琳,《Dr. 魏的家庭教育宝典》专栏,得到 App.

[12] 刘轩,幸运的关键,TED 演讲.

第五章　知识的学习
——一切学习的基础

什么是知识？知识真的就是力量吗？

为什么有些人学了很多知识，价值却似乎有限？

我们需要学习哪些知识？如何更高效地学习知识？

这些方法背后的原理又是什么？

第一节　知识及其学习原理

虽然本书多次谈到知识的学习并不是学习的全部，但无论如何，它至关重要。而且，知识的学习也是行为的学习及思维的学习的基础。我们想学习游泳技能，需要先掌握一定的知识，再进行练习；我们想提升思维质量，同样也需要一定的知识储备。

因此，我们有必要深入、系统地认识"什么是知识"，以及"如何才能更高效地学习知识"。

一、并不简单的知识

和"学习"这个概念类似，我们对"知识"一词非常熟悉，但也对它了解甚少。要深度了解"知识"这个概念，并不容易。正如在认识"学习"时，我们从心理学、神经科学、计算机科学等学科视角进行了深入探讨一样，要深入认识"什么是知识"，我们同样需要从多个学科的视角进行探讨。

从哲学的视角而言，"什么是知识"涉及哲学上的认识论问题，即人是怎么认识这个世界的。从柏拉图开始到康德为止，哲学家们为此探讨了近两千年。

随着心理学、计算机科学及信息论等学科的发展，我们也有必要重新认识知识。事实上，一些视野和认知远胜普通人的科技领域"大佬们"，已经从这些学科来认识知识了。

比如，特斯拉的创始人埃隆·马斯克在一次采访中说："什么是教育？它本质上是将数据和算法下载到大脑的过程。"字节跳动的创始人张一鸣曾在他的微博中说："我实在不想看微博，但是目前还没有'信噪比'明显更高且信息同样多的产品。"

为什么埃隆·马斯克会说"教育是将数据和算法下载到大脑的过程"？知识和数据、算法之间有什么关系？什么是张一鸣所说的"信噪比"？为什么他在看微博时，会关注"信噪比"这个维度？这和知识又有什么关系？

对于上述这些问题，我们在后面会予以回答。之所以埃隆·马斯克和张一鸣有这样的观点，是因为他们已经从计算机科学和信息论等学科的视角来认识知识，并以此指导他们的学习了。这也使他们的学习效率远胜普通人。

如果我们也能从这些学科的视角来重新认识知识，同样也将极大地提升知识学习的效率。

二、哲学上的知识

从柏拉图开始，哲学家们就对"什么是知识"进行了探讨和争论，直到康德的出现，才终止了探讨和争论。不知你是否有疑问：哲学家们在探讨和争论什么？为什么康德终结了探讨和争论？更重要的是，从哲学的视角来认识知识，对我们的学习有什么现实意义？

1. 哲学家们在探讨和争论什么

从柏拉图开始，哲学家们针对"什么是知识"发表了不同的观点。比如，柏拉图将知识分为辩证法、物理知识和道德学说；柏拉图的学生亚里士多德将知识拆分为理论知识、实践知识及制作性知识三类，并将逻辑学单独列出，认为它是所有知识的共同工具。

从笛卡儿开始，哲学家们针对知识的来源，即知识是来自先天还是来自后天，展开了激烈的争论。

以笛卡儿等人为代表的唯理论派认为，知识来自"先天的观念"，是上帝放入人的大脑或者与生俱来的，要获取知识，只需反思这些"先天的观念"即可。其中，最具代表性的就是笛卡儿的名言——"我思故我在"。

而以洛克等人为代表的经验论派并不同意上述观点。他们认为，知识都是后天形成的，一切观念都建立在后天感觉、经验的基础之上。洛克说，人生下来是一块"白板"，所有的知识都是后天输入的经验形成的。

初看起来，以上的争论仅仅是哲学家们的理念之争，但正确认识这个问题，对我们如何获取知识具有重要的现实指导意义。这意味着，当我们获取知识的时候，是更多的通过实践、体验去获取知识，还是通过自己的思考、反思去获取知识。

你很可能更倾向于经验论派的观点。因为我们很难想象，在没有经验的情况下，人是如何获取知识的。但唯理论派的观点并未完全否认经验，而是说外部的经验是不可靠的，我们需要借由外部的经验回忆出人本来就有的理性观念，后者才是可靠的。

比如，在商业领域，据说乔布斯是不做市场调查的，而靠着自己的思考和洞见进行产品研发。与之相反，更多的公司会进行各种市场调查，依据市场调查来做决策。我们可以粗略地将乔布斯的做法理解为在践行唯理论，将做市场调查的公司的做法理解为在践行经验论。

虽然很多公司确实做了大量的市场调查，开展了很多实践活动，获取了不少的数据、经验，但常常出现误判。这就是唯理论派所认为的——经验是不可靠的，而像乔布斯那样，靠自己的理性去思考、推演、分析，反而能得到真正的知识，做出真正的决策。

当然，这并不表示唯理论派就是正确的。因为尽管乔布斯可以做出正确的决策，但更多的企业在自行推理时会陷入误判，他们往往脱离现实，假想出消费者的需求，并以此开发产品，最终以失败收场。

从上面的例子中我们可以看出，唯理论派与经验论派所争论的确实是一个重大的问题，也有很强的现实意义。这关系着我们应该通过什么方式获取正确的知识。

双方的争论并没有一个明确的结果，各有对错。然而，康德的出现终止了上述争议。康德提出了一个新的理论框架：知识既有先天的也有后天的，人可以利用自己的先天知识，加工和整理后天给我们提供的经验材料，从而获取知识。

具体而言，康德提出了感性、知性、理性三个概念。人通过感性获取的经验材料，可以被视为一种后天的知识；而人的知性和理性，可以被视为先天的知识。人是在理性的指导下，用知性来加工通过感性获取的经验材料，从而获取知识。

你可能有疑问：理性我们大致知道，什么是知性？知性和理性有什么区别？简单来说，我们可以将知性理解为理性中的特殊部分。人的理性总有脱离经验的冲动，康德主张知识必须以经验为基础，为了平衡理性与经验的关系，因此他提出了知性的概念，并限定了知性的范畴。我们可以简单地将知性理解为"必须与经验相关联的理性"。人通过知性来加工的必须是现实中的经验，而不能是非经验。

以上的表述如果有些复杂的话，我们也可以这么理解：康德认为，所有的知识都是人经过特定的方式加工经验材料后获取的。知识必然来源于经验，脱离了经验就不再是知识；而知性对经验材料的加工也不能随意发挥，加工的过程是被限定的，整个加工的过程是在人的理性指导下进行的。人的理性常常有脱离现实经验的冲动，理性一旦脱离了现实经验，就不再产生知识了。

其实，如果回到生活场景中，这也不难理解。我们每天都会有各种经历、收获各种经验，如果我们不用自己的理性进行思考、整理、加工，这些经验就不能被称为知识。康德就是将这种加工现实经验的理性称为知性。如果我们的理性完全脱离了现实经验，是没有根据的思考、分析，那所得到的也不能被称为知识。

从现代科学的视角来看，康德的理论也有神经科学依据。埃里克·坎德尔在《追寻记忆的痕迹》一书中指出："遗传和发育过程规定了神经元之间的连接方式，以及何时形成这种连接。但它们没有规定这些连接的强度，以及何时形成连接。连接强度受经验调控。"这里的遗传和发育所规定的神经元之间的连接方式，就可以理解为包含知性和理性的先天知识；受后天经验调控的连接的强度，则可以大致理解为后天所获得的经验材料。

所以，康德的理论终结了唯理论派和经验论派的争议，被认为具有划时代的意义。

2. 从哲学的视角来认识知识的现实意义

在了解了哲学家们之间的争论及康德的观点之后，我们还是回到此前的问题——"从哲学的视角来认识知识，对我们的学习有什么现实意义"。

这对我们来说现实意义重大。总体而言，现实意义可以概括为三点：人应当有信心自己创造知识；加工过程对于知识质量影响重大；知识不能脱离现实经验。

1）人应当有信心自己创造知识

通常而言，一谈到知识，我们总想着去外部获取。无疑，通过阅读、上课等方式从外部获取知识是非常重要的，但我们往往忽略了，基于对过往经验的加工，自己是可以创造知识的。

这也就解答了，为什么不少人看似读书不多，但对人生、对生活有着深刻的洞见，工作、事业也能取得不错的成绩。背后的原因，就是他们的经历和别人不一样，他们获取了更丰富的经验，并用自己的理性和知性加工了这些经验，从而收获了很多真知。相反，很多人看似参与了不少课程的学习、阅读了大量的书籍，但因为并没有真正理解那些知识，没有与自己的经验相结合，所以知识依然有限。

张五常在《五常学经济》一书中，谈到了自己年轻时所遇到的一些能人异士，他是这样描述这些人的共同点的："他们没有一个算得上是受过高级教育的。不值钱的十八般武艺了不起，但法门全部是他们自己想出来的。"这种自己想出法门的过程，就是自己创造知识的过程。

2）加工过程对于知识质量影响重大

康德认为，知识是人的知性在理性的指导下，对感性经验进行加工而得来的。从知识的形成过程来看，知识的质量取决于感性经验材料的质量及加工过程的质量。

这也就能解释"为什么乔布斯不做市场调查，却可以洞察消费者的需求""为什么很多企业尽管做了大量市场调查，但依然未能满足消费者的真实需求"。因为即便面对同样的经验材料，加工过程、加工方法不同，人所收获的知识也是不同的。这也在提醒我们，在学习时，不仅要收获更多经验，还需要优化加工过程、提升加工能力。

3）知识不能脱离现实经验

正如康德提出的，理性总有脱离经验的冲动。所以，很多知识、很多理论总是容易脱离现实。这也造成很多"知识"无法解决问题，甚至产生严重的误导。

在《爱因斯坦自述》一书中，爱因斯坦认为："首先，理性应该符合经验事实。实际上，这一点虽然看起来是理所当然的，但很难做到。为了对某种普遍接受的理论基础进行维护，人们总是想方设法地添加一些假设或补充，从而弥补事实与理论的缝隙。可无论如何，首要的观点就是，理论基础要接受现有实际经验的检验和证实。"

类似地，张一鸣曾在一篇题目为《做 CEO 要避免理性自负》的演讲中谈到，企业家很容易过于相信自己的理性，从而产生各种问题。

无论是爱因斯坦的观点还是张一鸣的观点，其实都和康德表达的意思一致——人的理性总是有脱离现实经验的冲动。因此，我们有必要关注知识与现实经验的相符性。

3. 康德理论的时代局限性

尽管康德的理论具有划时代的意义，但也因为时代的原因，不可避免地具有一定的局限性，或者说，有些问题是未能得到充分讨论的。具体而言，这种局限性体现在以下三个方面。

首先，从加工的对象上来讲，康德仅仅将加工对象限定为感性获得的经验材料，限制了知识的来源。

如果从抽象的视角（即从人类这个物种）来看，人获得的知识都是来自感性获得的经验材料，这无疑是正确的。但具体到个体来说，我在第一章中也谈到，每个人吸收的经验包括三种形式：世界知识、亲历经验、替代性经验。而康德所说的感性的经验材料，主要是指亲历经验，原则上并不包含世界知识、替代性经验。

此外，人接收的信息，除了意识层面的信息，还包括潜意识层面的信息。而康德所谈到的感性经验，其实仅仅包含意识层面的信息。

其次，从加工方式上来讲，康德仅探讨了在理性指导下知性对感性材料所进行的加工，并未全面考察人对外部经验材料的加工过程。

经验的本质是信息，所以人加工经验即加工信息。而人加工信息，其实也是一个心理过程。所以，我们可以将康德的观点理解为：人通过心理机制对接收的信息进行加工，从而获取知识。

从心理学视角而言，人加工信息的过程其实更为丰富和全面。康德所探讨的知性和理性的加工，仅仅是其中的一部分。这种探讨既不全面，也不足以让我们完整地认识"知识具体是怎么形成的"。

再次，从知识的内容上来讲，康德所探讨的范围也是有局限性的。

因为时代的原因，康德所讨论的知识只包含了数学、科学、哲学等，并不包括其他领域的知识。而且，康德认为知识都表达为判断的形式。

换言之，道德、艺术、文学、历史、工程学、计算机科学等，都不属于康德所界定的知识。此外，如果知识全部表达为判断的形式，那其他形式（如问题、模型等）就不属于他所说的知识。

举例来说。在丰田公司的管理体系中，有一种知名的分析法——"5why分析法"。具体而言，就是当遇到一个问题时，连续问五次"为什么"（why），以寻找到最后的原因。这种分析法并没有判断的内容，全部都是由问题构成的。如果严格按照康德的理论，这并不属于知识。但对于我们而言，如果掌握这种分析法并予以应用，就能带来很大价值，它也应当属于一种知识。

尽管康德的理论有其自身的局限性，但依然不能否认康德的伟大，以及他对历史的巨大推动作用。只是，随着时代的发展，尤其是心理学、信息论及计算机科学等学科的出现，我们有必要用其他学科来重新审视康德的理论，并予以补充和完善。

三、从心理学视角看知识

既然我们可以从心理学视角更全面地认识人对信息的加工过程，那具体是如何进行的？

1. 从心理学视角看知识的形成

心理学将人的心理总体分为情感、意志和认知三大模块。其中，与人加工信息关系最为密切的就是认知部分。所以，我们主要探讨人的认知对于知识形成的影响。

总体而言，认知分为感觉、知觉、记忆、思维、想象五个环节。其中，感觉是获取信息的环节，知觉、记忆、思维、想象四个环节则可以视为加工信息的环节。思维的过程又可以进一步分为检索、重构、推理、类比、顿悟等环节。

康德所提出的感性、知性和理性，其实是包含在上述认知过程中的。具体而言，康德所提出的感性，大致等同于感觉的环节；知性，大致等同于知觉的环节；理性则可以理解为思维环节中的推理部分。

对于认知环节中的想象（康德所说的"想象"，和心理学上的"想象"含义不同）、记忆，以及思维中除推理以外的其他环节，康德未曾关注也并未探讨。所以说，康德所提出的加工过程仅是人心理的一部分。

除加工过程外，就加工对象来说，心理学将经验分为世界知识、亲历经验、替代性经验，且除了意识可以感知到的经验信息，还包括潜意识的信息。而康德仅仅从抽象的角度，将加工的经验材料局限为意识层面的亲历经验。

所以，从心理学的视角来看，康德所探讨的知识形成过程，其实并不完整。

2. 以本书的写作过程为例探讨知识的形成

以上介绍的内容或许有些抽象。这里，我以本书的写作过程为例，谈谈人是如何加工信息并形成知识的。

如果说本书创造了一些新知识，那是因为我在写作的过程中，收集、调取了足够多的信息，并对这些信息进行了加工、整理。

需要说明的是，尽管人完整加工信息的过程包括知觉、记忆、思维、想象等环节，但这里仅就思维部分予以介绍，即对思维中的检索、重构、推理、类比、顿悟等环节进行介绍。之所以如此，是因为其他环节并非本部分的重点。

其中，知觉涉及哲学上的范畴问题，碍于篇幅，难以充分地展开；记忆的主要作用是存储信息，且在此之前我们已就记忆展开了充分的探讨，这里不再赘述；至于想象，其主要用于加工形成文学、艺术等领域中的知识，不是本书的重点，也就不再展开。

我是如何通过思维来加工信息，从而形成本书中的知识的？具体内容如下所述。

首先，写作本书的起点就是一个检索的过程。

所谓检索，我会在第七章中进一步详细介绍，这里可以简单理解为"人给自己提出问题，并从自己的知识储备中调取或者从外部收集信息的过程"。

此前提到，我写作的起因是给自己提了两个问题："学习的本质是什么？什么才是真正有效的学习方法？"为了解答这两个问题，我一方面从外部大量收集资料、检索信息，另一方面我也从自己过往的经验和知识储备中检索了大量信息。只有这样我才得以解答以上的问题,也才形成了本书中的新知识。这就是"检索"的环节。

其次,在本书的写作过程中,类比起到了巨大的作用。

此前我也提到,写作本书其实受到了瓦特改良蒸汽机的极大启发。瓦特之所以改良了蒸汽机,是因为他深入了解了蒸汽机运行的底层原理,从数学、力学等原理出发,重新认识和改良了蒸汽机。我借鉴了瓦特的思维方式,同样不满足于表层的方法,而是深入心理学、神经科学、计算机科学等领域来认识学习,并基于这些底层原理,优化了学习方法。这种将一个领域的思维方式应用到另一个领域的过程,就是类比。

除上述类比之外,我还将学习力拆分为硬件、软件及方法三部分,其实这是用计算机的结构类比人的学习力结构。

再次,在本书的写作过程中,顿悟的环节必不可少。

我将瓦特的思维方式和计算机的结构来类比进行本书的写作,都离不开思维中另一个重要的环节——顿悟。

事实上,我很早以前就知道瓦特的故事,也知道计算机的运行模型,但从来没有从心理学视角来认识人的学习。之所以突然想到,则是一个顿悟的过程。"顿悟"这个词如果有些不好理解的话,也可以将其称为灵感。正是瓦特的故事、计算机的结构,给了我更多的灵感。

最后,本书的写作过程离不开大量的推理、重构。

严格来说,我并非科学家出身,也没有进行相应的实验,并不是写作本书的合适人选,但我还是完成了本书的写作,并对学习有着不少独特视角的阐述和观点。之所以如此,是因为我基于逻辑所展开的推理,基于不同的结构对原有知识、经验所进行的重构。

当然,我这样做也是符合康德的理论的。一方面,我坚信人可以通过理性加工来形成知识,本书中的绝大部分知识也是这样产生的;另一方面,在本书的写作过程中,我又尽可能地对生活多观察,让知识不脱离生活实际。

以上所谈的是信息的加工过程,我们再来看看本书所加工的信息。如前所述,从心理学上来说,加工的信息包括世界知识、亲历经验、替代性经验,以及潜意识层面的信息。

本书的内容,尽管有不少是我自己的实践经验,但更多的是对许多优秀人物学习方法的拆解,以及在学习领域中的很多研究成果。对优秀人物学习方法进行拆解得到的信息属于替代性经验,而研究成果则属于世界知识。

除此之外,我之所以有动力耗时一年半写作本书,则是因为研究学习力给我所带来的收获，我有热情、有动力想去分享给更多人。这种热情和动力，可以视为潜意识层面的信息。

综上，通过我写作本书的过程，你可以更加清晰、具体地看到，人是如何通过加工信息而获取知识的。

3. 从心理学视角认识知识加工过程的意义

如果说康德的洞见可以让我们抽象地认识知识的形成过程，并坚定人可以自己创造知识的信念，那么从心理学的视角则可以让我们更细致地看到"知识具体是如何形成的"，而这可以极大地提高人创造知识的能力。

事实上，人创造知识是一项至关重要的能力。一个人如果全部靠外部输入来获取知识，不仅会造成经验的浪费，而且很可能会被误导。

任正非说："企业最大的浪费，是经验的浪费。"对于个人来说，如果不加工自己过往人生所积累的阅历、经验、知识储备，同样是一种极大的浪费。

之所以说一个人全部靠外部输入来获取知识可能会被误导，是因为知识的应用是有前提、有边界的。很多时候，人们在学习并应用知识时，之所以出现各种问题，不是知识不正确，而是知识的应用条件不适合。正如爱因斯坦在《爱因斯坦自述》中所说的"对于理论本身的前提条件要特别注意"。

需要强调的是，这并不是说外部输入的知识不重要，只是大多数人仅关注到了从外部获取知识，而忽略了自己形成、创造知识。

四、从信息论视角看知识

从哲学及心理学的视角认识了知识之后，我们再从信息论的视角来认识一下知识。

1. 你为什么要了解信息论

你或许会提出疑问：对哲学和心理学我还有所了解，但什么是信息论？为什么还要从信息论的视角认识知识？

1）信息论的巨大价值

我先结合自己的经历，谈谈信息论能带给我们什么样的价值和启发，后面再介绍什么是信息论。

事实上，在写作本书之初，我对信息论也了解不多。但在研究张一鸣的学习方法时，我将他从 2010 年开始的微博内容全部翻看了一遍。在他的微博中，我看到了许多条与信息论有关的内容。除了本章开篇提到的他用"信噪比"这个概念来评价微博，我还看到了以下的内容。

> 2011年6月28日，他发了这样一条微博："主题讲座还是很有信息量和效率的。晚上1个小时左右的讲座，我估计自学需要5~6个小时。"
>
> 2015年8月23日，他又发了这样的微博："其实知识含量最大的是教科书（或可以作为教科书的书）。教科书与传记，比一个观点或一种情怀啰唆写成一本书耐看许多。但它们的创作都相当不容易。"

从这些内容可以看出，张一鸣似乎一直在用信息论来指导学习。于是，基于好奇，我自学了信息论这门学科。令我惊讶的是，只是掌握了这门学科的一些基础知识及背后的思维方式，不仅让我深刻理解了张一鸣表达的意思，更是大大提高了我的学习效率，甚至为我打开了一扇看世界的新大门。而且，如你所见，信息也成了贯穿本书的一条主线。

第三章"学习的硬件——大脑及神经元"，探讨的是大脑的硬件如何接收、编码、传递、存储外部输入的各种信息；第四章"学习的软件——人的学习机制"，探讨的是心理机制如何用不同的方式来接收、管理、处理不同类型的信息；第五章"知识的学习——一切学习的基础"，主要探讨人如何获取、处理、存储信息；第六章"行为的学习——收益最直接的学习"，探讨的是信息如何影响人的行为，以及人如何表达信息、对信息做出反应；第七章"思维的学习——学习中最核心的维度"，主要探讨人是如何加工信息及应用信息的。

所以，如果你也能对信息论有所了解，那将和我一样，不仅可以大幅提升学习的效率、收益，更有可能打开一扇看世界的新大门。

2）什么是信息论

克劳德·香农被认为是信息论之父，因为是他最早洞见了信息的本质，并提出了信息论上一些根基性的定律。

信息论自创立以来，深刻地影响了人类社会。如果没有克劳德·香农和他创立的信息论，就没有计算机、没有互联网，人类也不会进入信息时代。而且，信息论的创立也深刻地影响了很多学科。

在心理学上，心理学家开始从信息的视角来理解一些心理现象，比如记忆就被理解为信息存储的过程；在生物学上，DNA（脱氧核糖核酸）被认为是携带了遗传信息的物质，基因则是携带遗传信息的一段段DNA序列。所以，遗传也可以被理解为上一代将相关的信息传给了下一代。

你或许会好奇，为什么信息论有如此大的影响？答案是，因为信息是这个世界的本质之一。当前主流的物理学家认为，信息和能量是这个世界的本质。已故知名物理学家张首晟甚至认为"it from bit"（万物来自比特）。这里的比特，就是信息的一种度量单位。所以，"it from bit"说的就是万物都来自信息。

当然，本书的重点不是探讨世界的本质，而是希望你能从信息论的视角，对知识有一个全新的认识，这将有助于你进行知识的学习。而且，信息论背后的思维方式也将对你有着巨大的价值。正如计算机科学家吴军在《信息传：决定我们未来发展的方法论》一书中所说的，信息论是"决定我们未来发展的方法论"，是"信息时代的底层逻辑"。

2. 信息、信噪比和冗余度

尽管你现在大致了解了信息论及它的价值，但应该还是会有困惑："这门学科看起来很前沿，而且内容都是与数学相关的，怎么可能学得会？"

请放心，尽管信息论确实是一门复杂的学科，但对大多数人而言，我们并不需要系统地掌握。如我一样，你只需要了解一些基础的概念，以及学科背后的思维方式，这些知识就会对你有极大的帮助。具体而言，你只需掌握几个概念：信息、信噪比、冗余度。

1）什么是信息

对于"信息"这个词，我们应该并不陌生，平时也经常使用。但必须强调的是，在绝大多数情况下，我们生活中所说的信息都是广义上的；而信息论中所谈的信息是一种狭义的信息。

广义上而言，所有文字、图像、声音、影音、环境等，这些我们能看到、听到、感受到的东西都可以称为一种信息；而狭义的信息则仅仅是广义信息中的一部分。按照克劳德·香农的观点，狭义的信息是指能消除不确定性的东西。

这看起来有点抽象，怎么理解呢？我举一个例子。

假设，现在一个黑箱里有 A 和 B 两个球，它们分别被放在箱内左、右两边，你的任务是一次性挑出其中的 A 球。你应当知道，能够挑出 A 球的结果是不确定的，只有 50% 的可能性。

你如何确保一定能一次性挑出 A 球？很显然，假设 A 球在左边并有人明确告诉你的话，那就可以。

这和信息有什么关系呢？答案是，"A 球在左边"这句话，就是狭义上的信息。因为它消除了你的不确定性。

其实，在日常生活中，我们也会关注到狭义信息的这种价值，只是我们通常将其称为有价值的信息。但我们并未认识到，之所以那些信息有价值，是因为它们降低了不确定性。

为了让你更好地理解信息，我再举一个例子。股市投资存在很大的风险，而这背后的风险就是因为不确定性。假设你现在投资股市，那什么样的信息是有价值的呢？很显然，能让你更准确地预判未来股票涨跌的信息就是有价值的信息。为什么这样的信息有价值？因为它降低了你的不确定性。你一旦能准确地预判股票的涨跌，就能做出很好的投资。

所以，尽管不太严谨，但我们可以将信息论中的信息简单地理解为日常生活中所说的"有价值的信息"。

需要说明的是，在后面的介绍中你会知道，我们平时所说的"信息"，严格来说，更应该称之为"数据"。但在日常生活中，我们都是从广义上来使用信息的。所以，本书中提到的"信息"一词，绝大部分是广义上的，需要读者根据前后内容来理解。

2）什么是信噪比

简单来说，信噪比是指信息和噪声的比值关系。对于这个概念，你可能会提出两个问题：什么是噪声？如果信息和噪声存在比值关系，是不是意味着信息是可以计量的？

对于后一个问题，答案是肯定的，前面提到，信息的单位是比特。这并非本书的重点，我们只需再了解一下"什么是噪声"，从定性的视角来认识一下信噪比即可。

对于噪声，应该不难理解，你听到一段声音很嘈杂，嘈杂的那部分就是一种噪声。但在信息论里，噪声不一定是声音，而是泛指一切不含有用信息、会带来干扰的内容。比如，在上述黑箱的例子中，如果"A球在左边"是准确的信息，但同时另外一个人对你说"A球在右边"，无论那人用语言或文字的方式告诉你，这都可以被理解为是一种噪声。又如，在股市中，明明有利空的消息，股票可能大跌，但有人告诉你"股票明天一定会涨"，那同样也是噪声。

当然，在一段内容中，往往既有信息，又有噪声。这就是需要用信噪比这个指标来评估一段内容的信息质量的原因。信噪比越高，信息质量就越好；信噪比越低，信息质量就越差。

现在，你应该可以理解，为什么张一鸣在评价微博信噪比高后，会愿意继续看微博了。当然，张一鸣说这段话的时候是在 2011 年。

3）什么是冗余度

信噪比是评估信息质量的一个指标，而冗余度则是评估信息含量的一个指标。那具体什么是冗余度？简而言之，冗余度是指在一段内容中，信息冗余所占的比例。那什么又是信息冗余？

信息冗余主要是指信息中不能起到降低不确定性作用的内容，或者信息重复表达的部分。

还是以前面的黑箱为例。尽管有人告诉你"A球在左边",但如果他这么表述:"这里总共有10个黑箱,我给了你其中一个黑箱。每个黑箱的情况不一样,但给你的这个黑箱A球在左边。"可以看出,他前面的几句话是介绍背景的,只有最后那句话才消除了不确定性。所以,除最后那句话之外,其余部分都是冗余。另一种情况是,一个人连续重复三次"A球在左边",重复表达的两次也是冗余。

需要说明的是,相比噪声,冗余是一个范围更广的概念,在一段内容中,只要不是信息,都可以称之为冗余。所以,噪声也是冗余的一部分。通过上面的介绍你可以知道,冗余度越低意味着在一段内容中信息含量越高。

那是不是意味着没有冗余的信息就是最好的呢?答案:并不是。尽管冗余度低,信息量就高,但冗余度过低,也容易造成传播中的风险及信息理解困难。

比如,连续重复三次"A球在左边",尽管冗余度高,但这样可以确保信息传递无误。如果仅仅讲一次"A球在左边",一旦某个字表述错误,就将造成误解。

类似地,如果一段内容全部都是信息,而且都是你不知道的内容,那会让你难以理解。而在一段内容中有冗余的话,虽然信息量会减少,但相对好理解。以本书的行文为例,书中其实有大量的连接词,如"举例而言""换言之"等。从信息论上来说,这些连接词没有任何信息量,都是一种冗余,但是如果删除了,你阅读起来就会觉得不通顺,也影响理解。

尽管冗余没有信息量,但冗余有助于信息的传播,也有助于信息的理解,因此信息冗余度也不能过低。

3. 从信息论视角认识知识的意义

大致了解了信息论,那么信息论到底对我们有什么意义呢?

其实,前面介绍的哲学、心理学知识,只是让我们知道了信息是如何产生的,信息论则可以让我们知道知识的内容是什么。这就像某种食物,哲学和心理学让我们知道了加工的工艺和过程,而信息论则可以让我们知道它的具体成分和原材料是什么。当然,除信息之外,知识还包括其他的内容,这个我们在后面介绍"从计算机科学视角看知识"时再提及。

除了知识的内容,信息论还可以给我们提供一套知识评估的工具。这套工具也将大幅提高我们的学习效率。

1)认识知识的内容和重要功能

很多人认为"知识无用",然而,如果认识到知识的重要构成是信息,就会知道,不是知识无用,而是他们没掌握正确的知识。从信息论的视角来看,是因为他们所获取的信息量不够,信息质量不佳——冗余度过高,信噪比过低。

举例来说。我们都知道创业是一件高风险的事情，有很大的不确定性。但从信息论的视角来看，不确定性高、失败率高，是因为信息量获取不够而造成的。如果获取足够的信息量，可以大幅降低不确定性，提高成功率。

回到生活中的场景，这应该不难理解。很多人之所以创业失败，是因为他们对所处的行业不懂，或者没有创业经验。如果一个人在某个行业磨炼很久，又或者有丰富的创业经验，那么即便无法确保成功，至少成功的概率也会大幅提高。

创业成功与失败，其原因本质上就是获取信息量的多少不同。一个人因为有丰富的经验，获取了足够的信息，因此不确定性大幅下降；而对于新手而言，对行业了解很少，信息量不够，自然不确定性就会很大。

这里再举一个例子。在创业初期，张一鸣预计在创业五年后，DAU（日活跃用户数量）可以达到 1 亿人次，而在五年后，今日头条果真达到了 1 亿人次的 DAU。

这件事情虽然看起来很不合乎常理，也存在很大的偶然性，但如果从信息论的视角来看，至少逻辑上是可以理解的。因为张一鸣有足够的信息量，所以他在进行推测时，不确定性大幅降低了。

除创业之外，其他领域绝大部分的失败，其实也可以理解为由于知识中的信息量不够，或者信息质量不佳所导致的。

比如，为什么有人股市投资会成功，而绝大部分人会失败？因为绝大部分人对于股市的信息量获取不够，对股市一无所知；又或者，他们总是喜欢道听途说，所获取的信息信噪比极低，甚至全是噪声。

又如，为什么很多人学习不好？深入来看，其实也可以说绝大部分人对于学习的信息量获取不够，于是学习的收益对他们而言就成了一件很不确定的事情。如果一个人对学习的认识能有本书中这么大的信息量，那么大概率他的学习会是完全不一样的结果，学习成功的可能性也就越大。

所以，在绝大部分情况下，人之所以说"知识没用"，不是知识真的没用，而是他没有掌握正确、有效的知识，信息量不够或者信息质量不高所导致的。

2）掌握知识评估的工具

从信息论的视角认识知识的另一个重要价值是，我们可以从信息量、冗余度、信噪比等维度来评价知识。

在信息时代知识大爆炸，但知识的质量良莠不齐，我们急需一套方法和工具来评估知识的质量。信息论中的上述三个概念，给我们提供了很好的评估工具。尽管从定量上来看，具体如何评估某份材料的信息量、冗余度、信噪比并不容易，但仅在定性上有所认识，也已经能给我们带来极大的帮助了。

正如前面所引用的张一鸣的微博，他分别用信噪比、信息量、知识含量对学习的对象进行了评价。因为他在学习之前会先用信息论来指导材料的筛选，所以他的学习效率和收益才远胜他人。而你要做到这一点，同样也不难。

以信噪比为例。我们知道信息是降低不确定性的，换言之，一段材料只有真实、明确、无误，才可能称为信息。所以，当我们看一些热点新闻时，你会发现，在官方和权威的结论出来之前，绝大部分的报道和分析其实都是噪声，或者至少信噪比很低。有人或许会问：那怎么确保官方和权威的结论一定是真实的信息？确实，我们无法保证，但至少从信噪比上来说，它应该是最高的。

再以冗余度和信息量为例。正如张一鸣所说：知识含量最高的是教科书，而很多的畅销书则信息量少、冗余度高。如果从信噪比来看，教科书也是信噪比最高的。所以，当你真的想去学习一些知识时，教科书是很好的资料。

当然，我们不一定如张一鸣所说，都去看教科书。前面已经谈到，教科书尽管冗余度低，但我们理解起来相对困难。尽管如此，但在筛选书籍和材料时，有了冗余度的概念，我们就能更好地进行筛选。

正是有了冗余度和信噪比这两个指标，我在写作本书收集材料时，才能尽可能寻找低冗余度、高信噪比的信息。而这本书，我也希望能成为一本冗余度低、信噪比高的书，这也是我努力的方向。

3）提升学习的效率和收益

当你能够对信息进行评估、筛选时，你的学习效率和收益自然就能提高了。

对于学习的效率，人们其实有着很多的误解。以读书为例。一谈到效率，人们往往会想到读书的速度，于是有人专门去学习速读的方法，希望一目十行。然而，相比阅读速度，对阅读对象的筛选和取舍才是效率的关键。你阅读的速度再快，但阅读的材料信噪比低、冗余度高，那学习的效率还不如拿到一本更优质的书籍，慢慢读，一字不差地读。

如你所见，本书融合了多个学科的知识，其中固然有我过去的很多积累，但很大一部分是我在写书这一年半的时间内所学习的。之所以我能在这么短的时间内学习这么多学科知识，并不是阅读速度有多快，关键在于前期的筛选和取舍。我阅读的都是信噪比高、冗余度低、信息量大的材料，即便阅读速度再慢，甚至一本书读上十来遍，那也远胜仅有速度而不讲究质量的阅读方式。

你如果也开始先评估材料再进行学习，即便速度没有改善，相信学习的效率也必然有大幅的提高。

五、从计算机科学视角看知识

前面提到，埃隆·马斯克说："教育是将数据和算法下载到大脑的过程。"尽管我们已经从多个学科的视角认识了知识，但对这个观点，似乎仍然难以理解。

什么是数据？什么是算法？教育为什么又是下载数据和算法到大脑的过程？要回答这些问题，我们需要从计算机科学的视角再来认识一下知识。

1. 信息、数据和知识

我们先来探讨一下数据。有了前面基础知识的学习，数据就变得比较好理解了。数据，简单而言，是"信息"加上"信息冗余"。这也是为什么我前面会说，广义上的信息，更准确地说，应该称之为数据。因为我们在日常生活中所谈到的信息，都必然包含信息冗余。我们在形容海量的资料时，会称之为"大数据"，而不是"大信息"，也是这个原因。

所以，信息和数据的关系是：数据是加入了冗余的信息，而信息则是剔除了冗余之后的数据。

既然数据包含信息，知识也包含信息，为什么还要单独探讨数据和知识的关系？答案是，因为数据中除信息之外，还有另一个重要的部分——数据结构。这也是知识中除"信息"之外的另一个重要组成部分。

在计算机科学中，数据结构对于数据而言至关重要，它会极大地影响数据的质量，以及后续对数据的进一步处理。当然，数据结构在计算机科学中是一个非常复杂的概念。这里我只是想通过类比，让你知道有结构类的知识，并不打算进一步展开介绍。

对知识而言，我们很少关注结构的重要性，但其实结构类知识至关重要。

一方面，结构类知识可以帮你更好地组织和加工信息。比如，本书的内容，就是用经典的"黄金三角圈"这个结构来组织的。黄金三角圈，是指我们可以从为什么、怎么做、是什么（why、how、what）三个角度来梳理和组织信息。

本书中，第一章、第二章探讨关于"是什么"的问题，即学习是什么、学习力是什么；第三章、第四章探讨"为什么"的问题，即从神经科学和心理学等学科上来看，学习为什么是这样的；第五章、第六章、第七章探讨"怎么办"的问题，即具体怎么学习的问题。通过这样的结构，我得以很好地对信息进行组织和加工，才使整本书的内容更好地呈现。

另一方面，用结构类知识来组织信息，可以让我们更好地记忆知识，降低记忆的难度。此前，我谈到信息的组块化，其中一种重要的组块化方式就是通过结构类知识进行的。

比如，本书的知识，除用"黄金三角圈"进行组织之外，还用了"硬件、软件、方法"这种计算机对应的结构来组织信息。如果多看几遍本书，你就可以很好地用这种结构对知识进行组块化，从而大幅降低记忆的难度。而且，将知识按照一定的结构梳理，除有助于记忆之外，也更有利于调取信息。因为此时你所掌握的信息不再是碎片化的，而是一个有机的整体。

当然，知识的结构还有很多，包括时间轴结构、金字塔结构等，这里不一一列举了。至少我们需要知道，结构是知识的重要组成部分。

2. 算法和知识

算法同样是计算机科学中的一个重要概念。要非常严谨地讲清楚算法，并不是一件容易的事情。与结构类似，我们大致有所了解即可。算法，简单而言，可以理解为解决问题的特定的、模型化的步骤和方法。

我讲一个故事，应该可以让你比较容易地了解什么是算法，以及算法的价值。

数学家高斯在上小学的时候，老师出了一道数学题，让全班同学从1加到100。绝大部分学生都是按照顺序逐个来加，而高斯的做法是，先让1加100，然后再将加出来的和101乘以50，从而快速得出答案。这种与众不同的解题方法就是一种广义上的算法。当然，严格来说，算法比上面的例子要复杂得多，但底层的逻辑是一样的。

通过上面的故事，你可以知道，算法和信息是有很大不同的。信息告诉我们是什么、为什么，从而降低不确定性；算法则指导我们怎么做，从而更高效地解决问题。前者是解决"懂不懂"的问题；后者则是解决"会不会"的问题。

之所以特别强调算法类知识，是因为算法类知识的学习和应用可以极大地提升我们解决问题的效率。正如计算机科学家吴军所说：算法的不同，是一种数量级上的差异。一个人可以因为仅仅用了不同的算法，从而使他在工作效率和产出上实现重大的提升。

比如，通过高斯的故事可以看出，算法不同，效率是有巨大差别的。事实上，在人类的历史上，也曾因为类似这种算法的改变，极大地推动了人类的进步。

笛卡儿除了是哲学上唯理论的代表人物，也被人誉为"近代科学的始祖"。他之所以能获得如此高的评价，就是因为他在《谈谈方法》一书上，第一次提出了近代科学研究的系统方法。在《谈谈方法》一书中，他将自己的方法归纳为以下四条。

> "第一条，凡是我没有明确认识到的东西，我绝不把它当成真的接受。也就是说，要小心避免轻率的判断和先入之见，除了清楚分明地呈现在我的心里、使我无法怀疑的事情，不要多放一点东西到我的判断中。

> "第二条，把我审查的每一个难题按照可能和必要的程度分成若干部分，以便一一妥善解决。
>
> "第三条，按照次序进行我的思考，从最简单、最容易认识的对象开始，一点点逐步上升，直到认识最复杂的对象；就连那些本来没有先后关系的东西，也给它们设定一个次序。
>
> "最后一条，在任何情况下，都要尽量全面地考察，尽量普遍地复查，做到确信无误。"

以上四条，尽管现在看来并没有特别之处，但在人类历史上，第一次系统、严谨地提出了研究的方法，正是这种方法极大地推动了科学的发展和进步。

如果以上的内容还让你对算法的理解有些困难，你可以大致将算法理解为一种方法论的知识。在企业的管理中有大量的这类知识，如前面提到的丰田公司的"5why 分析法"，就是一种经典的算法类知识。

所以，算法同样是知识中至关重要的部分，也是我们必须关注和学习的内容。

3. 从计算机科学看知识的意义

现在，你应该理解了为什么埃隆·马斯克会说"教育是将数据和算法下载到大脑的过程"。从计算机科学看知识的意义在于，它让我们知道了过往知识的学习中的盲区。因为过往我们主要学习的是信息类知识，很少关注和学习结构类和算法类知识。

在学校里，我们所学习的各个学科的知识主要是一种信息，考试也主要以检验信息类知识为主。在社会中，我们说一个人博学，往往也是在强调他掌握了很多的信息。

如果我们花一些时间来学习结构类知识和算法类知识，那会让我们更好地组织信息和记忆信息，也可以大幅提高我们的工作效率和工作质量。

很多人之所以说"知识无用"，除没有能力去区分信息、冗余和噪声，获取的信息质量不高外，另一个很重要的原因，则是很多人从未学习过结构类知识和算法类知识，也没有用过这两类知识。

六、知识的学习的原理

在系统地认识了知识之后，我们就可以来探讨一下知识的学习的原理了。而为了更直观地认识知识的学习的原理，我依然尝试用一个模型（见图 5.1）来概括知识的学习的完整过程。

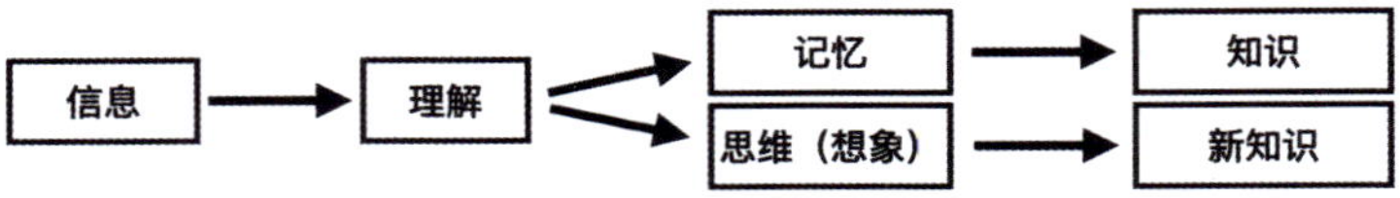

图 5.1　知识的学习模型

1. 知识的学习模型的介绍

如你所见，在图 5.1 所示的模型中，输入一端我用"信息"进行了表示。需要说明的是，这里的信息是广义上的。严格来说，这里用"数据"来形容更贴切，但为了符合我们日常的用语习惯，这里用"信息"来表示。

在信息输入之后，首先是"理解"的环节。至于为什么第一个环节是理解，我们此前探讨过，真正有意义的学习需要将外部输入的信息与原有的认知图式产生关联，这就是一个理解的过程。

在理解之后，我区分了两条路径：一条是通过记忆，对外部输入的信息予以存储；另一条是用思维（想象）对信息进行加工，从而收获新知识。对于通过加工获得新知识的路径，此前已经有了较多的介绍，第七章还会涉及，此处不再展开。

这里我们重点探讨一下"记忆"环节。首先，这里的记忆是指长时记忆，因为短时记忆对于学习的价值有限。其次，这里的记忆是以理解为基础的，当然我们也有必要用符合大脑特征的方法来加强记忆。

总之，要真正地学习知识，我们既需要理解知识，也需要形成长时记忆，这样我们才能进一步应用知识。

2. 超级记忆术

尽管我们已经介绍过记忆和理解的差别，也强调过知识的学习要以理解为前提，但相信很多人依然会坚信记忆对于学习的重要性。尤其是近几年，随着《超强大脑》等节目的热播，更多人知道了超级记忆术的存在。因此，这里有必要介绍一下超级记忆术到底是怎么回事。

需要说明的是，超级记忆术是客观可行的。超级记忆术，其实是指一整套特别的记忆方法。人在掌握了超级记忆术后，可以做到几分钟记住一副扑克牌的顺序，一个小时记住数千个数字，一天时间将《道德经》倒背如流。不可否认，这套记忆术是科学的，普通人经过系统的训练，也是很有可能掌握的。很多记忆大师，其实也都是普通人经过训练后而成的。

如果你深入了解，可能也会产生疑问。尽管很多人记忆力极强，但似乎并不能很好地应用记忆力；在各行各业的高手中，也很少见到有人是因为学过超级记忆术而成功的。这背后的原因是什么呢？

其实，如果你知道了超级记忆术这种记忆方法，再结合本书的内容，是可以得出答案的。超级记忆术主要是通过图像化的方式来记忆。其中，最为典型的是一种被称为"宫殿记忆法"的方法。

宫殿记忆法具体的内容如下所述。首先，你需要在大脑里用图像构建一个宫殿，越具体、越形象越好，并且你需要不断重复，将这幅图像完全记住。然后，在遇到需要记忆的对象时，你将记忆的内容图像化，并且依次序摆放在大脑已有的宫殿里。因为信息是依次放在大脑宫殿里的，所以当你回忆时，就可以快速提取这些信息了。

结合前面的知识，你可以知道，在这个过程中，其实被记忆的内容是没有被理解的。因为它没有与大脑原有的认知图式形成连接，而仅仅和图像化的宫殿形成了连接。这也是"尽管内容可以被超级记忆术记住，但难以应用"的原因。

超级记忆术最大的价值，是用于记忆一些没有意义的数字、扑克牌等。而如果想学以致用的话，这种超级记忆术的价值有限。

所以，这也是尽管超级记忆术确实非常厉害，但在图 5.1 所示的模型中，第一个环节我依然用"理解"来表示的原因。

3. 理解知识的学习模型的意义

理解这个学习模型有什么意义呢？如果我们真正理解了这个模型，至少有两个方面的启发。

首先，从模型中可以看出，知识的学习的起点在于输入的信息，所以如果想全面探讨知识的学习，如何选择和输入信息、输入什么信息，以及通过什么媒介输入信息，是我们需要重点关注和探讨的。这也是本章第二节的核心内容。

其次，在学习知识时，除输入信息之外，中间的环节也至关重要。很多人在进行知识的学习时，往往仅关注了输入，而忽略了理解、记忆等中间处理环节。

其实，很多博学之人，除博览群书，在输入信息的质和量上优于他人之外，在对知识的中间处理环节也是远胜他人的。换言之，博学的人固然有他的天赋，但同时也往往比其他人更勤奋，用更好的方法进行学习。这里可以以钱锺书先生为例，看看对知识的中间处理环节的重要性。

钱锺书被称为中国最为博学的人之一，在很多人看来，那是因为他记忆力超群、过目不忘。当然，这离不开他的天赋和勤奋，但其实也和他更优质的信息处理方法关系密切。

杨绛先生描述：钱锺书好读书，肯下功夫，不仅读，还做笔记；不仅读一遍、两遍，还会读三遍、四遍，笔记上还会被不停地添补，所以他读的书虽然很多，也不易遗忘。杨绛先生曾说："钱锺书做笔记很费时间。锺书做一遍笔记的时间，约莫是读这本书的一倍。他常说，一本书，第二遍再读，总会发现第一遍的疏漏之处。最精彩的句子，他往往要读几遍才能发现，慢慢就养成了读书做笔记的习惯。"

钱锺书一生的笔记分为外文笔记、中文笔记和日札三个部分。在他离世后，杨绛先生对他的笔记进行整理，仅《中文笔记》部分就被杨绛编为 9 本残页、25 本大本、38 本硬皮本和 11 本小本，共 83 本，其中涉及 3000 种以上中文著作及少量外文著作。

可以看出，钱锺书之所以如此博闻强记、学贯中西，除读书量大之外，和他的读书方法也密不可分。对于绝大部分人而言，即便资质普通，如果能像钱锺书一样深度阅读，相信读书的收益也会有质的改善。当然，这是钱锺书先生的学习方法，你并不需要照搬，但可以借鉴。在本章第三节中，我也将针对此学习方法及背后的原理进一步展开介绍。

第二节　学什么？管理你的输入源

前面我们谈过，人输入信息和吃食物颇为相似，前者使大脑神经元连接得以生成，后者使人体的骨骼、肌肉、脂肪等得以生长。食物中的营养物质，我们知道分为蛋白质、脂肪、维生素等多种类型，每种营养物质也都有相应的功能，但对于信息，却很少有人关注过它的不同类型，以及由此产生的不同功能。

弗兰西斯·培根在他的随笔《谈学养》中写道："历史使人明智，诗歌使人韶秀，数学使人缜密，科学使人深沉，伦理学使人庄重，逻辑学使人善辩，学养终成性格。不仅如此，神智上的障碍皆可通过适当的学养来根治，恰如身体上的疾病，都由相应的运动来治愈。"从信息的视角来看，其实弗兰西斯·培根谈的就是信息的不同类型和功能。

当然，这是弗兰西斯·培根的一个观察角度，是从学科的视角对信息所进行的分类。除了弗兰西斯·培根的分类方式，信息还有其他很多的分类方式。在本节中，我们重点探讨的是，如何分类信息以有助于提高学习的收益和效率。

在之前的内容中，我们介绍过《如何高效学习》一书的作者斯科特·杨超强的自学能力。他自学的一种重要方法就是对输入的信息予以分类，并用不同的方式处理。斯科特·杨的分类方法对我们有很大的启发和借鉴作用。因此，本节我将参考斯科特·杨的分类方式，谈谈如何针对不同类型的信息，采用不同的方式进行学习。

除了信息的分类，信息的媒介也时常被我们忽略。在某种程度上，我们可以说信息媒介比信息内容对人的影响更大，因为人都是通过特定媒介接收的信息，而媒介决定了信息的类型、内容。因此，你接收什么信息，在很大程度上是由你接触的媒介决定的。比如，你一直在刷抖音，那你必然接收的是碎片化的、偏情绪化的、故事性的信息。

因此，在探讨如何对输入的信息予以管理时，我们有必要了解和认识一下信息的类型及信息媒介。

一、信息的分类和处理

在《如何高效学习》一书中，斯科特·杨将信息分为随意信息、观点信息、过程信息、具体信息及抽象信息五类，并指出需要用不同的方式来处理不同的信息。

需要说明的是，由于斯科特·杨的视角仅以学校中知识的学习为主，因此他所探讨的内容仍有一定的局限性。而本书探讨的知识外延更广，包含了斯科特·杨所探讨的部分，但又不仅限于他所探讨的。因此，以下内容以斯科特·杨对信息的分类和处理方式为基础，但有我个人的不少补充。

1. 随意信息

随意信息，是指一系列的事实、日期、定义、规则等，如某个历史事件发生的年份和日期、人体有多少根骨头等。在学校期间，这类信息会成为考试的内容，但进入职场，则相对较少接触。

这类信息尽管比较容易理解，但往往不具有特定意义，因此难以与其他信息关联，通常只能进行机械的重复记忆。当然，你也可以用一些记忆方法进行记忆，如前面提到的超级记忆术，就是记忆这类信息的好方法。斯科特·杨也提到，他通常用联想法、挂钩法及压缩法等记忆这类信息。

虽然这些单独的信息没有含义，但随着你掌握的信息量增大，随意信息之间其实也可以产生一定的关联，从而有助于记忆。比如，当你知道了秦朝建立的时间是公元前221年之后，你也知道秦朝很快灭亡了，那么对于汉朝建立的时间是公元前202年,你就能更好地理解和记忆了。而当你知道了东汉的建立时间是公元25年，又知道了罗马帝国是公元前27年建立的，那么你就知道了原来它们的建立时间仅仅相差50多年，这也有利于你记忆相关知识。

2. 观点信息

观点信息，是指对于事件、人物或事物的观点。这类信息非常常见，也是我们需要重点探讨的，因为人类很大一部分的知识，都是由观点信息构成的。需要注意的是，不少书籍通篇就只有一个或几个观点，书中大量的案例、素材，往往都只用于论证某个观点。

在学习观点信息时，人很容易犯的错误是，仅仅记住了观点，而未能理解背后的推理和论证过程，或者因为和自己的原有观点不同，就排斥某个观点。由于大量的知识都是由观点信息构成的，人又常犯上述两个错误，这也导致了很多人看似读了不少书、学了很多知识，但收效甚微。

学习观点信息，重要的不是你接受或者记忆了某个观点，而是你理解了观点背后的推理和论证过程。正如查理·芒格所言："如果我不能比这个世界上最聪明的人还能更好地反驳我自己拥有的观点的话，我就不配拥有这个观点。"

如果你仅仅靠记忆来学习观点信息，那收获将会非常有限。举例来说，很多人应该都背诵过马克思主义哲学的这些观点：世界是物质的，物质是运动的，运动是有规律的。这可以认为是观点信息，因为这是一种世界观。

但在我接触的人中，极少有人会运用这些观点。因为绝大部分人只是记忆，并没有深刻地理解观点背后的推理和论证过程。如果他真的理解了，并且能够应用这些观点，将会产生完全不一样的价值。

其实，如果一个人理解了观点信息背后的推理和论证过程，那到处都是学习的机会。因为在信息时代，我们随时能看到各种优秀人物的言论和观点，如果你能够尝试理解，甚至自行推导观点背后的论证过程，那将让你迅速成长。

以我个人举例。如你所见，本书中的很多知识，都是我拆解了一些优秀人物的观点所得出的。如果我没有理解观点背后的推理逻辑，仅仅是记忆，又或者因为和我的观点不同而反对或排斥，那我不可能收获如此之大。

认识和了解观点信息，除了让我们用更正确的方法学习，其实还可以帮我们提升学习效率，尤其是阅读的效率。如前所述，现在不少的书籍或文章，通篇可能仅仅是为了证明某个观点。如果你对这些观点有自己的思考和论证，完全可以略过这些素材、案例，从而大幅提升阅读速度。

3. 过程信息

过程信息，是指教你怎样思维或者行动的信息，包括各种思维策略、方法论、一系列的动作、操作技巧等。我们所学的关于能力、技术、方法的知识，很大一部分都属于过程信息。本章第一节所谈到的算法类知识，也基本可以归类到过程信息。

需要说明的是，这里所探讨的信息分类是以实用为目的的，所以不同类别之间也可能存在交叉。有些知识可能既是观点信息，又是过程信息。比如，《高效能人士的七个习惯》的作者史蒂芬·柯维总结的第一个习惯是"以终为始"，即高效能人士都是先确定终点和目标，再考虑开始做什么。你可以将这个知识理解为观点信息，同时也可以将其视为过程信息，并以此指导你的思维和行为。

对于过程信息的学习，最重要的学习方式是练习和实践。但人们很容易犯的错误，是以为仅仅记忆或者理解就足够了。这就好像你学了游泳的知识，如果仅仅是记忆了或者理解了，但没有练习、没有实践，那并没有什么意义。类似地，本书很多关于学习的方法和技巧也都属于过程信息，如果没有练习和实践，其价值同样有限。

对于过程信息而言，即便只是进行部分的练习，也能产生很大的价值。赵周在《这样读书就够了》一书中提出了这样的理念——读书不用通读全书，只需将重要的内容拆出，理解并实践应用即可。这种与传统有所不同的读书理念，让很多人获益巨大。

不过，需要注意的是，过程信息可以说是最适合"拆"的信息，而其他的信息则不一定适合。因为其他信息被"拆"之后，很容易出现信息的损失和扭曲。

4. 具体信息

具体信息，是指我们在生活中可以看到、听到、接触到的，与感官直接联系的信息。一个人在日常生活中所接收到大部分信息，包括看到的物品、环境、画面，听到的他人的经历、故事，都属于具体信息。

具体信息是我们最容易理解的信息，因为它足够直观。需要注意的是，由于绝大部分信息我们都是通过语言和概念来表达的，而语言和概念具有抽象性，因此即便是具体信息，通过语言呈现时在一定程度上也已经变得抽象化了。

对于具体信息的学习，最适合的方式是自己去体验、去感受，或者自己去想象具体信息对应的场景。举例来说，在学习和背诵一些描写景色的古诗时，如果能让学习者观看视频、图片等，或者让他们想象那个场景、感受那个画面，那学习效果将会更好，也会更容易记忆。又如，我们读历史书籍、读小说的时候，相对于仅仅阅读，如果能将自己代入相关情节，体验人物、角色的经历、感受、纠结，那也会让自己有更多的收获。

对于具体信息，需要特别提到的是，它具有其他信息所没有的一个重要特征——更强的情绪触动能力。情绪触动是人发生行为改变的重要原因。

人很难被一个观点或者一个抽象的理论所触动，但人却很容易被一段经历、一个故事、一场电影所触动。在第四章中提到的王金战等人，他们就是因为被具体信息触动而发生了改变。雷军说，对他影响最大的书是《硅谷之火》，之所以那本书会触动他，也是因为书中有大量硅谷创业者的故事。

对我们而言，如果了解了具体信息的这个特征，其实是可以刻意应用的。比如，当我们说知易行难，又或者想做出一些改变时，去接触更多的具体信息，去经历一些事情、看一场电影，或者读一些人物传记、小说，相比听抽象的道理和理论，这应该是更好的方法。在第六章"行为的学习——收益最直接的学习"中，我们也会进一步探讨。

5. 抽象信息

抽象信息，主要是指缺少与感官直接联系的信息。比如在数学、物理、心理学、哲学等学科中，很大一部分内容都是抽象信息，其中有大量的原理、理论、公式等。前面提到的数据结构，也可以视为抽象信息的一种。

相比具体信息而言，抽象信息往往具有很强的逻辑性，而且由于难以被感官直接感受，所以相对难理解。因此，在学习抽象信息时，重点同样不是记忆，而是了解背后的逻辑，并理解其中的推理和论证过程。绝大部分人学过数学，应该很容易理解这一点。不过，在学习抽象信息时，如果我们能和具体场景结合起来，那么同样有助于理解。比如，我们在讲一个理论时，结合一些案例会有助于理解。

除了逻辑性和抽象性，抽象信息还具备了其他信息所没有的一个重要特征——概括性。所以，抽象信息往往具有很强的普遍适用性，物理、数学等学科中的公式、定理就是典型的例子。一个人如果善于学习和处理抽象信息，往往也意味着他的逻辑能力更强、思维质量更高。

现在有些人提出：在学校中学的数学没用，在生活中用处也不大。其实，他们并没有理解抽象信息的价值所在。对数学等学科的学习，恰恰是训练一个人逻辑思维能力、抽象概括能力的绝佳方式。一个人如果一直接触的都是具体信息，那他容易变得过于感性、情绪化，思考的质量和能力也会受到影响。

二、信息的媒介和形式

媒介理论专家马歇尔·麦克卢汉在他的名著《理解媒介：论人的延伸》一书中提出，人们对于媒介转变带来的影响，基本是无意识的。马歇尔·麦克卢汉的观察和归纳，可以说是很精准的。对于我们来说，一个典型的例子是，当短视频兴起之后，人们花费了越来越多的时间在观看短视频上，但对于转变的过程，确实基本上是无意识的。

正是这种对信息媒介转变的无意识，在学习时，人们也很自然地从一种媒介转变到另一种媒介，却很少考虑可能产生的影响。比如，随着音频、视频的兴起，越来越多的人选择用音频、视频来学习，但对于由此在学习方面的收益及效率上的差别，人们很少关注。

本节我们主要探讨的是信息的输入和管理，因此不同媒介对信息所造成的影响，也是我们必须关注和探讨的话题。

需要说明的是，随着时代的发展，信息媒介的类型被极大丰富了。就视频媒介而言，有电影、电视、长视频、短视频等多种类型。虽然都是视频媒介，但每种类型对信息的具体影响也有所差别。就本书而言，我无意也无法做出过于细致的探讨。因此，以下只是相对粗略地将媒介分为文字、视频、音频、真人。由于文字是最重要的媒介，因此进一步被拆分为书籍和文字媒体。图片信息尽管很重要，但并非学习的重点媒介，所以本书没有进行探讨。

此外，正如马歇尔·麦克卢汉所提出的，一种媒介会成为另一种媒介的内容。所以，尽管有上述这种分类，但媒介是有一定包含关系的。比如，音频包含了文字，而视频包含了文字和音频、图片等。不过，虽然有这种包含关系，但各种媒介也依然表现出了自身的独特性。

1. 书籍

书籍是我们较为熟悉的信息媒介，也是在学习知识时最为重要的信息载体。无疑，作为信息的载体，书籍具有不可替代的优势。无论是所能承载的信息类型、信息量、信噪比，还是知识的结构化、系统化，书籍都具有其他媒介难以比拟的优点。而且，相比其他媒介，书籍尤其适合记录和呈现抽象信息。人类的知识财富，也主要以书籍的形式体现、传播、传承。

一个人如果擅长阅读书籍，主要通过阅读书籍的方式来获取信息，那么他的学习效率也往往大幅超越他人。比如，李笑来就说自己的学习成果都是依靠读书而获取的；埃隆·马斯克说他自学的效率比到学校上学要高很多，方法之一就是大量阅读。而且，也是因为书籍的知识更结构化、系统化，承载了更多抽象信息，所以喜欢阅读的人，在知识的系统化、结构化及思维能力上，也往往优于他人。

但也需要了解的是，正是书籍所承载的信息具有上述特征，所以通过书籍进行学习是有一定门槛的。这也是很多人不喜欢阅读，而选择通过视频或者音频来学习的重要原因。

一方面尽管书籍可以承载的信息类型非常丰富，但对于具体信息、过程信息而言，通过视频、真人等媒介其实更容易表现。比如，书籍固然可以表现一部小说的内容，但如果拍成一部电影或电视剧，那会更为直观；又如，对于一些技能和方法，看书总不如有人直接给你演示或者看视频来得高效。

书籍另外一个方面的问题在于，门槛比较高、创作周期长，书籍所承载的信息具有一定的滞后性。比如，前面我引用了埃隆·马斯克、张一鸣等人在相关媒体上对知识和学习所发表的观点，这种独特的信息如果没有人对其进行专门的梳理、记录，我们也很难在书籍中看到。

因此，我们一方面需要了解书籍这种媒介的独特优势，另一方面也需要认识到它所存在的不足。当然，这种不足是可以通过其他媒介来弥补的。

2. 文字媒体

这里的文字媒体是一种广义上的，既包括纸质的各类报纸、杂志，也包括互联网上的各种网站、自媒体。

虽然文字媒体也是一种文字表现形式，但相比书籍，它有着属于自身的特征。在所承载的信息上，文字媒体相对碎片化，而且信息量、信噪比都偏低。这就要求我们在阅读这类媒介中的信息时，要具备更强的信息识别和筛选能力。因为很多内容在文字媒体发布不久之后，就可能被颠覆、被修正，又或者内容本身毫无信息量，只是一种猜测或者情绪的表达。

尽管文字媒体有上述缺陷，但就实时性而言，是书籍所无法比拟的。一些研究成果、观点、事件，都会通过文字媒体来表达、传播。所以，如果我们需要一些前沿的信息，这种媒介是我们所不能忽视的。如你所见，在本书中，我所收集的不少信息也是通过此类媒介获得的。这也是在微博发展之初，张一鸣会评价微博信噪比高的原因。

总之，文字媒体也是我们不能忽视的信息媒介。不过，它可以成为一种必要的辅助和补充，但不应成为学习的一个主要渠道。而且，我们在学习时，也需要提高信息识别和筛选的能力。

3. 视频

视频是近些年逐渐兴起的用于学习的一种信息媒介。视频所能承载和记录的信息最为丰富，而且可以把语言、声音、画面、场景，以及人的动作、神情等完整地记录下来，表达也往往更口语化，信息更容易被理解。随着"慕课"等平台的崛起，很多视频的学习内容就是老师上课的录播，尤其是一些名校老师的录播，所以视频信息的质量也是其他媒介所难以比拟的。

相比阅读，现在越来越多的年轻人倾向于用视频这种媒介来学习。据说，很多年轻人现在虽然读书不多，但会通过B站这类网站来学习。

此外，随着短视频的兴起，用视频学习的趋势也进一步提升。因为短视频为了增强吸引力，会尽可能地在短时间内用通俗易懂的方式讲解一两个知识点，让人更容易学习，使学习的压力不那么大。

但需要注意的是，虽然视频是一种绝佳的信息载体和学习资料，但它依然没有书籍的一些优势。比如，就知识的系统化、结构化而言，视频上的信息是明显不足的。尤其是短视频上的信息，虽然单个知识点易懂，但基本是碎片化呈现。而且，因为视频信息的表达门槛低，导致信息的信息量、信噪比都偏低，尤其是短视频的崛起更加剧了这种状况。

此外，还有一点不能忽视的是，相比阅读书籍，观看视频是一个被动的过程，人的参与程度、主动思考的可能性都会降低。这也使得即便都是优质的信息，通过视频学习和书籍学习仍然有着很大的差别。

所以，视频可以成为我们学习非常重要的一种信息媒介，但不应将其当成唯一的媒介。而且，我们应加强对视频信息的筛选能力，否则人所获取的信息质量会偏低，所掌握信息的结构化、系统化及对信息的理解深度，也都会存在问题。

4. 音频

音频也是近些年发展迅速的一种重要信息媒介。相比其他媒介而言，它最大的优势是获取和使用极为方便，在路途中、闲暇时间都可以随时收听。而且，音频上的信息表达也更为口语化，更容易理解。所以，这些年崛起的知识付费平台，绝大部分都是采用音频的方式，这也使得音频上存在其他一些媒介所没有的独特内容。

需要注意的是，音频同样有着自己的缺陷和不足。一方面，它和视频一样，相比文字媒体而言，都是一种被动获取信息的过程，人的参与度低，信息的结构化、系统化偏弱；另一方面，它也没有视频所承载的信息丰富、全面。

音频同样可以作为一种重要的学习媒介，尤其是可以作为碎片化时间的补充，是碎片化时间学习的绝佳媒介，同时音频上的独特内容还具有不可替代的价值。虽然如此，但音频不应该成为最主要的媒介方式。

5. 真人

真人是指将人视为一种传递信息的媒介。需要特别说明的是，在真人传递信息时，人们往往仅关注其中的语言信息。除了语言信息，一个人的行为和行为背后所隐含的性格、价值观，以及人与人之间的人际关系等，同样能传递重要的信息，或者至少对信息的接受产生重大影响。

比如，我们生活中的经验是，你的好朋友向你推荐一个饭菜味道不错的餐厅，会比你在网上看到的推荐信息更值得信赖。你身边的一个人即便很少和你交流，但你能看到他的行为、了解他的为人，他也能对你产生很大的影响。而且，在触动情绪上而言，真人信息是其他媒介信息所无法比拟的。所以，通常而言，身边人的言行相比读书、看视频等，会对你有更大的触动和影响。

因为真人媒介的上述特征，所以它具有不可替代的价值和功能。因此，我们同样不能忽视真人媒介。很多人说环境很重要或者希望加入一个优质的社群，本质上其实都想利用真人媒介的上述特征。马斯洛说他自学能力强，除了大量阅读，就是和人交流。这种交流就是从真人媒介上获取信息的过程。

当然，真人媒介也有其局限性，它所能承载和传播的信息有限，也在很大程度上受制于具体的人。除非你是埃隆·马斯克，能接触优质的人并获取绝佳的信息，否则普通人能接触的那些人所承载的信息，质量很有可能不高。

我们不能忽略真人媒介，而应关注它的重要价值和功能，同时我们也应避免过于依赖真人信息，以免获取信息的渠道过于受限。

三、管理你的输入源

通过前面的介绍，相信你可以看到，不同的信息、不同的信息媒介确实如不同的营养物质一样，会对人产生不同的影响。随着时代的发展，无论是信息还是信息媒介，都变得日益丰富、多元。这种丰富、多元，一方面极大地推动了人类社会的进步，另一方面也造成了很多新问题。这就要求我们，需要对信息的选择和输入进行管理。

仍以食物来类比。在人类社会发展的很长时间内，人对于吃什么、怎么吃并不会给予太多关注。因为食物基本都是纯天然的，而且人所追求的目标也只是吃饱就可以。但随着经济的发展、食物的丰富，人开始变得营养过剩，与此同时为了迎合人的口味，让人能更便利地获取食物，食品添加剂、垃圾食品等纷纷出现。

在《你是你吃出来的》一书中，作者夏萌认为，现代社会的绝大部分慢性病，如肥胖、糖尿病、高血压等，都是不良饮食习惯所造成的。这也对现代人提出了一个古人所未遇到的新问题：如何选择和管理食物的摄取，让人吃得更加健康。

人对知识的获取，几乎是一个完全一样的过程。在很长的时间内，我们都可以说"开卷有益"，但凡能够以书籍的形式呈现，能被老师传授给学生的基本都是优质的信息。但随着时代的发展，信息开始变得过载，而为了更好地达到传播的目的，为了满足人们对信息的需求，人类也创造出了类似食品添加剂、垃圾食品一样的娱乐八卦、热点新闻。这同样也给现代人提出了一个新问题：如何筛选和管理信息的输入以获取更优质的信息。

有意思的是，人在选择信息和食物时，似乎同样喜欢让自己感觉更好但质量更低的对象。相对于健康食品，人通常更喜欢含各种食品添加剂的食物和垃圾食品；而相对于高质量的信息，人也往往选择谣言、娱乐八卦、热点新闻等信息。

人们对于营养过剩的后果，对于食品添加剂、垃圾食品的危害，已经开始有所意识，甚至对食品添加剂和垃圾食品从立法上进行了一定程度的管制，但人们对于信息中类似内容给人带来的影响却未产生足够的重视，也很少主动采取措施进行管理和筛选。

因此，我们有必要如管理食物摄取一样，更有意识地管理信息输入。至于如何管理，这是一个相对复杂的问题。结合前面的内容，这里可以做一个大致的介绍。

首先，在信息的筛选上，我们应当关注信噪比、冗余度、信息量等维度，获取信噪比高、冗余度低、信息量大的信息，避免被过多的噪声误导，提高获取信息的效率，并能真正地让知识发挥作用。

其次，我们也需要关注不同的信息媒介、不同信息类型的不同特点，结合自己的需要、目的，综合地使用各种媒介，输入不同类型的信息，发挥优势、避开不足。

再次，在知识的内容上，除了信息，我们还可以有意识地输入算法、结构等内容，让知识的内容更丰富，以产生更大的价值。

总之，对输入的信息源、信息媒介进行管理和筛选，是现代人所必须面对的一个问题。正如微信的创始人张小龙所说："你所看见的，或者说你所阅读的，决定你是什么样的人，会有什么样的想法。"你对信息管理得如何，在很大程度上会决定你是一个什么样的人。

第三节　怎么学？更有效地处理信息

在本章第一节提到钱锺书的例子中，你可以发现，即使再有天赋的人，他们之所以博学，很重要的原因是处理信息的方式不同。而很多人的学习收效有限，除输入的信息不当、信息传递中的损失和扭曲之外，没有用有效、优质的方式处理信息，也是一个重要的原因。

因此，如何有效地处理信息是知识的学习中必须关注的一个维度。

一、信息处理的模型

人们在学习知识时，其实很少刻意地去处理信息。典型的场景是，在学校的时候，绝大部分人都只是通过重复来记忆知识，而不会采用其他的处理方式；而在经过职场培训后，更多人甚至连复习的动作都很少做。

在本章第一节中，我介绍了知识的学习模型，并提到本章的重点是探讨知识的记忆环节，而且是广义上的记忆，即包含理解在内。具体而言，我们应该如何理解广义上的记忆呢？

在第三章探讨记忆的部分，我已经介绍过，广义的记忆方法包括间隔性的重复、建立更广泛的神经元连接、用检索强化记忆、将知识组块化、用输出强化记忆五种。但在第三章中，我主要进行了原理的介绍，并未就实操的方法更进一步展开。这部分我尝试在实操层面，用一个模型进一步细化，并用一些优秀人物的学习方法来具体展示"如何应用知识的学习模型中的实操方法"。

如你所见,在细化的知识的学习模型(见图5.2)中,我将广义上的记忆环节用"深度处理"来概括,并且细化为综合理解、科学记忆及输出应用三个环节。这三个环节相互影响、相互加强,在一定程度上也相互替代,因为任何一个环节的处理都能形成比较好的记忆效果。当然,如果三个环节都处理妥当,那将是最佳的学习效果。正因如此,所以我将三个环节用环状的形式予以体现。

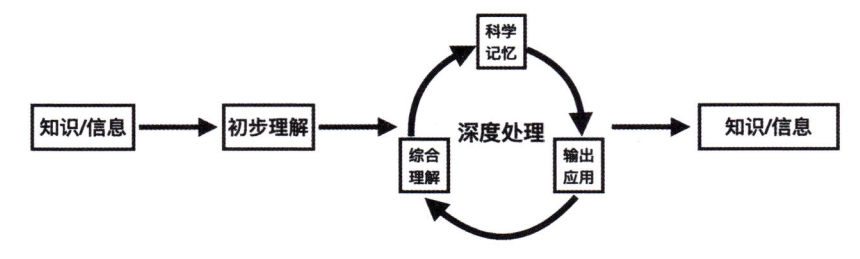

图5.2 细化的知识的学习模型

这里你可能会产生困惑:将理解进一步拆分为初步理解和综合理解,这和此前提到的"理解"有什么关系?为什么要这样拆分?

这其实不难理解。我们说过,理解是新旧信息之间、神经元之间的关联。之所以将理解拆分为初步理解和综合理解,是因为信息之间、神经元之间形成连接的广度和深度有所不同。

我们以学习英文单词为例。你不懂某个英文单词的中文含义,我给你解释一遍,这时你确实理解了。但这仅仅是英文单词和中文含义产生关联而带来的理解,也就是初步理解。而综合理解,虽然也是信息的连接,但在连接的深度、广度上,则和初步理解有着很大的区别。

仍以学习英文单词为例。综合理解意味着,你不仅应知道这个单词的中文含义,还需要知道它的词根、近义词、近音词、反义词及实际的用法等。虽然都是信息之间形成连接,但初步理解和综合理解有很大的差别。形成的连接越多,理解得越深、越广,记忆的效果也就越好。所以,在第三章中谈到记忆方式时,我提到要建立更广泛的神经元连接。

当然,除了综合理解,信息的深度处理过程还包括科学记忆和输出应用。科学记忆,是指通过不定期重复、加强知识检索、将知识组块化,以加强记忆;输出应用,是指将学到的知识向他人讲授及应用于实践。

同样是学习英文单词,绝大部分人的学习方式是,先大致了解英文单词的中文含义,然后通过不断地重复以形成记忆。如果按照细化的知识的学习模型中的方式学习,那就意味着我们不仅要知道单词的中文含义,还需要了解它的词根、近义词、近音词、反义词，知道这个词怎么用，并且尽可能地通过说、写等方式来运用这个单词。

上述两种不同的信息处理方式，在学习质量和收获上，将会有巨大的差别。这两种不同的信息处理方式，也是"学渣"和"学霸"存在差别的重要原因。

二、对信息的科学记忆

出于书籍的结构考虑，在第三章中介绍记忆原理时，我并未介绍很多具体的实操和案例。在这里，我们通过具体的实例，看看优秀人物具体是如何进行科学记忆的。

需要说明的是，这里的科学记忆仅包括间隔性的重复、将知识组块化、用检索强化记忆三个部分。广义记忆中的其他两种方法，我将在"对信息的综合理解"和"信息的输出和应用"部分介绍。

1. "学霸"只是比你重复的次数更多而已

在前面谈到钱锺书的读书方法时，你会发现，钱锺书读书读三遍、读四遍，所用的方法其实就是间隔性的重复。

读书读三四遍，其实次数并不是很多。李笑来在"得到"专栏里说："我自己遇到好内容的时候，是肯定会阅读很多很多遍的，哪怕看剧看片，我这种人遇到好剧好片也都一定会反复去刷。《肖申克的救赎》我看了几十遍，并且看的时候不仅拉上窗帘，还要关掉电源。"

当然，是否拉上窗帘和关掉电源属于个人偏好，而且有些人或许也不一定如他们二位一样，重复如此多的次数。你可以看到，很多人之所以学习效果不好，是因为看书重复的次数太少了。如果你在学习时也和上述二位老师重复一样多的次数，那么你的记忆效果、对知识的理解，或许会有质的提升。

需要重复，尤其是间隔性的重复，并不是记忆不好，而是一种科学的学习方法。

2. 组块化可以让你的学习效率倍增

不可否认，确实有很多人读书不会重复很多次。比如，万维钢在介绍他的"强力研读法"时称："一本书应该读两遍，而且只读两遍。"而樊登在介绍自己的学习方法时，他是这样说的："我读一遍以后，就把它放在一边了，我就不管它。然后等到我要录这本书之前，我会大概再拿出一个小时的时间来，拿出一张白纸，把这本书的脑图给画下来，就是这么一个学习的过程。"

那是不是这些人天赋过人呢？其实并非如此。前面我介绍了，"深度处理"的三个环节有一定程度的相互替代作用。因此，一个人读书的次数不多，但学习效果依然很不错，那大概率是在其他环节处理得更优质。

万维钢和樊登之所以重复次数少，学习效果依然好，那是因为他们在其他环节做得比较好。一方面，他们是知识工作者，虽然读书次数不多，但在输出应用的环节是远胜他人的；另一方面，也是这里的重点——他们其实对知识进行了组块化处理。

樊登说他用一张白纸将脑图画下来，这就是信息组块化的过程。而万维钢尽管说书最多只读两遍，但其实他已经记了笔记。而且，他对自己的笔记是这样要求的："笔记要清晰地体现每一章的逻辑脉络。"这种梳理每一章逻辑脉络的过程就是信息组块化的过程。

所以，他们之所以学习效果好，不是天赋，而是处理方法更优。在知名经济学家张五常所写的《读书的方法》一文中，他给年轻人也提出了类似的读书建议："读完某一个课题或书中的某一章，甚至章中可以独立的某一节后，要花点时间去想节与节、章与章、课题与课题之间的关系。能稍知这些必有的连带关系，理解的增长就一日千里。分割开来读，会觉得是多而难记了；连贯起来，要知要记的就少得多了。"这个过程也是组块化。

总之，组块化同样是记忆的重要方式。而且，相比间隔性的重复，组块化能让你对知识有整体的认知，有利于了解知识之间的逻辑，并能更好地应用知识。

3. 主动检索让你更有效的记忆

此前提到，在《认知天性》一书中，心理学家通过研究发现，通过测试的方式进行学习可以大幅提高记忆的效果。这就是一种主动检索的过程。但对于成年人来说，很少有机会测试，所以针对这种信息处理过程，我未能找到更多的实际案例。

但类似于樊登那样，在尽可能不看书的情况下，自己画一个思维导图，对一本书的知识进行梳理，这也是一种主动检索的过程。在过往的学校生活中，同样是进行课后复习，有些学生先回忆老师的内容，有些学生则直接看笔记。当你了解了检索能强化记忆效果之后，相信你能认识到，花费同样多的时间，前者的学习效果会比后者更好。

对我个人来说，在了解了主动检索可以强化记忆之后，经常用的一种方法是，不定期地将一个领域或一门学科的知识用"印象笔记"这类工具按一定结构进行梳理。这其实也是使用了主动检索的方法。这种学习方法，相比一遍遍被动地重复，学习效率可以实现大幅提升。

三、对信息的综合理解

对信息的综合理解是指使信息形成更多、更广泛的连接。这里，我们再具体了解一下综合理解的类型，以及实际应用案例。

1. 综合理解的类型

综合理解可以进一步细分为三种：深度理解、广度理解、应用理解。

深度理解，是指了解信息产生的背景和原因，从纵深的角度使信息形成更多连接。学英文单词时，你了解它的词源、词根，就属于深度理解。我们在谈抽象信息、观点信息的学习时，提出要了解它们的逻辑关系、推理过程，这也是深度理解。此外，本书中，我们从学习的方法一直深入心理学、脑神经科学、计算机科学、信息论等理论来认识学习，也是一种深度理解。

当然，深度理解是有层次之分的。如果我不是做研究，不可能深入脑神经科学、信息论等底层理论来理解。但即便只是深入一个层次来理解，也会为学习带来很大的帮助。比如，你知道了某个单词的词根，即便不知道词根的来源，相比仅仅通过重复背诵单词，效果也很不一样。你如果留意一下会发现，很多英语名师的单词书都会介绍到单词词根。其背后的原理，也是书的作者希望读者能对单词进行深度理解，以有助于记忆。

广度理解，是指从广度上让信息和其他相关领域的信息形成更多连接。在学英文单词时，你了解了单词的近义词、近音词、反义词等，就属于广度理解。而你在学习某学科的知识时，如果能将该学科的知识与其他的学科知识进行关联，这也是一种广度理解。

仍以本书的内容为例。在第四章中谈到人的动机系统时，我将几种理论进行整合构建了一个模型，这个模型就是广度理解的结果。因为那些理论都是在探讨人的动机问题，我只是将它们进行了关联，并梳理出了它们的逻辑关系。

其实，人的动机还可以扩大信息连接。比如，除心理学之外，经济学、营销学也都会讨论人的需求。我们可以将这些信息予以广度上的连接，只是碍于篇幅，这里不做展开。

当然，如深度理解一样，广度理解也有程度的不同。我们可能无法做到最大限度地广度理解，但即便只是简单地广度理解，如知道某个英文单词的近义词、反义词，比仅仅记住了某个单词，学习的效果也会更好。

应用理解，是指使某个知识点与实际的应用场景产生关联。仍以英文单词学习为例，你知道这个单词怎么造句、在什么场景下应用，这就是应用理解。我们在学习一个理论时，如果能与自己的经验、现实的生活结合，就是应用理解。

需要说明的是，应用理解和输出应用是有所不同的。应用理解只是你知道了知识的应用场景是什么，它和实际输出或应用给你带来的收获有所不同。比如你学某个运动技能,你知道那个动作什么时候有用,和你真正地实践和运用,还是有很大区别的。

总之,综合理解是将你输入的信息,尽可能地与其他信息形成更多、更广的连接,并与自己的经验、与现实生活产生关联。

2. 综合理解的实践案例

尽管我在前面对综合理解进行了细分,但绝大部分人应该没有时间和精力去深度地学习知识。那是不是我们就不用进行综合理解了呢?

答案显然是否定的。如前所述,即便你做不到最大限度地综合理解,只要能与其他信息、与生活经验形成连接,那就比单纯记忆学习效果好很多。而为了更直观地认识综合理解,我们也可以看看高手是如何操作的。

万维钢在他所写的《万万没想到:用理工科思维理解世界》一书中,介绍了自己的读书方法。其中提到,他在做读书笔记时,有两点是非常重要的:第一,有大量的自己的看法和心得;第二,发现这本书和以前读过的其他书或文章的关联。这两点,其实就是应用理解,以及广度理解和深度理解。

前面我们提到钱锺书读书会做笔记,会对笔记进行增补,其实这也是对信息的综合理解。写自己的心得,发现新知识与自己原有知识之间的关联,就是一种刻意进行综合理解的过程。

拼多多创始人黄峥的故事,则可以让我们知道什么是应用理解,以及应用理解的巨大价值。黄峥曾说,田忌赛马的故事让他深受启发,并将其作为指导人生的重要原则。他认为,正确运用田忌赛马故事中的方法,可以实现"平凡人能在整体资源劣势的情况下,创造出局部的优势,进而有机会获得整个'战役'的胜利"。

这种将田忌赛马的故事与生活相关联的方式,就属于应用理解。对于绝大部分人来说,田忌赛马的故事并不陌生,但很少有人将其与现实生活结合,并用以指导生活。

所以,同样是针对学习,高手之所以和普通人差别很大,在很大程度上是因为他们会对知识进行综合理解等深度处理,而绝大部分人却仅仅是记忆,甚至连记忆这个动作都没做。

四、信息的输出和应用

输出和应用,一方面是让知识产生真正价值的重要手段,另一方面其实也是学习和处理知识的重要方法。

就输出而言,无论是费曼学习法,还是孔子说的"诲人不倦",都是绝佳的例子。前面提到，万维钢和樊登之所以看书次数少，但依然能够有很好的学习效果，这和他们的工作性质有莫大的关系。两人的职业就是在输出自己所学的知识。

这种输出对学习的价值，科学家也曾对此进行过研究。

1946年，学习专家爱德加·戴尔提出了学习金字塔模型。他将人的学习分为七种方式：听讲、阅读、声音/图片、现场示范、讨论、实际演练，以及应用和教别人。他通过研究发现，以上七种不同的学习方式所带来的学习效率是依次提升的。应用和教别人的学习方式，达到的学习效率是90%，而听讲仅仅只有5%。

这个研究结论，也从另一个层面进一步证实了输出对于学习的巨大价值。

就应用而言，我并未找到合适的例子。但基于我们的生活经验，相信也不难理解。一个知识点，如果你实际应用过，相比而言，学习效果自然会更好。所以，很多人尽管花了不少时间去学习英语，但因为没有应用场景，学习的效果非常有限。如果他置身于一个英语的环境当中，每天都在用英语对话，学习的效率和收获将会完全不同。

虽然输出和应用对于信息处理效果显著，但有人可能会说，自己没有输出和应用的场景，这该怎么办？其实这种条件和场景，自己完全可以创造。

比如，就输出而言，最简单的方式是，当你学了一个知识点，你去和自己的朋友、同事、伴侣分享，或者你不喜欢语言的沟通，那你也可以通过写作的方式来表达。甚至，现在自媒体这么发达，你可以在任何一个自媒体平台上注册账号，然后持续输出自己学到的知识。这些都是输出的很好方式。

一旦你开始有意识地输出、应用知识，你会发现，知识真的很有用。之所以知识没用，是因为很多人没去用！

本章参考资料

[1] 康德. 纯粹理性批判（注释本）[M]. 李秋零，译注. 北京：中国人民大学出版社，2011.

[2] 爱因斯坦. 爱因斯坦自述[M]. 曹晓慧，等译. 北京：新世界出版社，2012.

[3] 玛格丽特·马特林. 认知心理学[M]. 李永娜，译. 北京：机械工业出版社，2016.

[4] 戈尔茨坦. 认知心理学[M]. 张明，等译. 北京：北京轻工业出版社，2015.

[5] 笛卡儿. 谈谈方法 [M]. 北京：商务印书馆，2011.

[6] 弗兰西斯·培根. 培根随笔全集 [M]. 蒲隆，译. 上海：上海译文出版社，2012.

[7] 马歇尔·麦克卢汉. 理解媒介：论人的延伸 [M]. 何道宽，译. 北京：译林出版社，2019.

[8] 史蒂芬·柯维. 高效能人士的七个习惯 [M]. 高新勇，王亦兵，葛雪蕾，译. 北京：中国青年出版社，2018.

[9] 邓晓芒. 康德哲学演讲录 [M]. 北京：商务印书馆，2020.

[10] 赵周. 这样读书就够了 [M]. 北京：中信出版社，2017.

[11] 吴军. 信息传：决定我们未来发展的方法论 [M]. 北京：中信出版社，2020.

[12] 夏萌. 你是你吃出来的 [M]. 南昌：江西科学技术出版社，2017.

[13] 万维钢. 万万没想到：用理工科思维理解世界 [M]. 北京：电子工业出版社，2014.

[14] 张庆熊. 现代西方哲学 [M]. 北京：商务印书馆，2017.

[15] 张志伟. 西方哲学十五讲 [M]. 北京：北京大学出版社，2004.

[16] 黄峥自述：一路走来，我的经历与思考，"笔记侠"公众号.

[17] 张五常，读书的方法，搜狐网页.

[18] 人生商业模式：有的人换回了全世界，有的人却一无所获，"刘润"公众号.

[19] 杨绛. 钱锺书手稿集·中文笔记 [M]// 钱锺书是如何做笔记的. 北京：商务印书馆出版，2011.

[20] 张一鸣，做 CEO 要避免理性的自负，"码源资本"公众号.

[21] 张小龙，关于信息互联的 7 个思考，"腾讯"公众号.

第六章　行为的学习
——收益最直接的学习

为什么有的人懂得很多道理，却依然过不好这一生？

为什么有的人读书很少，却依然事业有成？

都说"知易行难"，但我们又花了多少时间用于"行"？

人的行为是如何产生的？我们又该如何学习行为？

第一节　行为及其学习原理

简单而言，行为的学习就是指将学到的内容落实到行为上，主要的表现形式为行动的调整、技能的训练及习惯的养成。行为的学习可以说是学习过程中收益最为直接、最为关键的环节。只有行为的改变，才可能引起结果的改变。不管是知识的学习还是思维的学习，如果没有落实到行为上，引起行为的改变，学习的价值都难以体现。

在我们的教育系统和大众的认知中，行为的学习是最容易被忽略的。这种忽略，导致了学校教育、社会和职场在一定程度上的脱节。高分低能、有学历没学习力，基本上都是因为行为的学习的能力缺失所导致的。

然而，人一旦进入社会，行为的学习又是最关键的。学生时代，只要掌握足够多的知识即可，学校教育基本只考核知识的掌握程度。一旦进入社会，人就需要面对和适应外部环境。人无论掌握了多少知识，想要适应环境，都需要将知识落实到行为上，调整和改变自己。一如斯金纳箱子中的鸽子，如果不去触碰机关，就永远得不到食物。

因此，深度地了解和认识行为的学习，并有意识地加强和训练自己行为的学习的能力，对于学习力的提升至关重要。

一、行为的学习的价值

尽管行为的学习的价值经常被人忽略，但相比知识的学习，行为的学习时常能带来更大的价值。

1. 王石的行为的学习及启发

王石是全国知名的企业家，也是一个不放弃学习的人。在年近60岁的时候，他依然远赴哈佛、剑桥求学。

2016年元旦，王石被罗振宇邀请到了"时间的朋友"跨年演讲晚会的现场。当晚，他演讲的主题是关于终生学习的。在短短的15分钟内，王石并没有讲他在哈佛、剑桥收获了什么知识，反而讲了自己如何学习吃饭、学习睡觉。

王石讲了自己这样的一段经历。他曾到剑桥做访问学者，在同一个学院还有一位来自中国的知名学者，那位学者在英国已有十余年。按常理来说，由于王石在英国的时间很短，他认识的人应该不会比那位学者多。但那位学者惊奇地发现，刚到剑桥三个月的王石，在学院中认识的人远比他多。

不知道你有没有好奇，王石是怎么做到的？或许你会认为，王石是国内的知名企业家，尽管远在英国，但人脉还是有的，所以能很快认识很多人。但王石在演讲中说，原因其实很简单——因为他学会了吃西餐。

由于会吃西餐，他每天的晚饭都是和学院的老师一起吃的。在他们学院，晚饭都要到八九点才结束，如果提前离开，还会有亏欠感。就这样，由于每天一起吃饭，时间还比较久，他就有了充足的时间认识朋友、同朋友交流。而那位学者，因为不习惯吃西餐，每天都回家吃中餐，自然认识的人没有王石多。

不知你对这个故事有何感想？表面看来，或许这就是一个简简单单的名人逸事。但如果深入来看，你会发现，王石的故事其实极具代表性。学者，往往关注知识的学习，却不太会调整自己的行为；而企业家，并不一定掌握很多知识，也不一定对知识有多么深刻的理解，但他们擅长行为的学习，愿意调整自己的行为，以适应环境、融入圈子。

远大科技集团的总裁张跃的一段话，更具代表性地说明行为的学习的价值。张跃在一次采访中说，以前他的数、理、化成绩很差，基本上每科只考几分，数学甚至考过0分，而且是在满分100分的情况下。但他解释自己之所以能成功时，是这样说的："可能有100条路摆在你的前头，但你通过不断地尝试以后，不断地确认哪些东西是教训、哪些路走不得。可能你去掉了90条路，剩下的还有10条路。再过一年时间，你又去掉了9条路。方向对了，不再错了，你就越走越远了。"

所以，调整行为同样是一种学习，在一定程度上甚至是更为重要的学习，只是过往我们过于强调知识的学习，从而忽略了行为的学习。

我们经常听说"知易行难"。但深入想想，我们从小到大又花了多长时间在"行"上？对"行为"及"行为的学习"又了解多少呢？答案应该是很少。所以，并非"知易行难"，而是我们过往对行为的学习的关注太少，在行为上投入的时间也太少。

2. 行为的学习的意义

其实，王石的故事还可以进一步深挖。如果追问，那位学者也希望像王石一样在学院里认识更多的人，他可以怎么做？

答案很简单：复制王石的行为即可！只要他改变自己，学习吃西餐，就有机会和时间接触学院的老师，自然就可以快速地认识更多的人。

所以，通过复制行为来学习，其实是一种高效的学习方式。因为结果必然是行为过程带来的，找出产生结果的行为，再复制行为，不仅高效，收益也很直接。

当然，有些行为是复杂的，难以复制，复制了也不一定带来成功的结果，其中的因果关系并不如王石故事中那样简单。而且，即便行为和结果的因果关系简单，也可能难以复制。就像那位学者，要改变饮食习惯并不容易。抛开难易程度和行为的复杂性，单从逻辑上而言，我们需要明白行为才能直接带来结果，知识并不能直接产生结果。知识只有引起了行为的改变，才能带来结果！

事实上，除了这种短期的行为的学习和改变能带来价值，如果我们拉长时间维度，从人生的长度来看，行为的学习具有更重要的意义和价值。

常有人说"成功是不可复制的"。无疑，成功的结果自然无法复制，但人之所以有成功的结果，是由人的行为带来的。新东方的创始人俞敏洪说自己有八个习惯：善于制定目标、喜欢学习、喜欢运动、对朋友很尊重、不攀比、不计较、不在意得失、喜欢记录生活。如果你也养成了这些习惯，那你即便不会取得同样的成功结果，但至少也可以成为很优秀的人。

之前我们提到了富兰克林的"美德修炼计划"。试想一下，如果你复制了富兰克林的这个习惯，每周践行一种品格，并且坚持一生，你的人生将会如何？当然，你或许成不了富兰克林，但你一定会成为更好的自己。正如富兰克林所说："我未曾见过一个早起、勤奋、谨慎、诚实的人抱怨命运不好。良好的品格、优良的习惯、坚强的意志是不会被所谓的命运打败的。"

所以，相比知识的学习，行为的学习所带来的收益是最直接的，也是最有效的。无论是对于具体的事项还是对于长期的人生来说，都是如此。

二、人的行为模型

我们应如何进行行为的学习？如果要深入、全面地解答这个问题，就需要先解决一个更基础且至关重要的问题——"人的行为是怎么发生的"。

在第四章中，我们探讨过这个话题。当时的重点在于探讨人的动机系统，即人自动自发的行为是如何发生的。而这一章，我们主要讨论的是行为的学习，所以我们将重点讨论人如何受外部信息的影响。为了更完整地认识人的行为，我们有必要相对全面地认识人的行为。

我尝试用一个模型来总结人的行为，如图 6.1 所示。在这个模型中，除了我此前提到的动机系统，影响人的因素还有思维系统及外部的信息。总体而言，我们可以从内部和外部两个维度来观察人的行为。在内部，人的行为主要受思维系统和动机系统的影响；在外部，人的行为则会受信息的影响，而信息又可以进一步分为刺激信息和影响信息。

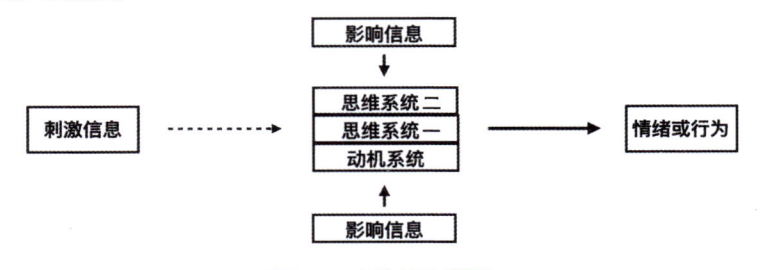

图 6.1 人的行为模型

为什么可以用这个模型来总结人的行为呢？其实，结合此前的内容及我们的生活经验，你会发现这个模型并不难理解。

首先，我们来看看影响人的行为的内部因素，即思维系统和动机系统。

我们已经知道，动机系统会在很大程度上影响人的行为。那么是不是人的行为全部由动机系统来决定呢？答案是否定的。因为人还有自己的思维系统，人会用自己的思维系统来调整和影响动机系统发出的指令。

比如，我们都听过"威武不能屈"这句话。在正常情况下，人有安全需求，在安全需求受到威胁时，人很容易会屈服。但一个人能做到"威武不屈"，那就可以理解为，他的思维对底层的需求和动机进行了调整和影响。

这也是思维系统位于动机系统之上的原因。因为动机系统在底层，思维可以对动机进行调控和影响。

其次，为什么思维系统又分为思维系统一和思维系统二呢？这一点，我们此前已经有所介绍。根据丹尼尔·卡尼曼的研究，人的思维系统可以分为系统一和系统二。其中，系统一是非理性的、快速的，而系统二是理性的、慢速的。

此前提到，在绝大部分情况下，主导人行为的是系统一。当然，再深入来看，系统一在很多时候受到动机系统的影响。或者说，人的行为大部分是由系统一和动机系统共同决定的。比如，动机系统让某个人决定去买一辆车，但在对车的价格进行谈判时，他又容易被锚定，此时就是系统一在发挥作用。当然，系统二同样可以对系统一进行调整，从而进行理性的分析，消除锚定效应的影响。

总而言之，行为是由人的思维系统和动机系统共同影响和决定的。人的行为除了受内部因素的影响，还受外部因素的影响，而且外部因素对人的行为的影响可能更大。

三、信息如何影响行为

信息对人的影响主要体现在两个方面：刺激信息的直接影响和影响信息的间接影响。人的思维系统和动机系统（以下合称"内部系统"），则会对信息进行筛选和取舍。

就刺激信息而言，它的影响是直接的、具体的。比如，当电话铃声响起，你接听电话，这就是刺激信息引起行为的一个过程。当然，你可以选择拒接电话，这就是你的内部系统对信息进行了筛选。

影响信息则是间接对行为产生影响的信息。它并不直接产生某种行为，但会改变人的内部系统，从而影响人的行为。这就如同我们阅读经典的图书，不一定立刻产生行为改变，但会影响我们的思维系统或者动机系统，从而影响我们今后的行为。当然，内部系统会对影响信息进行筛选，从而决定我们被什么样的影响信息所影响。这也是读同样的书，不同的人有不同收获的原因。

以上只是对人的行为模型的简单概述。为了更深入地认识信息对人的影响，我们有必要进一步了解刺激信息和影响信息，以及它们具体是如何影响行为的。

1. 刺激信息对行为的直接影响

刺激信息对行为的直接影响，大致可以分为三种情况：行为是对刺激信息的简单反应；行为是对刺激信息的复杂反应；行为是对刺激信息的表达。

行为对刺激信息的简单反应，是指当有外部信息刺激时，人的行为会做出反应，或者也可以称之为"刺激—反射"的过程。比如，前面提到，电话铃声响起，你去接电话，这就是行为对刺激信息的简单反应。又如，你在路边看到某种美食，然后享用了这种美食；你看到电影预告，然后去看了电影，都属于这种情况。此外，行为主义心理学提出的，人因为外部的奖励或惩罚的反馈从而调整行为，这基本也属于行为对刺激信息的简单反应。

行为对刺激信息的复杂反应，同样是指人对外部信息刺激的反应，但相比简单反应，它的过程更为复杂，需要动用人的思维系统。如果说简单反应是所有动物都有的一种行为表现，那么复杂反应则是人类独有的。比如，经理给员工布置一项任务，员工通过自己的思考、规划，再去执行相应任务，就属于复杂反应。

行为是对刺激信息的表达，则是指人的行为是对他接收到的刺激信息的一种表达。比如，当某人让你帮忙拿一件东西，你去拿了那件东西；你在学习某项技能时，被教授了如何去做某个动作，你用自己的肢体完成了这个动作。这些行为都属于对刺激信息的表达。

你或许会好奇，为什么要如此细致地区分刺激信息对行为的直接影响？因为在第三章中我们讨论过，从信息的视角来看，行为的学习的重点是讨论以下问题：

① 人的行为对信息都有哪些反应方式？人的行为是如何表达信息的？

② 什么样的信息才是人应当做出反应的信息？人如何对信息做出更正确的反应行为？

③ 什么样的信息才是人需要去表达的信息？人的行为如何可以更准确、完整地表达信息？

如果我们能进一步细分刺激信息对行为造成影响的具体方式，并且能找到造成影响的关键因素，那将有利于我们讨论以上问题，从而改善我们的行为的学习。

1）影响简单反应的关键要素

前面提到，人的内部系统会影响人对信息的接收。如果我们暂时不考虑内部系统这个因素，刺激信息影响人简单反应的关键因素是什么呢？根据我们的生活经验可以知道，总体而言，至少有三个关键因素：注意力、刺激信息的强度及刺激信息的重复次数。

这其实不难理解。一个人是不是会对刺激信息做出反应，排在第一位的是注意力。比如，电话铃声虽然响起，但你没注意到，你自然就不会去接听。此外，刺激信息的强度也会影响人的反应。电话铃声如果很小，你又在做着其他事情，就可能先不去管。如果电话铃声很大，那么你通常会做出反应，不管是接听电话，还是先把电话消音。此外，如果电话铃声虽然不大，但一直在响，你通常也会做出反应，所以刺激信息的重复次数，也会影响人是否做出反应。

2）影响复杂反应的关键因素

人对刺激信息的复杂反应，包括是否做出反应及如何做出反应。这里，我们主要探讨的是人做出反应的质量，所以我们重点考察影响人做出复杂反应的关键因素。

我们以领导交办一项任务，你去执行相应的任务为例。通常而言，你在接到任务之后，首先需要做出判断，这件事是马上去做，还是晚些时间再做。接着，为了把工作做好，你还需要分析、思考，很可能还需要制订一个计划，然后再去执行。

所以，可以看出，影响复杂反应的关键因素是人的内部系统，更准确地说是人的思维系统。

3）影响刺激信息表达的关键因素

你的行为是对某个刺激信息进行的表达，此时影响人行为的关键因素，则变成了刺激信息获取的准确性及你表达刺激信息的能力。

这应该不难理解。当某人让你帮忙去桌上拿一个黑色的杯子，而桌上有好几个杯子，恰巧你又听错了，没有获取准确的信息，你拿了红色的杯子。此时，你的行为就没有准确地表达刺激信息。

当然，这是非常简单的对刺激信息的表达。另一种情况更为复杂，需要你有相应的认知图式的能力才能获取准确的刺激信息。比如，你在学习书法临摹某本字帖时，尽管你非常仔细地观察了某个字怎么写，但如果你的书法基础水平不够，没有笔画、结构等相关基础知识，你依然无法完全看懂那些字是怎么写的，你也很难准确地临摹。

2. 影响信息对行为的间接影响

如前所述，影响信息并不直接改变人的行为，但会影响人的内部系统，从而长期地改变人的行为。具体而言，这种影响同样可以分为三种情况：一是单次高强度的信息刺激改变人的动机系统，从而长期影响人的行为；二是所处环境的潜移默化，影响人的内部系统，从而长期影响人的行为；三是通过有意识地学习，丰富了人的记忆和知识，影响了人的思维系统，从而影响人的行为。

其中，就情况一而言，前面我们所举的张雪峰的例子就属于这种，因为他和张绍刚跑步的经历，激发了他跑步的动力。这就是因为影响信息的高强度刺激，激发了动力，从而长期地改变了人的行为。

当然，以上是相对正面的例子，在生活中，你应该也听说过一些负面的例子。比如，人遭遇了地震、士兵经历了战争、某人经历了亲人离世，他们留下了心理创伤，也都属于这种情况。

就情况二而言，我们都知道原生家庭对人的影响很大，在第四章中，我也通过对学习机制的详细介绍，深入探讨了原生家庭具体通过哪些信息影响人的行为。这就是影响信息对人造成潜移默化影响的情形。

至于情况三，同样不难理解。人如果进行有意识的学习，输入了更多的信息，改变了自己的思维，自然也会长期影响自己的行为。比如，你读了这本书，改变了你的一些思维，那也将相对长期影响你学习的方式。

不过，这一章所探讨的行为的学习，主要探讨的是人如何通过刺激信息来展开学习。至于影响信息具体如何对人造成影响，一是它相对复杂，不是本书所能解决的，二是此前的内容也零散地进行过讨论，因此这里就不再进一步展开，我们大致有所了解即可。

四、如何展开行为的学习

在大致了解了信息对人的影响之后，我们该如何展开行为的学习呢？

行为的学习是一个相对复杂的过程。在本书中，我仅重点探讨复盘、模仿及刻意练习三种行为的学习的方法。

其中，复盘可以视为人对信息做出复杂反应的过程。因为复盘是指人经历了一些事情之后，对整个过程的一种深度思考，并在今后做出调整。其中，经历事情就是输入的信息，而思考后并做出调整则是一个复杂反应的过程。

模仿和刻意练习，可以视为信息表达的过程。二者构成了信息表达的一个完整过程，但侧重点各不相同。模仿，重点探讨如何更准确地获取优质信息；刻意练习，则重点探讨如何提升自己的信息表达能力。

在本章中，关于模仿，我将重点探讨如何向他人学习；而刻意练习，则重点探讨如何训练技能。

第二节　复盘：最深刻、收益最大化的学习方法

学习包括向自己学习、向他人学习、向书本学习，而复盘则是向自己学习的最佳方法，也有人将复盘称为"自我反思"或"自我批判"。在实践中，复盘还有各种各样的名称，但只要是向自己学习，都可以称为"复盘"。

"纸上得来终觉浅，绝知此事要躬行"。不管是向书籍学习还是向他人学习，如果没有经过自己的实践，那终究是不够深刻的。从信息的视角而言，复盘的关键在于，我们如何对通过自己实践获得的信息做出正确的反应，以调整后续的行为。

所以，复盘的价值在于，实践之后，能通过自我审视，将实践出来的成功经验予以固化，并对问题和不足进行调整，从而将向自己学习的收益最大化。

正是因为复盘的这种特征，它才被广泛采用，不仅被个人用来自我学习，也被很多组织大力推广和实践，甚至形成机制和制度。而且，无论是个人还是组织，

运用复盘都取得了很好的成效。

一、被广泛应用的复盘

在探讨该如何进行有效的复盘之前，我们有必要大致地了解一下个人和组织都是如何应用复盘的。

1. 个人的复盘应用

曾国藩和富兰克林可以说是中外广为人知的复盘实践者。正是他们的践行和推广，一方面让自己取得了非凡成就，另一方面也深深影响了后世的人们。在前面的章节中，我们也大致提到过他们的故事，这里再详尽地介绍一下。

1）曾国藩的日记和反思

在第一章中我们提到，曾国藩的人生起步，在一定程度上可以说是从学会复盘开始的。因为正是他从理学大师倭仁和唐鉴那里学会了如何复盘，才开启了不一样的人生。

事实上，曾国藩一直有写日记的习惯，但他的日记更多体现为流水账的形式，直到碰到了倭仁和唐鉴之后，他才认识到，写日记最重要的是自我反省。

于是他开始效仿两位理学大师的方式，调整了写日记的重点。具体而言，他在日记中，把一天做了什么、说了什么，都要仔细地过一遍，认真反省哪件事做得不对、哪句话说得不对，痛自警醒，深刻反省。而除了每日的复盘，每次遇到重大事件，他都会专门点一炷香，进行深度的复盘。

曾国藩能在当时贪腐盛行、浑浊不堪的官场中，在毫无背景的情况下，十年内连升十级，这应该和他坚持自我反省和复盘的习惯不无关系。

此后，曾国藩在47岁时曾被皇帝弃用，跌入人生低谷。面对如此重大的打击，很多人或许会一蹶不振，但他却利用在老家的两年时间，对自己过往的人生进行了全面、深刻的反思。这次的深刻反思，更进一步让他大彻大悟、脱胎换骨，在重新出山后，他最终得以位极人臣。

尽管曾国藩的成功固然有各种原因，但和他能够不断自我反思和复盘，并调整和改变自己，有着密不可分的关系。

2）富兰克林的"美德修炼计划"

相比而言，富兰克林并没有如曾国藩一般对每日言行进行记录，并深刻反思，而是采用了另一种复盘方法——美德修炼计划。

富兰克林梳理出了13项美德：节制、缄默、秩序、决心、节俭、勤奋、诚信、正义、中庸、清洁、平静、贞洁、谦卑。他为此制作了一本小册子，在这本小册子中每一项美德各占一页，他决定每一周对一项美德进行严密监视和自查，依次执行并持续改善。

富兰克林能够取得成功，成为国父级别的人，必然有各种原因，但和他数十年如一日的"美德修炼计划"同样关系重大。正如富兰克林所理解的那样，复盘可以克服因为天性、习惯或者朋友、伙伴给自己带来的影响。

从神经科学来说，之所以复盘有效，是因为它对于人通过行为获得的信息利用思维系统二进行深度分析、思考，再相应调整行为。如果没有这种理性的分析，人的行为大多时候是由思维系统一所主导的，会有很多非理性行为及认识盲区。

2. 组织的复盘应用

如前所述，复盘不仅是个人学习时所使用的一种有效方法，也是组织学习的绝佳方式，无论是在军界还是在商界，都有着广泛的应用。

1）美军的 AAR 策略

20 世纪 70 年代，美军为了提升训练效果，军方开始推行行动后反思（After Action Review，AAR）策略。结果是，AAR 策略的大力推行和实践，不仅解决了训练效果的问题，还极大地提升了美军的执行力和组织学习能力。

此后，在经过一系列实战的应用后，AAR 策略更是成为美军执行任务的基本规范。AAR 策略在美军中的应用，也得到了企业界的广泛关注，在美国一时间形成了"向美军学习执行力""向美军学习领导力"的风潮。

组织学习大师彼得·圣吉曾表示："有证据表明，美军的 AAR 策略是迄今为止所发明的最成功的组织学习方法之一。"

2）联想的复盘文化

在中国的企业家中，联想的创始人柳传志先生应当是提出"复盘"的第一人，并且他也在联想内部大力推广"复盘"。

正是他的大力推广，复盘的方法论被广泛地传播，并在联想内部和中国的企业中得到普遍运用。联想内部，不仅形成了浓厚的复盘文化，更是将复盘方法结构化，形成了一整套规范的流程，并在全球范围内推广。联想创立后不久就能脱颖而出，连续多年保持超高速的发展，这和联想内部将"复盘"作为一种基本的工作方法不无关系。

不过，我在研究复盘的时候，对于联想其实充满了困惑。为什么联想如此强调复盘，但这些年企业却一直在走下坡路？这是不是意味着复盘无效？但在深入研究之后，我发现答案并非如此，而是联想的复盘方式存在一定的不足。具体内容我们在后面探讨"如何正确地进行复盘"时再行展开。无论如何，对于联想的发展而言，复盘功不可没。

3）任正非的自我批判

有别于联想的是，华为内部并没有将类似复盘的方法形成制度化和流程化，但华为的创始人任正非先生在华为内部推崇自我批判，并先后在公司内部做过两次以"自我批判"为主题的演讲。

任正非曾在他的演讲中说："20多年的奋斗实践，使我们领悟了自我批判对一个公司的发展有多么重要。如果没有坚持这条原则，华为不会有今天。……自我批判，让我们走到了今天，我们还能向前走多远，取决于我们还能继续坚持自我批判多久。"

任正非将自我批判提高到了决定公司未来的高度上，这也进一步说明了复盘的必要性和重要性。

二、人为什么不喜欢复盘

既然复盘如此重要，但绝大部分人并没有复盘的习惯，甚至对复盘这种习惯是抗拒的。这又是为什么？原因可以说是多种多样的。

首先，在一定程度上复盘是反人性的。

我们之所以不喜欢复盘，很重要的一个原因就是自我防御机制在起作用。因为一旦复盘，就意味着会发现错误、发现问题，而人都是不喜欢面对错误和问题的。

正如猎豹移动的董事长兼CEO（首席执行官）傅盛所说："我一直以为，反思是一种天然的能力，自己忘了从什么时候就开始反思、反思、反思。后来我发现，反思是绝大部分人不具备的能力，因为反思是反人性的。你在现在的时间点做的决定，是你在这个时间点做出的最优解。两天以后，你要说这个解不对，其实你本能地就会维护自我。很多人的反思不是反思，是顺思、是回顾。"

当然，尽管复盘在一定程度上是反人性的，但我们也探讨过，这种本能上的人性是大脑的操作系统对信息管理的一种方式，人可以升级大脑的操作系统。这也是依然有很多人愿意并能够进行复盘和反思的原因。

其次，很多人的复盘方式不当，这也是人们不喜欢复盘的重要原因。

尽管很多人将复盘称为"自我反思""自我批判"，但其实二者还是有些差别的。复盘的重点在于思维和行为的调整，而"自我反思""自我批判"则很容易将重点停留在批评、批判，甚至是指责上。

如果说因为反人性使很多人已经不愿意复盘，那么将复盘的重点停留在批判上，则加大了难度，从而使更多人不愿意复盘。因为过多的批评和批判，反而会让人充满挫败感，影响士气。复盘的重点并不是批评、批判，而是应该聚焦如何做才能将事情做好，并最终取得成功。

再次，相比复盘过程的反人性，对于复盘得出的结果，人们可能更难以接受。

除了前面所举的例子，还有大量其他的组织也在应用复盘这种方法。复盘对于一个行业特别重要，这个行业就是航空业。

英国的作家马修·萨伊德写过一本名为《黑匣子思维》的书。黑匣子思维，是指航空公司通过黑匣子中的数据积累，从失败中吸取教训的思维方式。在书中，作者详细介绍了黑匣子思维及航空业的一些运作方式。航空公司在发生空难事故之后，一般不会隐瞒，而是会将其公之于世，帮助航空业的其他人员反思及学习。无疑，这种思维方式对整个行业的发展是有巨大帮助的。

在《黑匣子思维》这本书中，作者也对医疗行业和航空业进行了对比。在作者看来，医疗行业不仅不会向错误学习，反而会用各种方式掩盖错误，甚至会对掩盖错误的行为进行奖励。就作者对医疗行业的一些批评，我们不做评判。但恰恰通过这两个行业的对比可以让我们看到，为什么复盘如此困难。

对航空业来说，事故已经发生，不管要不要复盘，航空公司大概率都需要承担责任。通过公开黑匣子中的内容，航空公司可以发现其中的错误并进行反思，并不会造成更严重的后果，反而会促进行业的发展。

但对于医疗行业来说，每犯一个错误就意味着一次医疗事故，甚至是付出生命的代价。在此情况下，如果再通过复盘来揭示医生存在过错，要求医生来承担责任，这无疑是极为困难的。而且，即便不用承担经济上的责任，要求医生去面对因为自己的过错造成生命的逝去，那也需要很强大的内心。

事实上，这也是在很多公司和组织中，复盘难以进行的原因。因为复盘的结果意味着要面对残酷的现实、严重的后果，并承担相应的责任。

当然，这个问题也并非无解，如果能有一种文化来包容错误，有一套制度可以降低或控制犯错者承担责任的限度，那将有利于推动复盘。只是对于绝大部分公司和组织而言，做到这一点确实是极为困难的。

总之，由于人性、方法，以及制度和文化等各方面的原因，很多人既没有复盘的习惯，也不愿意进行复盘。

三、联想的复盘能给我们什么启发

在了解了人们为什么不喜欢复盘之后，我们再来探讨一下，为什么有些组织一直在复盘，但似乎并没有太大的价值。这里，我以联想为例，谈谈复盘容易出现的问题。

从信息的视角来说，复盘是人对刺激信息做出复杂反应的过程。在本章第一节中我们探讨过，做出复杂反应的关键是人的思维系统，即复盘时人是如何思考的。联想复盘中存在的问题主要就是在思考的点上。

1. 联想是如何复盘的

陈中所写的《复盘：对过去的事情做思维演练》一书中介绍了联想的复盘方法论。因此，通过这本书基本可以看到联想是如何进行复盘的。

书中提到了联想的创始人柳传志先生的这样一句话："复盘至关重要，通过复盘总结经验教训，尤其是失败的事情，要认真，不要给自己留任何情面地把这件事情想清楚，把事情想明白，然后就可以谋定而后动了。"

尽管书中并没有谈到柳传志具体是如何把事情想清楚的，但陈中通过书中的一个章节，详细地介绍了复盘的步骤：回顾目标、结果比对、叙述过程、自我剖析、众人设问、总结规律、案例佐证、复盘归档。在书中所附的联想复盘方法论，尽管与上述步骤有些差别，但基本相差不大。

看完上述介绍，你或许会有些困惑：复盘不应该就是这样的吗？这有什么问题吗？

其实，这就涉及我前面所提到的"复盘的重点并不是批评、批判，而是应该聚焦如何做才能把事情做好，并最终取得成功"。或者说，复盘的重点不是聚焦问题所在，而应聚焦问题解决。

联想复盘方式的问题，就在于过于聚焦问题，而不是聚焦问题解决。

2. 聚焦问题与聚焦问题解决的区别

尽管我大致分析了联想复盘方式的问题，也提到了聚焦问题和聚焦问题解决的差别，但这种差别并不容易理解。而且，聚焦问题和不足，也是大部分人的思维惯性。因此，我再通过一个真实的故事谈谈二者之间的差别。

1990年，美国营养学专家斯特宁夫妇受联合国"拯救儿童会"工作人员邀请，前往越南解决当地儿童营养不良的问题，当时在越南5岁以下的儿童约65%都存在营养不良的问题。

由于联合国提供的经费有限，当地的政府也同样贫困，所以并不能给斯特宁夫妇提供太多支持。尽管如此，但当地政府要求在六个月内解决问题。其实在斯特宁夫妇介入之前，越南当地的很多专家已经着手解决这个问题，但都没有很好的解决方案。

既没有资金，又没有资源，而且整个团队基本上只有斯特宁夫妇两人。此外，越南当地的专家努力多年，问题依然存在，似乎这个问题是无解的。

出人意料的是，斯特宁夫妇不仅成功解决了这个难题，而且确实没花费多少资金和资源。他们是怎么做到的？

通常来说，人们在解决问题时，都会聚焦问题是什么，研究问题背后的原因，再研究解决方案。如果按照这个思路，那么问题一目了然，问题背后的原因也不难寻找。因为当地经济贫困、资源有限，儿童吃不上高营养的食物，继而导致了营养不良。而对应的解决方案则是提供资金、提供资源，让孩子们吃上高营养的食物。

然而，正是这种常规的思路，导致了问题迟迟无法解决。斯特宁夫妇却反其道而行之。他们不去研究那65%的儿童为什么营养不良，而是研究另外35%营养良好的儿童。他们想知道，那些儿童为什么营养良好。

斯特宁夫妇和工作人员一起走访了当地的四个社区，寻访到了6个极为贫困但孩子依然营养良好的家庭。然后，他们仔细观察这6个家庭如何准备食物、如何烹饪、如何享用食物。在这个过程中，他们发现这些家庭都有些共性。

比如，这些家庭会对稻穗里的小虾、小蟹、小蜗牛等悉心收集，配上番薯叶一起混杂在给孩子们的饭里。此外，这几个家庭喂养孩子的方式都是"少食多餐"，这样可以让孩子的肠胃每天能够容纳和吸收更多的食物。

斯特宁夫妇认为，就是这些共性使得那35%的孩子尽管家庭贫穷，但不会营养不良。于是，他们将此方法提炼并复制到了其他家庭。在项目第一年结束的时候，项目招募的1000个儿童有80%都获得了充足的营养。而这种改善营养的新方式也在越南的其他14个村庄得以复制。此后，这种方式被在更大范围内复制，一共影响了越南265个村庄里的220万人。

看完这个故事，不知你有何感受？你应该会被斯特宁夫妇的智慧所折服。但你或许也会提出疑问：这和正确复盘有什么关系？其实，在这个故事中，非常典型地体现了"聚焦问题"和"聚焦问题解决"两种思路的巨大差别。

简单来说，如果聚焦问题，人会很自然地首先关注"问题是什么""问题产生的原因是什么"。然后，针对原因寻找解决方案。这就是上述故事中此前很多越南当地专家的思路。而你应该知道，顺着这种思路，做再多的研究，问题都是无解的。因为问题的根源就是经济贫困，很显然，当时的政府没有能力解决贫困问题。

然而，如果我们换一种思路，聚焦问题解决，把重点放在"怎样才能让儿童能够营养良好"上，此时我们就会关注到"为什么大家都经济贫困，却有35%的儿童营养依然良好"。他们做对了什么？

在这种情况下，我们就可以找到营养良好儿童做对的原因，进行提炼、推广，问题也就迎刃而解了。所以，这个故事恰恰说明了聚焦问题和聚焦问题解决的巨大差别。

而回到复盘上，过于聚焦问题，我们就会一直思考行为过程上哪里做得不好、哪里做得不对，并对做得不好、不对的地方进行分析、批判等，试图改进。但就越南的例子来看，你会发现，其实并没有哪里做得不好、不对，而是整个行为都是不必要的。

所以，真正有效的复盘，除了复盘行为是否正确，还需要复盘行为的必要性。

四、如何正确地进行复盘

我们该如何正确地进行复盘呢？

对于不同的目的、场景，我们应采用不同的复盘方法。比如，你完成了某个小任务后，利用空闲时间琢磨一下哪里不足、哪里可以改善，这就是一种复盘。如果你每天以日记的方式进行复盘，记录每天的收获，审视自己的问题和不足，这也是一种复盘。

如果你对某个重大事件进行复盘，就需要更加全面、更加系统。结合此前的内容，我尝试将系统的复盘方法归纳为八步：审视目的、回顾目标、回顾过程、评估行为必要性、探索其他路径、寻找亮点、确定过程中的问题、确定调整方案。

对于上述步骤，尽管部分内容此前已有所提及，但为了便于理解，这里再进一步相对详尽地予以阐述。

首先，就前两步而言，审视目的和回顾目标，粗略看来，二者似乎相差不大，实际上二者存在很大差异。目的是相比目标更底层的视角。

举例来说，在越南儿童营养不良的案例中，对于此前的专家来说，解决儿童营养不良问题是目的，而寻找儿童营养不良问题的原因则是一个阶段性的目标，同时也是达成目的一个手段。如果我们仅仅回顾目标，不审视目的，那很可能就不去思考"寻找儿童营养不良问题的原因"这个目标是否正确。

复盘时，如果我们先从审视目的开始，就可能发现某个阶段性的目标完全是不需要的。

其次，回顾过程是复盘中必要的步骤。回顾过程，不仅需要针对过程中的对错进行复盘，而且需要先复盘过程的必要性，以及有无其他路径可以达成目的。

这样复盘的原因，同样在越南儿童营养不良的案例中有所体现。在斯特宁夫妇介入前，已有越南当地的专家进行了研究。此时，如果复盘的焦点在于"研究的过程有什么错误"，那很可能是没有结果的。因为研究的过程和结论都是正确的，但研究的方向是错误的。不是行为中存在什么错误，而是行为本身就是不必要的。所以，我们需要先评估过程的必要性。

在此种情况下，复盘的人很可能难以接受。因为这意味着前面的付出全部白费了。但恰恰是这种层面的复盘，才能真正带来价值。很多人不是没发现错误，而是已经在错误的路上走了很久，难以回头。如果从经济学角度而言，这属于沉没成本。我们在复盘和思考时，应该摆脱沉没成本的束缚。

当然，我们也不是单纯否定某种行为的必要性，而是需要同时探索可以达成目的的其他路径。在这种情况下，尽管前面的努力白费了，但你依然可能找到一条全新的路径。

再次，在复盘行为过程中的问题之前，我们有必要先寻找一下过程中的亮点。

如果在复盘行为过程中的问题之前，先寻找一下过程中的亮点，既有助于让复盘更容易，也有其现实的必要性。一方面，先从亮点开始，会降低复盘的内心压力；另一方面，一件事完成后，尽管会有不足，但往往也会有不少亮点。通过复盘找到亮点、强化亮点，并通过重复形成习惯，同样是一种重要的收获。

接着，确定过程中的问题，必不可少。

在前面的复盘步骤完成之后，我们同样需要确定过程中的问题。这也是常规复盘中所必须做的。重要的是，我们需要以事实为基础，去发现真正的问题所在，然后寻找问题的解决方案，而不是聚焦对人的批评上及责任的追究上。

复盘的核心和重点，依然是"我们哪些事情做好了，我们就会赢"。复盘的目的不是寻找错误和追责，而是为了能赢。

最后，复盘的重点是落实到行为的调整上。

在进行了前面的复盘后，最为关键的是，一定要落实到行为的调整上，否则一切的复盘基本上就是一种无用功。当然，这并不容易，即便如曾国藩这样的大人物，面对错误，即使复盘对自己展开深刻地批评之后，也会不断地重复再犯。

所以，这里说的落实到行为的调整上，不是一蹴而就，而是需要多次重复和强化。即便暂时无法落实到行为的调整上，但只要坚持复盘，那也比不复盘要好。无论如何，复盘一定要有落实到行为调整上的意识。

第三节　模仿：最简单又最难的行为的学习方法

表面上来看，模仿可以说是最简单的行为的学习方法，只需要观察别人有什么行为，比着葫芦画瓢即可。但事实并非如此。以临摹字帖为例，你应该知道，那并不容易。而如果通过模仿向他人学习，那可能更困难，因为那意味着你不仅需要改变行为和习惯，还需要改变思维。

然而，尽管模仿有难度，但模仿是一种极为有效的学习方法。很多优秀人物之所以能取得成功，尽管有自身天赋的原因，但同时也是因为他们善于模仿。

本节我们重点探讨模仿这种学习方法。碍于篇幅，这里仅探讨如何通过模仿向他人学习，其底层的方法和原理，则和模仿其他技能基本是相通的。

一、顶尖高手是如何模仿学习的

1. 巴菲特的思想实验

巴菲特曾在一次给佛罗里达大学MBA（工商管理硕士）学生的演讲中，做过这样一个有趣的思想实验。

"现在，假设允许你可以选一个同学，买入他一生10%的收入。你不能选富二代，你只能选靠自己奋斗的人。各位会选择哪位同学？你会给所有同学做一个智商测试，然后选智商最高的吗？未必。你会选择考试成绩最好的吗？未必。你会选择最有拼劲的吗？也不一定。

"你们大概率会选择你最有认同感的那位。这样的人拥有领导力，能把人组织起来。他通常会慷慨大方、诚实守信，即使有自己的主意，也会把功劳归因于他人。然后，你把你欣赏的这些品质用一张纸写在左边。

"现在加大一些难度。为了让你拥有这位同学一生10%的收入，你需要选择另外一位同学，做空他一生10%的收入。想想你会选择谁？你不会选智商最低的。你很可能选那个招人烦的人。他可能学习成绩不错，但你就是不想和他打交道。不但你烦他，别人也烦他。为什么他招人烦？这样的人可能自私自利、贪婪成性、弄虚作假。你可以想想他还有什么招人烦的地方，然后把他的恶劣品质写在纸的右边。

"现在你再看看纸上左右两边的品质。左边的这些品质，只要你真的想拥有，你都是可以拥有的，这些都是行为、脾气和性格的品质，都是你可以实现的。你再看看右边那些令人厌烦的品质，没有一个是你非有不可的，如果你身上有，你可以摆脱它们。所有的行为都是习惯成自然。

"你们还年轻，想养成什么习惯、形成什么品格都可以，就看你怎么想了。本杰明·格雷厄姆，还有本杰明·富兰克林，他们都这么做过。在他们十几岁的时候，会去观察身边那些令人敬佩的人。他们会对自己说：'我想要成为被别人尊敬的人，我要向他们学习。'格雷厄姆发现，学习他敬佩的人，并像他们一样为人处世，是完全可以做到的。他同样观察身边那些令人讨厌的人，然后摆脱那些不好的品质。

"所以，我建议大家把这些品质写下来，然后好好想一想，把好品质养成习惯。最后你想买哪位同学一生10%的收入，你就会变成他。你已经拥有了自己100%

的收入，再有别人的10%，这样多好。你选择了谁，你都可以学得像他一样。"

巴菲特这些话中所提及的品质的学习，就是本节所主张的模仿的学习方法。通过上面巴菲特的话可以看出，无论是他自己，还是他的老师格雷厄姆，或者富兰克林，都是通过模仿进行学习的。这也足以说明，模仿是向他人学习非常重要的方法。

2. "大佬们"的精神导师

对于那些MBA学生而言，身边不乏优秀的人可以模仿。如果你身边并没有如此优秀的人，那又该如何模仿学习呢？

一方面，你可以主动出击，寻找优秀的人，向他们学习，如同下一个例子中脱不花那样；另一方面，互联网时代的信息如此发达，你的学习对象不一定局限于自己周边的人，你完全可以拓宽视野，在更多群体中寻找，甚至可以将已经不在人世的人作为学习的对象。

很多优秀的人，其实也在做类似的事情。不知你有没关注过，很多优秀的人，经常会提到自己的精神导师，而且那些精神导师可能和这些优秀的人不是同一个时代的。

比如，创立Facebook的扎克伯格，选择了乔布斯作为自己的精神导师。而乔布斯，选择了先后创立仙童半导体公司和英特尔公司，有"硅谷之父"之称的罗伯特·诺伊斯作为自己的精神导师。扎克伯克和乔布斯所选择的精神导师，可能和他们有一定的交集，而我们也完全可以选择和自己不是同一时代的精神导师。

比如，吴军提到过自己的多位精神导师，其中之一是富兰克林。而此时，富兰克林早已作古。此外，美国总统罗斯福在担任总统时，一旦遇到难题，就会看着林肯像自问："换作林肯，他会怎么做？"同样，那时林肯也已去世多年。

所以，无论是寻找精神导师，还是如罗斯福一样，追问林肯会怎么做，背后的共同逻辑都是找到优秀的人，了解他们怎样思考、采取怎样的行为，然后尝试模仿。

因此，有些优秀的人之所以优秀，并非完全天生，而是因为他们也都在模仿其他优秀的人的思维、品格和行为。

3. 脱不花如何向他人学习

罗辑思维的现任CEO脱不花很多人并不了解，但可以说她是一位富有传奇色彩的女子。她的学历是高中肄业，如此低学历的她在担任罗辑思维CEO之前，却有着这样的一堆头衔：中国软实力研究中心创始合伙人、董事长，虎嗅等知名财经媒体专栏作者，中央电视台《李天田清晨观察》栏目主持人等。

第六章　行为的学习
——收益最直接的学习

一个仅仅高中肄业的人，何以成为多家知名媒体的专栏作家，担任中央电视台主持人？当你对她了解更多之后，就会发现，脱不花的成功离不开她超凡的学习力，尤其是向他人学习的能力。

她说："跟人学是我心目中最了不起的学习方式，也是一种学习的捷径，直接和有最好的头脑、优秀的人交流，肯定是获取新知识、新思想最快的方式。"

脱不花曾写过一篇 1.5 万字的长文，详细讲述了她自己的成长经历——如何从一名高中肄业生，一步步成长为全国知名知识服务平台的 CEO。她谈到自己之所以快速成长，很大一部分要归因于她强烈的"求师之心"和"扑老师"（主动寻找老师）的行为。

在她初期的职业生涯中，她先后"扑"过北京奥美总经理湛祥国，安利中国总经理郑李锦芬，"点子大王"何阳，台湾成功学大师尚致胜、白崇贤，以及 20 世纪 80 年代的经济界名人温元凯，易学专家张其成，顶新、雀巢、可口可乐的经理们。

而"扑"到这些顶尖高手后，她用了一种最精巧的学习方式——"做一名精巧的复制者和模仿者，代入导师的角色，观想他们的行为和思维"。

脱不花之所以高中肄业，却能取得如此高的成就，背后的方法并不复杂，是因为她找到了优秀的导师，复制和模仿了他们的思想和行为。脱不花的案例可以让我们再次看到，思想和行为的学习的重要性。

二、解构，模仿的第一步

我们应如何进行正确的模仿呢？

其实，模仿在本质上是信息表达的过程。所以，我们要做的第一步是获取充分而又完整的信息。问题是，我们怎么获取？通过仔细地观察就可以了吗？

答案是，并不够，你还需要学会解构。正如你临摹字帖，如果你不懂字体的结构、笔画写法等基础知识，仅仅通过观察，你很难获取充分而完整的信息。换言之，你需要一套模型来拆解你想要模仿的对象，这样才能获取准确的信息。

1. 什么是解构

尽管我以临摹字帖为例，谈到了如何解构，但如果你没有临摹字帖的经历，应该并不好理解。在畅销书作家采铜所写的《精进》一书中，举了一个关于"小黄鸭玩具"的例子，这个例子可以让我们很好地理解什么是"解构"。

例子是这样的。假如，你经过一家玩具店，看到一只黄颜色的小鸭，那你会有什么想法？如果你家里没有小孩，那么大概率你是无感的。

假如一个小朋友看到这个玩具，他很喜欢这只小黄鸭，你认为他会关注小黄鸭的什么？而此时和小朋友在一起的家长，又会关注什么？

相信他们关注的内容是这样的。小朋友关注这个玩具好不好玩、外形好不好看、功能多不多等，因为小朋友是站在自己玩耍的角度来看小黄鸭的。小朋友的家长则关注这个玩具的价格，也关注它是否卫生、安全。因为家长需要掏钱，也需要关注儿童的健康。

现在，我们再来换一种身份，如果是一个玩具厂家的几位工作人员，发现小黄鸭的市场销量很好，他们想开发类似的产品。那么玩具厂家的几位工作人员又会如何看待这只小黄鸭？

玩具厂家的几位工作人员会关注小黄鸭的原材料、生产工艺、成本等。因为他们关注的是如何及要花费多少成本才能生产出这种产品。

玩具厂家工作人员的这个视角，就是一种"解构"的行为：通过一个结构，拆解产生最终结果的各个要素。原材料、生产工艺、成本等，就是结构的一部分。只要你的结构足够完整，就能通过这种拆解，获取更加准确的信息。剩下的，就是信息表达的问题了。

事实上，如果你学会了解构，再复杂的对象都是可以通过模仿来学习的。我们知道，仅通过观察一盘中餐的菜品，是很难将其复制的。但知名的餐饮人陈区玮分享过他如何通过解构来学习做"大盘鸡"这道菜。

"上完菜后，把所有的材料、配料、酱汁分离，鸡肉、土豆、青椒、辣椒、大葱、酱料分开放到不同的盘里。另一位同事用游标卡尺和电子秤开始测量和称重，连一小段辣椒都要精确地测量。

"分拣、测量完以后，第三位负责标准化配方的同事用盐度计、糖度计、探针式温度计来测量盐度、糖度和温度。除了原材料，装菜的茶盘的尺寸也得测量。

"等物理部分测量完了，这个时候他们会让资深厨师上场，请资深厨师打分，分值为1~10分，给菜品打一个酸度值。因为"酸"有不同的类型，有山西陈醋、大红浙醋、白醋王、泡菜汁、意大利黑醋等，不同类型的酸味口感也会不同。他们还会判断是来自什么品牌、哪个厂家。"

以上就是陈区玮学习做大盘鸡的过程。他所用的就是解构的方法，而且由于多年的专业积累，他的模型是极其细致和精确的。经过这样的拆解，想要做出这道菜，就会很容易。按陈区玮的说法，即便找到一个相对初级的厨师，也基本可以将这道菜品做出来了。

所以，模仿的第一步是通过拆解的方式，获取足够充分和完整的信息。

2. 如何对人进行解构

在了解了什么是解构之后，既然本节要探讨的是如何通过模仿向他人学习，那我们就来探讨一下，该如何去解构一个人。

首先，相比具体的解构技巧，更重要的是意愿和意识。你需要有向他人学习的意愿，并有解构的意识。

如果你没想过向优秀的人学习，没有"见贤而思齐焉"的意愿，就不可能去解构并进行模仿。而有了向优秀的人学习的意愿之后，我们也需要有解构的意识。如果只会感慨和赞叹那些优秀的人，或者将那些人的优秀归因于天赋、基因等，那是无从学起的。其实，他们的优秀，尽管有天赋、机遇等原因，但并不是遥不可及的，而是有迹可循的。

正如孔子所说："三人行，必有我师焉；择其善者而从之，其不善者而改之。"孔子的成长，也是一路向他人学习的结果。只是这个维度的学习，此前被绝大部分人忽略了。

其次，从拆解的基本框架来说，你可以先从思维、行为、知识三个维度开始。你需要认识学习对象的思维，了解他们的行为过程，分析他们的知识结构。

所以，在解构一个学习对象时，拆解包含思维、行为和知识三个维度。

当你有了拆解的意识之后，如果拆解到"行为"这个维度，就会对一些看起来非常优秀、令人惊叹的人，有了完全不同的认识。

比如，对钱锺书先生，如果不解构到行为的维度，你就只会感叹于他的博学和天才。当你能拆解到行为的维度时，发现他读书的方法和习惯，你就会知道，尽管他取得的成就令人敬佩，但也是可以学习的。如果你模仿他读书的方法和习惯，尽管不能成为他，但至少是可以有明显进步的。

又如，相信很多人对于演员彭于晏并不陌生。被导演姜文称为"精神和身体分开"的他，有着雕塑一般的身材。然而，除了赞叹他的身材和自律，如果我们能从行为的维度对他进行解构，也许会有新的发现。

有一次演员胡歌接受采访，说到和彭于晏在一起拍戏时，经常会听到他的房间里传出声响。原来彭于晏在拍戏期间，在房间里也会坚持锻炼。试想一下，一个普通人如果能在健身上也花费如此多的精力，他不一定有彭于晏的好身材，但至少不会差。

所以，当你只是在行为维度对优秀人物进行解构时，你就可以同那些已经取得很高成就、难以企及的人拉近距离了。

> 再次，进一步拆解模型，用更细化的要素来深度解构。

虽然从思维、行为和知识三个维度，我们可以进行初步拆解，但这还不够。我们如果想要让模仿变得更容易，还需要了解更细化的要素。就像陈区玮在分享如何学习做大盘鸡一样，他如果仅仅拆解到色、香、味这三个维度，而没有进一步对材料、配料、酱汁、盐度、糖度、温度、酸度等要素进行解构，那也是很难模仿的。

解构人的细化要素有哪些呢？这里的要素有很多，不同模型也会拆解出不同的要素。巴菲特所提及的各种品质（如慷慨大方、诚实守信、有领导力、组织能力等）或者富兰克林所列的13项美德，都属于他们根据自己的模型，拆解出了一些更细致的要素。除此之外，本书提出的学习力模型，又或者查理·芒格提出的思维模型，其中也都可以拆解出更多的要素。

由于解构时涉及要素众多，为节少篇幅，这里仅以本书的写作为例，探讨如何从思维的维度进一步拆解出细化的要素，并进行模仿学习。

本书的写作过程，我借鉴和模仿了瓦特的思维方式。我为何能拆解出瓦特的思维方式呢？那是因为我在观察人时，已经有了思维、行为和知识这三个维度。而在思维这个维度下，我又学习和掌握了多个思维模型。正因为我知道了思维模型，所以能识别出瓦特使用了第一性原理的思维方式，从而改良了蒸汽机。而又因为看到瓦特应用了这个思维模型，所以我也就可以模仿和借鉴了。

这背后的原理，其实和陈区玮学习做大盘鸡是一样的。他需要先了解"酸"这个维度，然后还要知道"酸"有不同的具体类型，比如是山西陈醋还是大红浙醋，这样他才能识别出菜里具体所用的醋。

他如果都不知道有哪些醋，就无法识别。这就好比如果我不知道有第一性原理这种思维方式，也就识别不出瓦特用了这种思维。

所以，进行进一步解构的前提，是你需要先了解具体有哪些更细化的要素。

三、如何模仿王阳明

王阳明是中国历史上的"两个半圣人"之一，文武双绝。正是因为他的非凡成就，包括曾国藩、梁启超、蒋介石、稻盛和夫都对他极为崇拜，并将他奉为精神导师。如今，他的心学仍然广为传播，他所著的《传习录》也依然畅销。

世人之所以推崇王阳明，可能不仅想学他的心学，还希望通过学习他的心学，自己也能有所成就。问题是，如果是这种目的，我们仅了解王阳明的心学、读读《传习录》就可以了吗？

答案显然是远远不够！真的要学习一个人，他所提出的理论、撰写的文章，都只是"果"，我们需要的是回溯到过程，看他的思维、行为及知识。他有什么样的思维方式？他做了什么？他的知识结构又是什么样的？只有如此才能真正学有所成。

接下来我们对王阳明的事迹进行概括，再用前面提到的模型进行相应的拆解。

首先，说说文的方面。王阳明年仅11岁时，就立志要做圣人；他在18岁时，从当时的名儒娄谅处悟到"圣人可学而致之"。从此，他以圣人的标准自我要求，一个素来随和的人"痛改前非"，从此正襟危坐，寡言少语，真正做到了儒家所言的"改变气质"。他所追求的也不再是功名和科举，而是津津有味地读着和科举无关的诸子百家，以及历史之类的"闲书"。

王阳明自述，自己直到35岁才真正回归到圣贤之学，在此之前，因为"五溺"他蹉跎了二十年。五溺，是指王阳明有很长一段时间沉溺于五个领域的学科知识，具体而言，是指"初溺于任侠之习，再溺于骑射之习，三溺于辞章之习，四溺于神仙之习，五溺于佛氏之习"。

其次，说说武的方面。王阳明在15岁时就"慨然有经略四方之志"，独自出游居庸关，亲自查访各部"蛮夷"与大明帝国的边防守备实况。他在26岁时，和父亲一同进京后，认真学起了兵法。每当有宴席的时候，他还会用果核模拟排兵布阵、攻杀战守。

此后，王阳明被委派督造威宁伯王越的坟墓时，别人想的是如何尽职尽责，而他却用民工排兵布阵、演练各类兵法和阵图，以提升自己的管理能力和军事技术。

以上就是对王阳明相关事迹的简要概述。我们怎么对他进行解构呢？我们还是从思维、行为及知识三个维度着手，只是这里可以深入地看一下更细化的要素。

首先，在思维方面，尽管我们不能细化地拆解，但可以看到两点：王阳明有极强的成长型思维和信念感，坚信圣人可以"学而致之"；他有极强的求知欲和好奇心，不会被功名所束缚，是真的在求知。

其次，在行为方面，王阳明做了这些事情：他从小立志要成为圣人；求知欲旺盛，热爱学习，以至于沉溺于多个学科；愿意为志向去努力和实践，年纪轻轻就独自出游边关；愿意去改变和调整自己，为了成为圣人，可以"痛改前非"；不断地刻意练习，宴席上及督造坟墓，都会用各种机会练习技能。

再次，在知识方面，相比传统儒生，王阳明广泛涉猎了游侠、骑射、辞章、道家及佛学等各领域的知识。尽管他自己认为那是蹉跎岁月，但事实上，这让他有了与众不同的知识结构，更夯实了心学的理论基础，也让他能够在武的方面取得非凡成就。

以上就是对王阳明所进行的解构。虽然我们无法做到对王阳明的完全复制，但至少通过对他进行细化解构，学习和模仿他会变得更容易。

比如，在思维方面，我们可以模仿他的成长型思维、信念感、求知欲和好奇心；在行为方面，我们可以模仿他的立志行为，不断求知，愿意为了志向去努力和实践，以及对技能的刻意练习；在知识方面，我们可以学习他所涉猎的知识领域，比如读读儒家、道家、兵法、文学等方面的书籍。

你会发现，如果一个人能在上述的维度学习和模仿王阳明，那么即使他无法成为圣人，至少也会成为一个极其优秀的人。所以，相比读一个人所写的书，如果能够解构他并予以复制，那么这种学习的成效将有质的差别。

第四节　刻意练习：技能的高效学习法

刻意练习是技能学习的一种有效方法，这个概念最早是由心理学家安德斯·艾利克森和科学家罗伯特·普尔在他们所写的《刻意练习》一书中所提出的。书中，两位作者通过深度的研究和大量的案例，打破了人们对天才和天赋关系的固有认知，证实了绝大部分的天才其实是刻意练习的结果。

在一定程度上，我们可以说《刻意练习》这本书具有革命性的意义，因为它让人知道，天才并非遥不可及。所以，我们很有必要重新认识一下刻意练习。

一、什么是刻意练习

既然刻意练习如此重要，那什么是刻意练习？它和普通的练习又有什么区别？我们先从《刻意练习》一书中提到的两个故事开始谈起。

1. 莫扎特的故事

在《刻意练习》一书中，最具代表性的应该是莫扎特的故事，以及一个关于"完美音高"的实验。

在我们的认知中，莫扎特一直被视为一个音乐天才：6岁开始作曲，并在欧洲开启巡演；7岁能熟练演奏小提琴和各种键盘乐器；8岁写出第一部交响曲。而更令人惊叹的是，莫扎特拥有一项被称为"完美音高"的能力：他听到任何乐器演奏，不论哪种调子，都可以准确地辨别是用什么乐器、什么调子演奏的。这项能力，当时绝大多数已成年的音乐家，包括经验极为丰富的音乐家，也都不具备。这也是莫扎特被称为天才的另一个重要原因。

然而，如果深入了解莫扎特，你会发现，与其说莫扎特的天才表现是因为天赋异禀，还不如说是他刻意练习的结果。或者更准确地说，是他父亲对他刻意培养的结果。

莫扎特的父亲奥波尔得·莫扎特是一位小提琴演奏家和作曲家。尽管他自己的成就一般，但在培养儿童的音乐才华上，他有着卓越的能力和成功的经验。而这种能力和经验，其实也是他刻意练习的结果。

在莫扎特出生之前，他父亲已经成功培养了莫扎特的姐姐，使得年仅 11 岁的她就被称为钢琴演奏家、大键琴演奏家和职业音乐家。此后，莫扎特的父亲还专门撰写了一本用于发掘孩子音乐才华的培训书籍。

莫扎特出生后，他父亲又将自己此前的成功培训经验全部用在了莫扎特身上。在莫扎特 4 岁时，他父亲就开始全职教他小提琴、大键琴和其他更多乐器。所以，莫扎特的天才表现和他父亲对他的刻意培养密不可分。

现在问题来了，像莫扎特这样的天才都是培养出来的，那是不是意味着，一个普通的儿童经过类似的刻意培养，都会成为莫扎特一样的音乐天才呢？显然，这个问题难以准确回答。但至少有研究证实，天才的一部分特质，也就是莫扎特被视为天才的重要特质——"完美音高"的能力，其实是可以通过刻意练习获得的。

在《刻意练习》一书中，作者提到了以下一项研究。2014 年，东京一所音乐学校开展了一项实验。他们对招募的 24 个年龄为 2~6 岁的普通孩子进行长达数月的训练后，这些孩子全部都拥有了"完美音高"的能力。经调查发现，如果没有经过训练，每一万人中仅有一人具有"完美音高"的能力。换言之，被视为天才标志的"完美音高"的能力是可以通过训练获得的。

问题是，以上的故事和实验仅仅是个案还是具有共性呢？答案是，并非个案。在《刻意练习》一书中，作者通过更深度的研究及更丰富的案例，详细论证了：绝大部分天才其实都是刻意练习的结果，很多看似"天赋"的能力，只要经过正确的刻意练习，普通人就可以获得。

2. 小林尊的故事

莫扎特的故事让我们看到，天才是可以通过刻意练习而成的。但问题是，到底什么是刻意练习？我们再来看一个"热狗大王"小林尊的故事。

小林尊原本是日本一位经济学专业的学生。他个子瘦小、眉清目秀。但这样的"小个子"却在国际吃热狗比赛中屡次打破世界纪录，并在很长时间内保持着世界纪录。

2001 年，小林尊第一次参加了吃热狗比赛的"超级碗"——内森国际吃热狗大赛，与他一起参加比赛的基本上都是身材魁梧、体型庞大的人。一开始，因为小林尊的瘦小身材，组委会和其他选手并没有给予太多关注。

当时，12 分钟吃热狗数量的世界纪录是 25.125 个。可以想象一下，这对于绝大部分人而言是非常有难度的。但在比赛中，小林尊在 12 分钟内吃完了惊人的 50 个热狗，一下子将世界纪录几乎翻了一倍。这相当于 100 米短跑世界纪录为 10 秒左右，突然有一个人将其提升到了 5 秒的水平。小林尊的表现震惊了大赛中的全体人员。而在此后，小林尊更是连续 6 年称霸大赛。

看到这样的结果，不知道你有何感想？或许，你以为小林尊尽管个子瘦小，但天赋异禀，食量惊人。事实上，在没有比赛的情况下，小林尊吃东西和普通人差别不大，一顿饭可以只吃一盘蔬菜沙拉和少许不配料的鸭胸肉、喝一杯英式早茶。

所以，如果说天赋，吃热狗这种事小林尊应该是没有的。那他为何能打破世界纪录，取得惊人成绩呢？

答案就是，刻意练习。小林尊自己研发了一套吃热狗的方法，通过不断地自我训练、刻意练习，最终超越了所有的对手。

其他人都是拿起一个热狗，拼命地往嘴里塞，从头咀嚼到尾，然后再喝水送下去。而小林尊则是先将热狗拆分为肉肠和面包，肉肠直接被吞咽，滑入食道，面包则先被浸湿再塞入嘴里。这样既节约了喝水时间，又可以让面包更好吞咽。

在经过这种拆分后，小林尊还将自己的训练过程录像，记录每个数据，不停地给自己反馈，尽可能地发现低效环节和每一秒的浪费，并持续做出改善。此外，他还进行了无数次的实验，持续改进，甚至发明了一种特殊的舞蹈，进食时跳跃并扭动身体，以给胃部腾出空间。

正是他将一个个动作拆解，然后刻意练习，才让他以瘦小的身材完胜那些体型庞大的竞争对手。所以，通过小林尊的案例，可以进一步看出，在看似完全没有天赋的领域，利用得当的方法，通过刻意练习，也可以取得令人诧异的成绩。

3. 刻意练习包含的步骤

我们再来探讨一下，到底什么才是刻意练习，以及它和普通练习的区别。

如前所述，我之所以引用小林尊的案例，是因为它极具代表性，可以让我们清晰地看到什么是刻意练习。我们可以将刻意练习分为以下四个步骤。

第一，将一种行为或者一项技能，进行正确的拆解。

小林尊将一种看似普通的吃热狗行为，拆解为一个个更小的环节和动作，然后再进行相应的练习。这里的关键在于，我们应将一种行为或一项技能进行正确的拆解。如果没有进行拆解，或者没有进行正确的拆解，都起不到应有的练习效果。

第二，按照拆解的环节和动作练习。

在拆解之后，我们需要按照所拆解的环节和动作进行练习。这一步，重要的是要将拆解的动作做准确。如果动作不标准、不准确，练习的效果也将大打折扣。

第三，给自己反馈，不断调整、优化。

小林尊有一种极具代表性的行为：给自己录像，找到不足和改善空间，然后调整、优化。这是刻意练习的关键一步——在练习中不断反馈，并基于反馈不断地调整、完善。

第四，大量且重复的练习。

无论动作拆解是否正确、练习是否准确，如果没有大量且重复的练习，依然不能称之为刻意练习。刻意练习，首先必须是练习，而练习离不开时间的投入和行为的重复。

简而言之，刻意练习就是将一种行为或者一项技能，经过正确地拆解，然后进行针对性的大量练习，并在练习中不断给自己反馈，进而优化、调整的一种训练方法。

刻意练习和普通练习有什么区别呢？它们的区别在于：普通练习更多强调是否进行了练习，以及练习的时间和数量；而刻意练习，除了关注练习的时间和数量，更多关注的是练习的内容和质量。

二、如何正确进行刻意练习

在了解了什么是刻意练习后，正确进行刻意练习就变得相对简单了。

首先，通过各种方式，尽可能找到正确而优质的信息。

关于这一点，我们可以找一个好教练、好导师，请他们提供准确的信息，并进行反馈。问题是，如果你没有这个条件，那么你应如何获取有效的信息呢？其实，你可以通过自己的观察，再通过有效的模型进行拆解，从而获取有效的信息。

刻意练习的第一步是拆解行为或者技能，和本章第三节在介绍模仿时所探讨的"解构"类似，两者虽然用词不同，但性质基本是一样的，都是将学习对象按照一定的结构和模型予以拆解。

所以，从底层的信息视角来看，其实刻意练习和模仿类似，都是一个获取更正确、更优质的信息，并将信息予以准确、完整地表达的过程。只是，提到刻意练习，我们的主要关注点是练习，也就是信息表达的环节，因为很多时候你需要表达的信息是别人提供给你的。而模仿的主要关注点，则是找到优质的模仿对象并进行解构，也就是获取信息的过程。其实，二者是可以相互补充的学习方法。我们完全可以用本章第三节所分析的解构技巧自行解构，从而获取相应的信息。

在富兰克林的自传中，他描述了自己练习写作的方法。一次偶然的机会，他看到了一本名为《观察家》的英国杂志。由于被其中高质量的文章深深吸引，于是他下定决心自己也要写出那样漂亮的文章。

他选择了几篇自己喜欢的文章，再将它们与自己所尝试写的类似文章进行比对，刻意让自己可以描写细致入微、用词精准简练。此后，他又将在《观察家》中所找到的文章改写成诗歌，一段时间后，对于原文章的内容有所遗忘，他又将诗歌改写成散文。此后，他又不断完善散文的总体结构和逻辑。

在此过程中，他持续整理自己的思路与原文作者不一致的地方，不断地改进方法和语言。于是，凭借这样的刻意练习，他的写作水平有了质的提升。

其次，跨出自己的舒适区，按照正确的内容和方法专注练习。

在获取了有效信息之后，下一步就是信息准确表达的过程了。尽管获取有效信息至关重要，但信息的准确表达同样重要，而且并不容易实现。

因为我们的行为，尤其是成年人的行为，是经过多年的不断重复后形成的。这些行为已经成了我们的下意识，成了我们的习惯和直觉，这是我们的舒适区所在。现在要改变这些行为，自然极为困难。

如果你在成年后练习过书法，应该会有明显的感受。你的书写习惯已经持续了多年，现在要去改变会非常不适应。但如果想要学习书法，就要突破这种舒适区。而且，为了达到更好的学习效果，你还要集中注意力，专注地练习。

再次，通过自我复盘、外部导师等，对练习的过程进行反馈。

反馈，是刻意练习的一个重要环节。如果没有反馈，只是持续练习，那么练习在很大程度上是无效的。因为刻意练习的关键，是将信息准确地表达出来、正确地实践出来。这个过程必然是一个持续改进、不断完善的过程，如果没有反馈、没有调整，是不可能做到的。

这里的反馈，如果条件允许，当然是寻找一位资深的外部导师。一方面，外部人的视角和观察一定会更清晰；另一方面，外部导师通常有丰富的实践经验，往往掌握更多你所不知道的隐性知识。通过他们的反馈，你可以更快速有效地改善自己的练习。

如果条件不允许，你也可以如小林尊一样，给自己录视频反馈，或者如前面所谈的，对自己的行为过程进行复盘和反思，以给自己反馈。

无论哪种反馈，背后的逻辑都是一样的，确保对所获得的正确信息进行准确的表达。

最后，持续练习，不断改善。

刻意练习最终的成果是形成一种长期记忆和心理表征，而这个过程需要不断地重复和实践，甚至有些技能可能需要长达数千小时的重复和训练。一旦你持续做了，就可以达到《刻意练习》一书中所描述的状态了："他们经过年复一年的练习，已经改变了大脑中的神经回路，已创建了高度专业化的心理表征。这些心理表征反过来使令人难以置信的记忆、规律的识别、问题的解决等成为可能，也使他们能够培养和发展各种高级的能力，以便在特定的专业领域中表现卓越。"

结合此前我们在神经科学及心理学等领域知识的学习，你应该相信，只要努力付出，你是完全可以做到的。

本章参考资料

[1] 张宏杰. 曾国藩传 [M]. 北京：民主与建设出版社，2019.

[2] 马修·萨伊德. 黑匣子思维：我们如何更理性的犯错 [M]. 孙鹏，译. 南昌：江西人民出版社，2017.

[3] 奇普·希思. 瞬变：让改变轻松起来的 9 个方法 [M]. 北京：中信出版社，2017.

[4] 史蒂芬·列为特，史蒂芬·都伯纳. 魔鬼经济学 3：用反常思维解决问题 [M]. 汤珑，译. 北京：中信出版社，2016.

[5] 陈中. 复盘：对过去的事情作品做思维演练 [M]. 北京：机械工业出版社，2020.

[6] 度阴山. 知行合一王阳明传 [M]. 北京：北京联合出版公司，2014.

[7] 脱不花，怎样成为高效的学习者，得到 App.

[8] 陈区玮，跟六千馆学开精品餐馆，得到 App.

[9] 罗辑思维 CEO 脱不花万字长文自述：我的职业生涯，从 17 岁北漂开始，"粥左罗"公众号.

[10] 任正非，从泥坑里爬起来的人就是圣人，2018 年演讲.

第七章　思维的学习
——学习中最核心的维度

什么是思维？什么是思考？

什么是思维方式？什么是思维模型？

人的思维方式是怎样形成的？

我们应怎样做才能提升思考能力？

第一节　思维及其结构

思维的学习，顾名思义，就是对思维进行相应的学习，它不仅包括对与思维相关的知识有更多的了解，还包括改变人的思维方式，提升思考的能力和技巧。

一方面，思维是一个抽象的概念，它不像知识可以用文字的形式呈现，又或者如行为一样可以直接观察，思维的学习本身更为困难。另一方面，一个人的思维在很大程度上是他过往人生经历所塑造的，是他成为自己的重要原因，但是思维的学习意味着思维的改变和调整，人们往往并不愿意改变和学习。

然而，当对思维有了更多的了解之后，你会发现，思维不仅可以学，而且很有必要学。思维的学习能产生极大的价值。思维的学习是学习力提升中必不可少的部分。

一、思维的学习的价值

在详细探讨什么是思维及如何学习思维前，我们有必要谈谈思维的重要性及在思维方面进行学习的必要性。

1. 思维的重要性

在第六章中，我们提到了美国营养学专家斯特宁夫妇在越南救治营养不良儿童的案例。此前，我们是从复盘的角度来探讨的。换个角度看，这其实也是体现思维重要性的一个绝佳案例。

在斯特宁夫妇参与救治不良儿童前，越南已经有很多专家尝试过解决这个难题，但都没有成功。斯特宁夫妇却几乎凭着一己之力，有效地解决了这个难题。原因是什么呢？

答案是，他们的思维方式不同。越南专家认为，解决问题，要先研究问题产生的原因，然后再针对原因解决问题。于是，他们花了很长时间、很多资源去研究儿童营养不良发生的原因。然而，即便他们找到了原因，由于资源有限，问题也依然无法解决。

斯特宁夫妇则认为，解决问题，可以不用研究问题产生的原因，只要找到问题的解决方案即可。于是，他们专注于在同样贫困、资源有限的情况下，营养不良的问题是否已经有了解决方案。最终，他们成功找到了解决方案，并将该解决方案予以复制、推广，问题也迎刃而解。事实上，斯特宁夫妇的这种思维方式，后来也有了一个专属的名称——"亮点思维"。

这个案例极具代表性地向我们展示了思维方式不同带来的巨大差别。思维方式不正确，花再多时间、精力、资源，付出再多努力，结果可能依然不尽如人意；而仅仅调整了思维方式，一个几乎不可能完成的任务可能就迎刃而解了。

斯特宁夫妇的例子让我们看到，思维方式对于问题解决的重要性。接下来，我们再来看看思维方式对于人生选择的重要性。

蔡崇信是阿里巴巴的第二大自然人股东，他的巨额财富基本都是加入阿里巴巴后获得的。但在1999年加入阿里巴巴时，他却受到了家人和朋友们的极力反对。因为当时他是一家外资投资公司的高管，拿着近70万美元的年薪，而加入阿里巴巴他却只能拿到500元人民币的月薪。在所有人看来，这是一个疯狂且难以理解的决定。后来的事实证明，蔡崇信的选择是正确的。

现在回头来看，很多人或许会感慨于蔡崇信的勇气和运气。但如果深入了解会发现，与其将蔡崇信的成功归于他的勇气和运气，倒不如归功于他与众不同的思维方式。

对蔡崇信而言，加入阿里巴巴其实是一个非常理性的决策。因为蔡崇信有金融学的背景，他从金融学的视角分析了加入阿里巴巴这个决策。在他看来，加入阿里巴巴"上行收益无限，下行风险有限"。所以，放弃一份高薪的工作，加入一个刚刚初创、在他人看来前途未卜的公司，看似疯狂，但对蔡崇信来说，反而一个绝佳的机会。

正是蔡崇信与众不同的思维方式，让他做出了一个与众不同的决策，也让他有了与众不同的人生。

2. 思维的学习带来的收获

通过前面的介绍，你应该看到了思维的价值和重要性，但问题是，思维是不是可以学习？答案显然是肯定的，而且思维的学习能带来巨大的价值。这里，以我个人的故事为例，谈谈思维的学习给我带来的收获。

1）亮点思维让我快速成长

前面通过斯特宁夫妇的例子，我谈到了"亮点思维"的巨大价值。而我因为学习了这种思维方式，给自己的律师生涯带来了极大的帮助。

在很多人看来，律师是一个光鲜亮丽的职业。其实，对于任何行业，光鲜亮丽永远只属于一小部分人。对于大部分律师来说，那只是一份普通的工作而已。因为律师是一个竞争极为激烈的行业。有人说，律师行业非常符合"二八法则"——少部分的头部律师获得了绝大部分的案源和收入，其余超过 80% 的律师则共享剩余 20% 的收入。此外，律师的成长周期相对较长，一位好律师想要脱颖而出，需要很长时间的积累和历练。大部分的律师，最终很可能也无法脱颖而出。

所以，如果按照常规的思维方式，做一名相对成功的律师无疑是困难的。然而，在学习了斯特宁夫妇的思维方式后，我没有聚焦问题和困难，而是尝试寻找亮点。我问了自己两个问题：在竞争如此激烈的行业中，是不是有人依然脱颖而出了？他们做对了什么？然后，我尝试解答这两个问题，并向那些高手学习。

正是顺着这样的思路，入行之后，我研究了十几位在业内非常知名的成功律师，认真思考、分析他们都做对了什么。通过研究，我找到了成为一名优秀律师的基本规律。尽管这样的研究成果并没有让我成为一位非常成功的律师，但相比大部分律师，我的成长更为迅速。

其实，除了在律师行业中的应用，亮点思维在其他领域也可以得到非常广泛的应用。在学校里，你可以看看那些"学霸"做对了什么；在职场中，你可以看看那些优秀的同事做对了什么；在商场中，你同样可以看看那些同行做对了什么。然后，基于分析结果，你可以模仿和学习他们，这样就能让自己在不同领域中更快地成长。

在本书中，我研究了几十位优秀人物的学习方法，也是应用了亮点思维：我尝试找到那些最优秀的人，看看他们在学习上做对了什么，然后再予以提炼、模仿和借鉴。

2）学习瓦特的思维方式写就了本书

除了亮点思维，我在前面也多次提到，写作本书受到了瓦特改良蒸汽机的启发。这也是思维的学习给我带来的另一个重大收获。

如果从专业的角度来说，瓦特非科班出身，没读过大学，尽管他自学了力学、数学、物理学等相关知识，但毕竟没有那些大学老师知识丰富。而且，在瓦特之前，纽卡门已经率先发明了蒸汽机。那为什么是瓦特率先改良了蒸汽机而发明了万能蒸汽机呢？

答案是，因为思维方式的不同。

一方面，尽管在专业知识上，瓦特没有大学老师丰富，但大学老师的关注点主要在于理论研究和教学，而不在于将理论应用于实践，而瓦特却在思考如何将理论应用于实践。此外，大学老师尽管知识丰富，但往往会受限于自己所教的学科，而瓦特却是从问题和场景出发，并不会被学科所限。

另一方面，尽管是纽卡门先发明了蒸汽机，但他仅仅停留在技术的创新上，并不懂背后的力学、数学、物理学等科学原理，更重要的是，纽卡门应该也没有想过从底层原理来认识蒸汽机。而瓦特不仅尝试从底层原理来认识蒸汽机，并且有意识地应用这些原理来改良蒸汽机。

正是这种思维方式上的不同，使瓦特成功改良了蒸汽机，进而使普通蒸汽机成了在任何场景下都能使用的万能蒸汽机。

我在写作本书时，可以说完全模仿了瓦特的这种思维方式。

其实，目前市面上有大量与学习相关的书籍。然而，和纽卡门从技术层面发明蒸汽机一样，绝大部分的这类书籍也仅仅停留在方法层面。但方法也好，技术也罢，都只是一种经验的积累。既然是经验的积累，就必然有不科学的地方，适用条件也会受到限制。这也是纽卡门发明的蒸汽机只能适用于煤矿，以及很多学习方法只能适用于部分人的原因。

有人说："适合自己的学习方法才是最好的。"然而，真正有效的方法不应该因人而异，而应该是通用的。只能适用部分情况或部分人，那恰恰说明方法仅仅是经验的总结，没有底层原理的支持。

尽管市面上也有不少专家、学者写就的学习类书籍，我在本书中也多次提到并借鉴，但和瓦特时代的大学老师类似，这些专家、学者往往有他们自身的局限性，他们通常仅从自己的专业视角来看待学习。比如，心理学专家仅从心理学来谈学习，神经科学的专家则仅从大脑和神经科学来谈学习。而且，这些书籍偏重于理论，未能将理论很好地与实践结合。

因为学习了瓦特的思维方式，在写作本书时，一方面，我尝试从神经科学、心理学、信息论、认识论、逻辑学等底层的原理来认识学习，并且尽可能打破学科的壁垒；另一方面，我也将理论联系实践，尤其是对优秀人物的学习方法进行实践。正是基于这种思维方式，才让我这样一个看似与书中很多学科都无直接关系的律师，写出了一本视角不同的学习类书籍。

3）埃隆·马斯克用"第一性原理"重构了电动汽车的电池组

其实，瓦特的这种思维方式还有另一个更为响亮的名称，有人将其称为"第一性原理"。与亮点思维类似，第一性原理同样有着广泛的应用场景，也有着很多成功的案例。在应用这种思维方式的人当中，最知名的莫过于埃隆·马斯克了。而他最具代表性的案例，则是应用第一性原理大幅降低了电动汽车的电池成本。

在一次采访中，埃隆·马斯克曾详细谈了他具体是如何应用这种思维方式的。埃隆·马斯克说："有人可能会说，电池组一直都是那么贵，它们的价位一直不变，因为过去一直都这样。这种推论其实很没有信服力。有人可能还会说，以前电池花费600美元每千瓦时，未来也不会好到哪里去。我们会想，电池是由什么组成的？从第一性原理来看，这些组成部分的价格又是多少？接着得出，电池其实是由铜、锌、铝、碳和一些起间隔作用的聚合物，再加上密封罐组合而成的。如果我们将电池分解到原料层面，然后想想，如果去伦敦金属交易所，这些原材料会花费多少钱？天啊，只要80美元每千瓦时。现在，你只需要找出一种聪明的方法，将这些原料组合成电池即可。"

所以，正是因为埃隆·马斯克从底层原理认识了电池，他才发现，电池的成本其实不高，完全可以通过更优化的组合来大幅降低。最终，他也确实成功了。

通过上述的案例，相信你应当看到了思维的学习的价值。无论是亮点思维还是第一性原理，如果你尝试学习并且应用，相信都能有极大的收获。

二、什么是思维

对于"思维"这个词，每个人都不陌生，但如果深入追问"思维具体的含义是什么"，估计很少有人能够回答。

此外，在谈到思维时，我们会用各种词语来指代，如"思维方式""思维模型"等。它们具体是什么含义？我们经常会说到"认知""思维""思考"等，它们之间又有什么关联及异同？如果没有将这些概念理顺，也会造成我们在思维的学习上的障碍。因此，我们也有必要深入认识一下思维。

那如何更深入地认识思维呢？总体而言，我们只需要做到两点：一是厘清与思维相关的概念，二是认识思维的过程是如何发生的。如此，我们不仅可以知道思维到底是什么，还可以了解思维具体是如何进行的。

这里，我们先谈谈"思维"和"认知"这两个概念的边界，至于"思维"和其他概念的异同及思维的过程，我们在后面再进行探讨。

为什么要厘清"思维"和"认知"这两个概念呢？因为很多人会将"思维"和"认

知"这两个概念混淆，但其实它们差别很大。

在心理学上，人的心理活动被分为认知、情感、意志三个模块。对于"情感"和"意志"，不是这里的重点，我们按照常识来理解即可，本书不做深入探讨。那什么是认知呢？简单来说，认知是人获得、存储、转换和使用信息的过程，同时也是人最基本的心理过程。具体而言，认知包括感知、记忆、联想（记忆激活）、思维、想象等环节。所以，思维并不是认知，而只是认知的一个环节。

如果以上的介绍有些抽象，那我们可以通过以下的例子来具体了解一下人的认知过程。

某天，当你从家里出来时，天突然变黑了。你抬头看了看天，看到了天上密布的乌云，这些乌云像一个巨大的笼子笼罩着整个城市。你想到前天也是这样乌云密布后就下起了大雨。你预测，马上要下雨了。于是，你回家拿了一把雨伞。果然，没过多久天真的下雨了。第二天，你和朋友说起了昨天的这场雨。

以上这个例子，就是认知的典型过程，包含了认知的五个环节：你抬头看天，知道了那是乌云，这是"感知"的环节；乌云让你想起了前天的大雨，则是"联想"的过程；你看到乌云，预测可能要下雨，并回家拿雨伞，这是"思维"的过程；而你把乌云想成了一个笼子，是"想象"的过程；最后，你在第二天和朋友聊起昨天的这场雨，则表明你对前一天发生的事仍有"记忆"。

通过这个例子，你应该能更具体地了解认知过程是如何进行的，也可以发现它确实是人最基本的心理过程。

现在你知道了什么是认知，那什么是思维？

前面已经提到，思维是认知的一个环节。如果我们想更深入地认识思维的本质，还是有必要回到信息的视角，先从信息的视角来认识认知。

从信息的视角来看，认知的全过程是这样的：感知，是信息输入的过程；记忆，是信息的存储过程；联想，是信息的调取过程；思维和想象，则可以说是对信息的加工和应用的过程。

所以，思维在本质上是对信息的加工和应用的过程。相信这不难理解。你之所以产生思维，是因为你首先感知到了乌云，这是一个信息输入的过程；而你预测天马上要下雨，这是你对所输入的信息进行加工后得到的结果；而你决定回家拿一把雨伞，则是对信息加工结果的应用。

这里还有一个问题，如果思维和想象都是对信息的加工和应用的过程，它们又有什么区别？

简单来说，思维主要通过逻辑规则来加工信息；想象对信息的加工过程则不受逻辑规则的限制和约束，而且有更大的空间。思维的结果可能是通过推理和分析发现了事物之间的联系和规律，或做出了判断和决策，通常是抽象的；想象的结果可以是现实中并不存在的事物，通常是具象的。

需要说明的是，虽然想象不受逻辑规则的限制和约束，想象结果也可以是现实中并不存在的事物，但无论是对于个体还是对于人类社会，想象都至关重要。

对于个体而言，我们常说"做人要有梦想"，就是在说想象对于一个人的强大驱动力。对于人类社会而言，艺术、文学等方面的发展，以及人类的进步，无一不需要想象力。尤瓦尔·赫拉利在《人类简史》一书中说，人类之所以能取得这么大的成就，最主要的原因就是能够群体合作，而人类之所以能够群体合作，则是因为人类有想象力。

所以，想象至关重要。只是想象并非本章所探讨的重点，这里就不过多展开了。

有必要再说明一下，虽然我从心理学方面介绍了什么是"认知"，但或许你也注意到了，这和我们生活中所谈的"认知"似乎是两个概念。那怎么理解生活中常说的"认知"呢？

其实，在生活中当我们谈到认知时，很多时候是将其等同于我们此前提到的"认知图式"这个概念。比如，我们常听到的"认知升级"，说的就是"认知图式"的升级。关于认知图式的内容，我们在第四章中已有所介绍，这里不再展开。

三、思维的规则——逻辑

在厘清了思维和认知这两个概念，并认识了思维的本质之后，我们再来认识一下思维过程是怎样进行的。要解答这个问题，我们需要先从逻辑开始谈起。

对于"逻辑"这个词，很多人并不陌生。但是，到底什么是逻辑？很多人可能无法回答。逻辑有很多的含义，这里所谈的逻辑，可以理解为思维的规律或者规则。换言之，如果说思维是对信息的加工和应用的过程，那么逻辑则是加工和应用信息的一种规则和方法（但它不是唯一的规则）。

这也是当我们认识思维时，需要先从逻辑开始谈起的原因。此外，我说认识思维的第一步是要厘清相关的概念，在后面内容的介绍中你也会发现，没有逻辑学上相关概念的知识，若要轻松理解其他知识那也是无法做到的。

因为相关概念的定义就是逻辑学中最为基础的一个知识点。如前所述，在日常生活中，我们会接触很多与思维有关的名词。如果没有逻辑学上关于相关概念的知识，你很难发现，我们虽然用的是同一个词，但其实在表达不同的意思，或者虽然我们用的是不同的词，但其实在表达相同或相近的意思。

对于很多人来说，如果想要深度、系统地学习逻辑，那并不容易。但如果仅作为学习思维的基础知识，对逻辑有一个总体认识，那并不难。在本书中，你只需要掌握"推理、判断、概念"三种思维形式即可，因为逻辑主要就是基于这三种思维形式而展开的。

1. 推理

1）演绎推理和归纳推理

推理，是指从已知的前提和条件出发，得出一个结论的过程。这是非常重要的一种思维形式，可以说思维主要就是推理的过程。那么，人具体是如何进行推理的？

答案是，通过演绎推理和归纳推理。这也是推理的两种基本形式，相信我们也不陌生。前者是指从一般推理出个别的过程，后者是指从个别推理出一般的过程。

我们先来看一下演绎推理的过程。以下这个三段论就是非常典型的演绎推理。

大前提：所有人都会死。

小前提：苏格拉底是人。

结论：苏格拉底会死。

这里的大前提"所有人都会死"，就是具有普遍性的一般规律，"苏格拉底是人"则被称为小前提。根据这两个前提，我们可以得出这样的结论：苏格拉底会死。前提是一般规律，而结论是关于苏格拉底个人的，是对个别的判断。通过一般的前提推出关于个人的结论，这就是演绎推理。

归纳推理则与演绎推理相反，是从个别到一般的过程。举例而言，在17世纪之前，欧洲人见到的天鹅都是白色的，他们就认为所有天鹅都是白色的。推理过程是这样的：欧洲人见到的每一只天鹅都是白色的，基于这些个别情况的总和，他们就得出了一个普遍性的结论——所有天鹅都是白色的。通过个别的现象总结出一般规律，这就是归纳推理。

然而，当欧洲人到了澳大利亚之后才发现，尽管他们此前看到的每一只天鹅都是白色的，但也不应得出"所有天鹅都是白色的"这个结论。因为在澳大利亚还有黑色的天鹅。

从以上的两个例子可以看出，两种推理形式是有很大不同的。对于演绎推理而言，只要前提正确，结论就一定正确，是必然的；对于归纳推理而言，即便所有前提都是正确的，但结论也未必正确，是或然的。欧洲人即便见到再多的白天鹅，也无法保证"所有天鹅都是白色的"这个结论正确。

2）推理是人的本能

对于有些人来说，这或许是你第一次了解什么是演绎推理和归纳推理。但令你意外的是，虽然你从未学习过逻辑，可能也不知道什么是演绎推理和归纳推理，但是你已经非常熟练地在进行推理了。

你或许会惊奇，这怎么可能？事实确实如此，只不过这一切都是在你无意识的情况下进行的。你如果不信，我们可以以前面推测下雨的过程为例来看一下。

首先，你看到乌云就预测马上要下雨了，这就是一个演绎推理的过程。它的完整推理步骤是这样的：

如果天上出现了厚厚的乌云，天马上就会下雨。

天上出现了厚厚的乌云，

_____

天马上就会下雨。

所以，尽管你并没有刻意去做，但你已经在进行演绎推理了。只是这个过程是你在不经意间完成的，而且省略了一些必要步骤。

除上述演绎推理外，其实你也无意识地进行了归纳推理。

这又怎么理解呢？"天马上就会下雨"的结论，是通过"如果天上出现了厚厚的乌云，天马上就会下雨"这个作为前提的判断推理得出的。问题是，这个判断又如何得来？

答案是，通过归纳得来。

在过去的生活中，因为你曾经看到天空乌云密布，随后天很快就下雨了，于是通过归纳，你就得出了"如果天上出现了厚厚的乌云，天马上就会下雨"的判断。

设想一下，如果你生活在一个从来没见过乌云的地方，也没有从其他人那里及书本上了解过乌云，更不知道出现乌云后就会下雨，那你是否能得出"如果天上出现了厚厚的乌云，天马上就会下雨"这个判断呢？答案必然是否定的。因为你既没有"乌云"这个概念，也没有见到乌云后就下雨的经历。此时，你也就没有可以进行归纳推理的素材。

所以，在无意识的情况下，你其实进行了完整的演绎推理和归纳推理。这就是为什么说，推理是人的一种本能。

2. 判断

为什么要认识"判断"呢？因为推理是在判断的基础上进行的。如果思维主要表现为推理的形式，那么判断则是思维的基础单元。

为什么说推理是在判断的基础上进行的？要了解这一点，我们需要先从"什么是命题"开始谈起。

推理是在语句的基础上展开的。如果把推理过程拆解开来，它分别是由三个语句构成的："如果天上出现了厚厚的乌云，天马上就会下雨""如果天上出现了厚厚的乌云""天马上就会下雨"。这些语句，也可以被称为命题。所以，也可以说，推理是在命题的基础上进行的。

为什么这些语句可以被称为命题？所有语句都可以被称为命题吗？

答案是否定的。作为命题的语句，无论是在内容上还是在形式上，都是有要求的。在内容上，命题的语句必须表达为一种判断；在形式上，命题的语句原则上须是陈述句。语句原则上要求是陈述句，也是由内容决定的。

为了更好地说明这一点，我们有必要认识一下语句的类型。这里我不对语句进行详细的阐述，但可以通过唐代诗人王维所写的《相思》进行简单介绍。《相思》这首诗是这样写的：

> 红豆生南国，春来发几枝？
> 愿君多采撷，此物最相思！

在语言学上，语句可以分为陈述句、疑问句、祈使句、感叹句。《相思》这首诗里的四个句子，恰好包含了这四种语句类型。"红豆生南国"是陈述句，"春来发几枝"是疑问句，"愿君多采撷"是祈使句，"此物最相思"则是感叹句。

在这四句话中，只有第一句"红豆生南国"才能表达一种判断，其他的是在表达疑问、提出要求、抒发情感。这也是为什么说，原则上命题要求是陈述句。所以，可以总结一下，命题就是表达判断的陈述句。或者说，命题是表达判断的形式，而判断则是命题背后的内容。（陈述句并不都表达为判断，也可能仅表达为描述。比如，"我要好好学习逻辑。"这就是一种描述。）

现在，我们知道了命题和判断是形式和内容的关系，所以"推理是在命题的基础上进行的"这句话可以换一种说法"推理是在判断的基础上进行的"。推理得出的结论，同样也是一种判断。

因此，判断既是推理的基础，又是推理的结果。既然推理是思维的主要形式，那么作为推理基础的判断就是思维的基础单元。

这里还需要说明的是，在很多的逻辑学书中，都会用"命题"一词来指代"判断"，为什么我一定要将其还原为"判断"？因为，一方面，判断更符合我们生活中的用语习惯，我们能更容易理解它的含义；另一方面，更重要的是，用"判断"一词，可以让我们认识到，既然是判断，必然有正确和错误之分。

后面，我们会进一步介绍信念、思维方式等概念，你会发现，本质上它们全都是判断，或者说，它们都可以转化为一种判断。而当知道了判断有对错之分时，你也可以更理性地认识自己的信念和思维方式。

3. 概念

为什么又要认识概念？概念和判断又有什么关系？

推理、判断和概念，三者的关系是这样的：判断是推理的基础，概念是判断的基础。判断，我们也可以理解为对两个概念进行关联、分析、比较后得出的结论。比如，"红豆生南国"是一个判断，同时也可以理解为对"红豆"和"南国"两个概念进行关联、分析、比较后得出的结论。

所以，判断是思维的基础单元，概念则是思维的最小单元。

那什么又是概念？与认识判断类似，要了解什么是概念，我们也需要回到语言学上来对它进行理解。不过，为了不把问题复杂化，我们可以简单地将概念理解为词语的含义。当我们说"学习"这个词时，概念则是指"学习"这个词的含义。（严格来说，概念是指"词项"的含义。词项是逻辑学上的概念，是指最小的能够独立运用的意义单位。在语言学上，词项主要是由实词构成的。按照这个顺序，为了认识实词，还要介绍虚词。为了避免将问题复杂化，这里仅做简单介绍。）

当你知道了概念是词语的含义之后，你会发现，虽然是相同的词语，但很多时候其实是不同的概念。比如，你可能经常听到大人对小孩说："你要好好学习。"此时，这里"学习"的概念，其实是指学习书本上的知识、上课听讲、参加考试等，即本书所说的"向书本学习"。而如你所知，本书中的"学习"实际上是一个更广义的概念，包括向书本学习、向自己学习、向他人学习，这些都属于学习。所以，当两个人同时说"要努力学习"时，有可能表达的是不同的意思。

再举一个例子。你应该经常听到"成功"这个词，在不同的人眼里，它的概念同样可以有很大的不同。

有些人认为，赚到很多的钱才是成功；有些人则认为，完成了既定的目标就是一种成功。而即便以赚钱为衡量成功的标准，有些人认为需要赚几亿元，实现财富自由才是一种成功；而有些人则认为，只要比一般人生活得更好，有不错的稳定收入，有房、有车，无须为生活担忧、焦虑，那就是一种成功。

当然，在日常生活中，由于大众在说一个词时，往往有着默认的大致含义，意思相近，所以我们很少会刻意区分某个词具体的含义。但也恰恰如此，有时候，一些争议就是因为双方对词语的概念理解不同而产生的。

比如，男生没有时间陪女生，而是去努力工作，他想给女生更好的生活。为此，他们产生了争执。女生可能会说："你不爱我。"男生则反驳："我怎么不爱你了？我这么努力工作，就是想给你更好的生活。"

表面上看，这是因为情感而产生的争执，但从逻辑学上而言，则是双方对"爱"的概念理解得不一样。女生认为，爱应该包含陪伴；而男生认为，爱是要给对方更好的物质生活。

4. 学习逻辑的意义

现在，你相对完整地了解了推理、判断和概念之后，应该可以理解，为什么它们是三种主要的思维形式，以及为什么概念是思维的最小单元，判断是思维的基础单元，思维直接体现为推理的过程。

当你理解了这些之后，你会发现，很多时候，当我们说一些人思维不同时，很可能只是对概念的理解不同而已。

举例来说。在律师圈，有两种律师：一种律师在办理案件的同时，也会关注客户开拓、客户维护、问题解决、团队管理等，从而可以从一名初级律师一路成长为律师事务所的合伙人；另一种律师则只关注案件办理，很少关注客户开拓、客户维护、团队管理等，所以他可以是一位非常优秀的律师，但可能比较难成为律师事务所的合伙人。

这里无意对两种律师进行评价，因为他们都是律师行业所需要的。但我之所以提到这两种律师，主要是想说明，很多时候我们所说的思维不同，其实只是不同人理解的概念不同。

对于这两种律师，我在业内时常听到的评价是"这两类律师的思维不同"。如果你进一步了解的话，就会发现他们都想成为优秀的律师。之所以有上述差别，是因为对他们而言，"优秀律师"的概念是不同的。

对第一种律师来说，优秀律师是指除了把案件办好，还需要开拓客户、维护客户、管理团队的律师；对第二种律师来说，优秀律师是指把案件办好，让委托人满意的律师。

所以，有时候思维方式不同，从底层来说，是思维的最小单元（即概念）不同。

这也是为什么在本章探讨思维时，我会首先去界定与思维相关的词语的概念。因为如果不界定清楚概念，将造成后续讨论的困难。

而我之所以花如此多的篇幅来介绍逻辑学知识，也如前所述，如果没有逻辑学上概念的知识，我们可能难以意识到，彼此说的相同词语，其背后的含义是不同的。

四、大脑中信息的调取——检索、联想

既然思维是对信息的加工和应用的过程，逻辑是加工和应用信息的一种规则和方法，那就产生了一个问题：这些被加工的信息是从哪里来的？

你可能会说："很简单，从大脑中调取或者通过外部输入获得。"确实，这就是信息的两个主要来源。至于从外面如何获得信息，这涉及学习和外部的信息搜索，不是我们这里讨论的重点。但大脑如何调取已存储的信息？这个问题很少被关注，因为整个过程似乎是大脑自动完成的。然而，既然思维是对信息的加工和应用的过程，那了解如何获取加工和应用的对象就至关重要。这就像一个生产加工厂，如何获得原材料是至关重要的生产环节，是必须了解的。

具体而言，大脑主要通过检索和联想两种方式来调取大脑存储的信息。

1. 检索

检索，这里指的是通过提问的方式从大脑中调取信息的过程。最典型的场景是有人向你提问，你的大脑就自动开启了检索的模式。从生活常识中可以知道，这是大脑非常基础的功能。

对于思维而言，检索是一个基础却至关重要的功能。一方面，既然思维是信息的加工和应用的过程，而检索是调取信息的重要方法，那么检索对于思维就必不可少；另一方面，后面我们会介绍，思维是靠问题来驱动的，而提问是检索的重要部分，没有大脑的检索功能，思维难以启动。

此外，尽管逻辑是思维的规则，是信息加工的规则、方法，但对于一些简单的思考而言，其实并不需要逻辑，只需检索即可完成。比如，当别人向你提了一个简单的问题，你通过思考做出了回答，这个过程仅通过检索就可以完成。

到此，不知道你有没有发现，通过检索从大脑调取信息的过程和互联网的搜索功能看起来很相似，那二者有什么异同吗？

总体来说，二者非常相似，都是调取存储信息的过程，只是一个从人的大脑中调取，一个从互联网中调取。但二者还是有很大差别的，具体而言，有如下四点。

首先，互联网的搜索是通过关键词进行的，大脑的检索则通过问题开启。

对于互联网的搜索，我们并不陌生，它的搜索是通过关键词来启动的。尽管输入问题也能搜到答案，但网站依然是根据所输入问题中的关键词来搜索和调取信息的。

大脑的检索则不同，它是通过问题来开启的。当别人或自己向自己提问时，你会更容易调取信息、做出回答。而如果给你几个关键词，你则难以调取信息，或者你仍然会将这些关键词转化为问题，再从大脑调取信息。

当然，不通过问题，大脑也可以调取信息，那是后面提到的"联想"的功能。联想同样可以提取信息，只是并没有检索这般精准。

其次，通过互联网搜索所得的信息，是对互联网中信息的直接罗列；而通过大脑检索得到的信息，则是对大脑中原有信息加工后的结果。

当你用互联网搜索时，搜索的结果是相关网页和结果的直接罗列、呈现。你在百度中输入关键词，它就会给你呈现出几万、几十万，甚至几千万条的条目，但那只是简单的罗列。

大脑检索则不同，它不仅是对原有信息的调取，还是对信息加工后的结果。比如，如果现在问你"什么是学习？"，你所回答的内容，大概率是信息加工和整合的结果。尽管你阅读了本书，了解了本书中关于学习的相关知识，但你给的答案，除了本书的内容，很可能还会融合你读到的其他书，以及你过往的人生经验、体会等。

再次，互联网的搜索，仅针对互联网中现有的信息，而大脑的检索，除了大脑中现有的信息，还可以同步输入外部信息，扩大信息源。

相信这也不难理解，在利用互联网进行搜索时，网上有什么，你才能搜索到什么。而在利用大脑检索时，除了调取大脑中现有的信息，我们还可以通过阅读、查找资料等方式输入外部信息，从而扩大信息源。

以我写作本书为例。写作本书的起点，其实就是我向自己提了两个问题：学习的本质是什么？什么才是真正有效的学习方法？因为我存储的信息不够，于是我通过阅读、查阅资料等方式收集、输入各种信息。这就是一个不断扩大信息源的过程。

最后，互联网的搜索是穷尽的，可以罗列网络中的全部信息；而大脑的检索则是无穷无尽的，只能获取大脑中的部分信息。

对于互联网搜索而言，只要你输入了相关关键词，那它的结果通常就是穷尽的，问题只是它出现在哪个页面。而如果你没找到想要的信息，那很可能是网上没有，或者是你输入的关键词、搜索的方法不对。

对于大脑的检索而言，结果往往是无穷无尽的，检索得出的通常只是你大脑中信息的一小部分，很可能正确答案就在你的大脑里，但无法获取。因此，我们需要联想的功能，以获取更多的信息；与此同时，我们也需要通过更优质的结构和方法，从而使我们更容易获取信息。

总之，大脑的检索虽然和互联网的搜索相似，但深入来看，二者还是有很大差别的。

2. 联想

联想，是指因为某个信息而激活其他信息的过程。这同样是调取大脑信息的一种基础功能。对于联想功能，我们应该也不陌生。因为某人、某事激活了其他的一些记忆，这就是一个联想的过程。

与检索不同的是，联想不需要问题来开启，当然也不那么精准。在一定程度上，联想更像互联网的搜索功能，只是不如互联网搜索那样精准和完备。尽管如此，联想同样是人的思维必不可少的功能，也是检索功能的重要补充。而且，从信息的数量上来讲，联想获取的或许更多。

举例来说，当我们在思考"学习是什么"这个问题时，如果你直接给出答案，那就是检索的过程；如果你就"学习"这个词，回忆起了过往读过的书、听过的课、经历过的事，这就是一个联想的过程。在联想的过程中，相比检索，你不能给出准确的答案；但如果先联想，你会获取更多的信息，答案也可能不一样。所以，如果只有检索没有联想，人的思考会受到很大限制，能够加工处理的信息也极为有限。

此外，联想也是灵感非常重要的来源。你应该有这种感受，尽管你明确给自己提了一个问题，但苦苦思索而无所得，这就是检索的过程——尽管精准，但很多时候并不能调取全部的信息。但某个时刻，尽管你没有在思考，但灵感闪现，你之前苦思冥想的问题突然有了答案，这个过程就是联想在起作用。这种场景虽然很少，但至关重要。正如爱迪生所说："天才就是 99% 的汗水加 1% 的灵感。"这种灵感的产生，就是联想的结果。虽然灵感只占 1%，但离开了它，也就不会有天才了。

五、思维的结构

有了前面的知识储备之后，现在，我们就从总体上来认识一下思维的结构。与行为一样，我也尝试用模型来概括思维的结构和全过程。

从图 7.1 中可以看到，我将思维的结构拆解为思维对象、思维过程及思维结果三个环节；对于思维过程，我又分成了思想过程和思考过程。

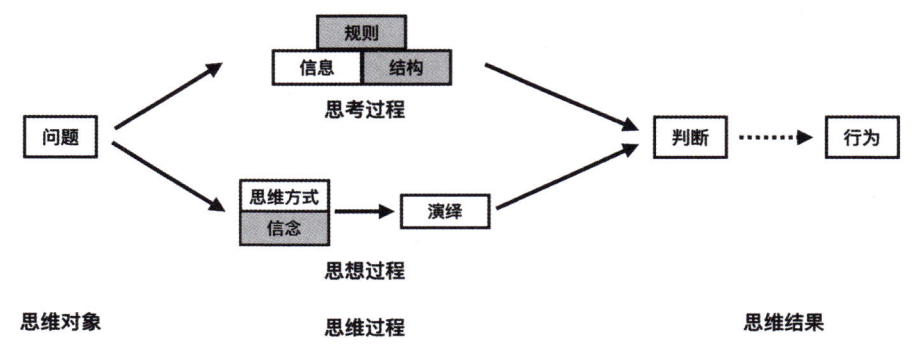

图 7.1 思维结构的模型

至于为什么我将思维的结构总体上拆解为上述三个环节，相信不难理解。因为只要是思维，必然都先有一个对象，再有中间思维的过程，并最终得出一个结果。对于思维对象、过程及结果的具体内容，有必要进一步深入介绍。

1. 思维对象为什么是问题

如你所见，在思维结构的模型中，我将思维对象归纳为"问题"。为什么这样归纳呢？

这是因为，只要是思维对象，其实都可以体现为问题，区别只在于，问题是在有意识的情况下提出的，还是在无意识的情况下提出的。

对于有意识地提出问题，启动思维，这应该很好理解。比如，我还是问"什么是学习"，你要回答这个问题，就需要先启动思维，然后才能做出解答。这个问题就是你的思维对象。

对于在无意识情况下提出的问题，其实也不难理解。比如，前面所举的下雨后回家拿雨伞的例子，其中"你看到乌云，预测可能要下雨，并回家拿雨伞"，这是思维的过程。

整个过程看似没有提出问题，但你之所以做出预测，是因为你在无意识的情况下提出了这样的问题："天上这么多乌云，接下来会发生什么？"而你之所以回家拿雨伞，同样可以理解为你在无意识的情况下提出了这样的问题："马上要下雨了，我该怎么办？"

所以，所有思维都是有对象的，而思维对象都可以转化为一定的问题。

2. 思维结果为什么是判断和行为

在前面介绍逻辑的时候，我们已经提过，思维主要表现为推理的形式，而推理是在判断的基础上进行的，推理的结果也是判断。所以，思维得出的结果，必然也是判断。虽然在具体表现形式上，这个判断可能呈现为一个答案、方案或者决策，但本质上仍然是判断。

之所以将行为也视为思维的结果，是因为尽管思维的直接结果是判断，但那通常不是思维的终点。思维仍可能发起行为，当然思维也可能仅停留在判断上。这也是为什么从判断到行为之间，我用虚线进行了表示。

3. 思维过程为什么分为思想过程和思考过程

我之所以将思维过程拆分为思想过程和思考过程，是因为思维过程是分为不同形式的，包括以信息应用为主的思想过程，以及以信息加工为主的思考过程。

怎么理解这两个过程的区别？

还是以前面提到的"看到乌云后,你回家拿雨伞"为例。你会发现,这个思维过程并不复杂,是你出于本能快速完成的。那我们现在换个场景,假设你现在要请一位重要的客户吃饭,你的思维过程可能是以下这样的。

第一步,了解客户,包括他是哪里人、个人爱好、性格特征、职业背景等。

第二步,了解本地餐饮的状况,在哪些地方有什么餐厅,这些餐厅都是什么菜系、有何特色、收费情况如何等。

第三步,确定好当天吃饭的具体安排,什么时间开始、如何接送、哪些人作陪、吃饭后要不要有后续安排等。

上述两个例子都是思维的过程,但有着很大的差别。前者基本上是自动完成的,后者却要耗费很多脑力和时间。它们的差别在哪呢?

差别就在于,前者你不用到外部收集信息,是从大脑中调取信息并直接应用。从逻辑的视角来看,这是你直接应用大脑中已有的某个判断展开演绎推理的过程。具体而言,你的推理过程是这样的:

判断:如果天马上就要下雨了,则我要回家拿雨伞。

天马上就要下雨了,

_____

我要回家拿雨伞。

这个推理所依据的判断就是"如果天马上就要下雨了,则我要回家拿雨伞"。而这个判断的来源是你个人经验的总结,或者是其他人此前教你的,是已经存储在你大脑中的,你只是将其调取出来而已。

总之,这个思维过程,你不需要到外部收集信息,也不需要组织和加工信息,而是直接应用信息,应用已有的判断展开推理。在本书中,我将其称为思想过程。

而在后者请客户吃饭的例子中,则与第一个例子有很大不同。你需要先收集大量的信息,包括客户的情况、本地餐厅的状况等,然后你对信息进行组织、加工,最后得出一个判断。

思考过程相比思想过程复杂很多,是一个对信息收集和加工的过程。

4. 思想过程和思考过程的区别

你或许会产生疑问,为什么将思维过程的两种不同形式分别称为思考过程和思想过程?在一定程度上,我只是为了便于区分这两种过程。从词源上来说,这样命名也基本上是合理的。

思考和思想的差别,主要在"考"和"想"两个字上。"考"有研究、探求的含义，就是一个收集信息并对信息进行加工的过程。比如我们说"考察"，其中的"考"就是这样的意思。而"想"字，则有回忆、调取信息的含义。比如，当我们说想起了某事，其实就是指从大脑中调取了相应的信息。

正是基于这两个字含义上的差别，因此我将从大脑中调取信息并予以应用的过程称为思想过程，而将对从外部收集信息并进行组织和加工的过程称为思考过程。

如你所见，在思维结构的模型中，各环节的内部结构也是有所差别的。其中，思考过程被拆分为信息、结构和规则三大要素；而思想过程则是对思维方式和信念的演绎推理的过程。

虽然我们已经知道了思考过程和思想过程的区别，但还是可以结合思维结构的模型，对二者进一步认识一下。

思考过程之所以被拆分为三大要素，是因为它是对信息的加工过程。而既然是加工信息，我们就需要收集信息，用特定的结构予以组织，再用特定的逻辑规则进行加工。

以前面提到的请重要的客户吃饭的思维过程为例，我们看一下思考过程的三大要素。

首先，你了解客户的情况、本地餐饮的状况等，就是收集信息的过程。没有这些信息的收集，后续的组织和加工就无法进行。

其次，你在收集信息时，需要从客户的信息、餐厅的信息两个方面着手，即需要了解客户是哪里人、个人爱好、性格特征、职业背景等，以及了解餐厅的菜系、特色、收费等。这些分类就是信息的组织结构。

最后，你将这些信息运用特定的逻辑规则进行加工，然后决定到哪里吃、具体怎么安排。这些决定属于你对信息进行加工推理得出的判断。

所以，可以看出，思考过程原则上需要包含信息、结构和规则这三大要素。

思想过程之所以是对思维方式和信念的演绎推理的过程，前面已详细介绍，是因为从大脑调取了这样的判断——"如果天马上就要下雨了，则我要回家拿雨伞"，并基于这种判断演绎推理而得出新的判断，从而决定回家拿雨伞。

这里，你将思想过程理解为上述这样一个演绎推理的过程，可能没有问题。但你或许会有疑问，为什么思想过程是基于思维方式和信念所展开的演绎推理呢？

我们在后面也会介绍到，答案是，思维方式和信念在本质上就是判断。当我们说思维方式不同时，其实主要是指用于进行演绎推理的判断不同。

这里也再介绍一下，思维结构和第六章行为模型中的系统一和系统二的关系。

我们可以说，思考过程就是人启用系统二的过程。因为人启用系统二的过程，大致可以理解为对信息加工的过程。而思想过程，则大部分是人启用系统一的过程，也就是人想起了某个信息，然后应用这个信息的过程。比如，看到下雨后想起去拿雨伞，基本启用的就是系统一。因为思想过程分为思维方式和信念，人是可以选择思维方式的，所以人选择思维方式的过程，也可以理解为启动系统二的过程。

以上内容可能有些费解，我们在后面会进一步展开，在阅读了后续内容后，再回头来阅读这部分内容，应该会更容易理解。

第二节　思维方式、信念、价值观和思维模型

这一节，我们探讨一下思想过程。思想过程包括思维方式和信念，以及对两者进行的演绎推理。我们先从思维方式谈起。

一、什么是思维方式

1. 思维方式本质上是逻辑学上的一种判断

前面已介绍过，思维本质上是运用逻辑规则对信息进行加工和应用的过程。具体而言，思维主要通过概念、判断和推理三种思维形式展开，而思想过程直接体现为用判断展开推理的过程。

什么是思维方式？从字面上来看，思维方式应当是人展开思维的方式，或者说，是人基于判断展开推理的具体方式。但在生活中，当我们谈到思维方式时，往往不是指推理的方式，而是指用于推理的那个判断。

我们可以看一下具体的例子。

在前面，我们已探讨了成长型思维和固定型思维，在生活中我们会将它们称为不同的思维方式。这种不同的思维方式，具体如何体现？从逻辑学上来讲，它们其实就是不同的用于展开演绎推理的前提判断。

为了更好地理解这一点，我们可以将上述的两种思维方式，表述为如下的两种判断。

成长型思维的判断：只要努力学习，我就可以成长和进步。

固定型思维的判断：即使再努力学习，我也无法成长和进步。

于是，基于这样的判断，推理过程是这样的。

成长型思维的推理过程：

判断 1：只要努力学习，我就可以成长和进步。

我努力学习，

———————————————

我可以成长和进步。

判断 2：只要可以成长和进步，我就愿意努力学习。

我可以成长和进步，

———————————————

我愿意努力学习。

固定型思维的推理过程：

判断 1：即使再努力学习，我也无法成长和进步。

我努力学习，

———————————————

我无法成长和进步。

判断 2：如果无法成长和进步，我就不愿意努力学习。

我无法成长和进步，

———————————————

我不愿意努力学习。

你可以看到，两种思维方式都是用演绎进行的推理，但由于前提判断不同，因此结论也不同，由此也就进一步引起了后续行为上的不同。

所以，在日常生活中，我们说人的思维方式不同，本质上就是指用于演绎推理的前提判断不同。

除了以上的例子，我们还可以以前面提到的亮点思维、第一性原理为例，进一步来理解"为什么思维方式就是用于演绎推理的判断"。

对于亮点思维，我们可以表述为这样的判断：如果我找到事情成功的关键要素，并能学习和模仿，我就可以成功。对于第一性原理，则可以表述为这样的判断：如果我从本质上来认识事物，我就能对事物有全新的认识。

我们可以看到，上述两种思维方式都可以表述为判断。所以，我们说某人有亮点思维和第一性原理的思维，就是指他掌握了这些判断，基于这些判断展开了推理并指导行为。

在前面，我们还举了蔡崇信的例子，说他的思维方式和普通人不同，那也是因为他和普通人的判断不同。

此外，你应该听说过按照职业来命名的一些思维方式，如医生思维、律师思维、工程师思维等；或者按照民族和文化分类的思维方式，如东方思维、西方思维。深入来看，这些思维方式同样也都是判断，是因为职业、文化、民族等不同而形成的各种判断。

总之，在日常生活中，我们提到的思维方式，基本都可以理解为判断。只是在日常交流中，我们并没有用逻辑的语言来呈现和表述。

需要特别说明的是，在日常生活中，当我们说到思维方式时，并不完全指用于演绎推理的判断，也会指推理过程。在本书中，我将思维过程拆解为思想过程和思考过程，这种推理过程更应该称为思考方式，而不是思维方式。这里的思维方式仅指用于展开演绎推理的判断，并不包含思考方式，它是一种狭义上的思维方式。

2. 认识思维方式本质的意义

现在你知道了思维方式的本质是判断，你或许会问：这对我们有什么意义呢？其实，这对我们意义重大。

首先，认识到思维方式的本质是判断，可以让我们更正确地认识思维的学习。

提起思维的学习，很多人会错误地以为那是一种"洗脑"，甚至意味着失去自我。然而，既然思维方式的本质是一种判断，而判断必然有对有错、有优有劣。我们也就有必要去除错误、劣质的判断，更换为正确、优质的判断。

以成长型思维和固定型思维为例。我们说它们是思维方式的不同，本质上，其实是判断的对错问题。

固定型思维的判断是："即使再努力学习，我也无法成长和进步"。但科学研究表明，人的大脑是具有可塑性的，只要努力，用正确的方式来学习，人就能成长和进步。因此，固定型思维中的判断其实是错的，成长型思维中的判断才是正确的。

类似地，在蔡崇信的例子中，我们可以说，他和普通人相比是思维方式的不同，但从本质上看，其实是判断的优劣之差。

所以，学习思维方式并不是对你进行"洗脑"，而是将大脑中原有的错误、劣质的判断，更换为正确、优质的判断。

其次，认识到思维方式的本质是判断，能让我们更有效地学习思维方式。

在不了解思维方式的本质的情况下，当我们说要学习思维方式时，很多人并不知道具体该怎样学习。知道了思维方式的本质后，问题就变得相对简单了。学习思维方式，就是指学习和掌握正确、优质的判断。

你学习亮点思维，就是学习掌握并运用"如果我找到事情成功的关键要素，并能学习和模仿，我就可以成功"这个判断；而学习成长型思维，则是掌握并运用

"只要努力学习，我就可以成长和进步"这个判断。

总之，认识到思维方式的本质是判断，能让我们更理性地认识思维的学习，也能让我们更有效地进行思维的学习。

二、认识人的信念

现在，你知道了思维方式的本质是判断，但不知你是否意识到：从理性上来说，前面的分析是符合逻辑的，但真让人完全接受一种新思维方式，并按照新思维方式中的判断进行演绎推理，从而得出另一种判断并采取行为，似乎没有那么容易。

确实如此。这是因为，在绝大部分情况下我们所说的思维方式，其实都是信念。而信念的改变，不仅是理性上判断的变更，往往还需要自己亲身的经历和体验。

那什么是信念？为什么说在绝大部分情况下我们所说的思维方式是信念？

1. 什么是信念

在第四章中，我们已经介绍过信念，当时我们将信念简单理解为：一种自己相信为真的判断，并且这种判断伴随着强烈的情绪记忆。这样的理解并没有问题，接下来我们再从心理学层面深度认识一下信念。

1）信念是你坚信为真的观念

我们可以先从"信念"这个词本身来认识它。如果将"信"和"念"拆开来看，"信"指的是相信、坚信，而"念"则是一种观念、想法。从逻辑学的视角而言，"观念""想法"是一种判断。所以，信念可以理解为一种让人坚信为真的判断。

因此，本质上，信念和思维方式其实都是判断。二者的差别在于，信念是让人坚信为真的判断。

那问题来了，人为什么会坚信自己的判断为真呢？答案是，因为信念不仅是理性和意识层面的一种判断，往往还伴随着非理性和潜意识层面的情绪记忆。

我举一个简单的例子，你应该更容易理解。比如，有些女生和男生分手之后会说"天下没有一个好男人"。从内容上来看，这句话表达的是一种判断。从客观上来说，我们都知道这肯定不是事实。假设一位女士连续被多位男性欺骗了感情，她内心就会得出这个判断，并且坚信这个判断为真。此时，"天下没有一个好男人"就成了她的信念。

之所以她坚信这个判断为真，就是因为过去的感情经历给她留下了潜意识层面的情绪记忆（关于情绪记忆，在第四章中已有所介绍）。因此，即便在意识层面你给她进行再多的分析，也很难动摇她的信念。

所以，虽然学习思维方式看起来只是掌握一种新的判断，并应用判断展开推理，但其实并不容易。因为一个人所学到的新判断，和他过往经历产生的判断很可能是矛盾的。

需要说明的是，这里所谈的是心理学上的信念，而不是日常生活中的信念。在日常生活中，当我们说到信念时，这种信念通常是积极的、正面的，而心理学层面的信念并没有这种含义。人只要坚定地相信某个判断为真，就是心理学层面的信念。在一定程度上，心理学上所说的信念还可能充满了偏见、执念，上述女性的例子就很典型。

2）每个人都有大量的信念

通常而言，提到信念，我们会认为那是相对稀缺的，不是每个人都会有信念。但事实是，每个人所拥有的信念远比我们想象中的多。这应该如何理解？如前所述，此前提到的信念，仅仅是情绪强烈并能产生动力的部分。而除此之外，我们每个人都有大量的其他信念。甚至，我们可以说人都是靠着信念来存活和驱动的，也是靠信念来解释、支持和推动行为的。

从逻辑上来分析，这个应该不难理解。正是因为人们有着各种各样坚信为真的判断，然后就基于这种判断展开推理，得出判断，这些判断又指引着人们采取各种行为。

除了逻辑上的分析，我们也可以再看看生活中的例子。

你或许听说过"孩子不要输在起跑线上"这种说法。从逻辑的角度分析，这种说法可以表述为这样的判断"如果孩子想要在激烈的竞争中胜出，就不要输在起跑线上"。

对于很多家长来说，这种判断就是他们的信念。因为这种信念的推动，很多家长想尽办法让孩子从小就接受最好的教育，送他们去各种培训班、辅导班。

而另一种情况是，很多家长可能不会这样努力培养孩子，他们更顺其自然。这是不是表明他们就没有信念了呢？并非如此，只是他们的信念不同。他们的信念可能是这样的：培养孩子，最重要的是健康、快乐。

所以，不管是什么样的行为，背后都有相应的信念在推动。只是我们很少会认真地思考并发现自己行为背后信念中的判断，而且这种信念中的判断也并不容易被发现。

3）为什么人绝大部分的思维方式是信念

在了解了什么是信念之后，应该会比较好理解为什么在绝大部分情况下人的思维方式其实是信念。

因为既然思维方式是人进行演绎的一种判断，那就意味着，应用这种思维方式的人，必然相信思维方式中的判断是真的。而人之所以相信这种判断为真，是因为在过往的人生中，通常有多次的经验对此进行过验证。这也就意味着，人思维方式中的判断，往往伴随着潜意识层面的很多情绪记忆。

比如，一个人之所以持有固定型思维，那是因为他过往的人生经过很多次的验证——人是无法成长的，人的能力是天生的。尽管他的验证方式是很不科学的，但至少他是这么相信的。

如果一个人真的希望能学到思维方式，就需要对原有信念中的判断予以更改，调整为所学到的思维方式中的判断，但这并不容易。

2. 人的信念是如何产生的

我们已经介绍过，信念中包含了潜意识层面的情绪记忆，也介绍了情绪记忆是如何产生的。但我们知道，信念是由意识层面的判断及潜意识层面的情绪记忆两部分共同构成的。那意识层面的判断部分是如何得来的？

答案是，这些判断主要是通过学习得来的。具体而言，信念主要是通过亲历经验、替代性经验，以及外部输入判断等方式形成的。

1）亲历经验形成的信念

关于亲历经验的情绪记忆部分如何形成，我们已经知道了。那信念中的判断是如何得来的？答案是，通过逻辑上的推理得来的，尤其是通过归纳方式得来的。

人通过亲身经历形成信念的过程是这样的：人因为自己的经历，通过归纳为主的推理得出了一种判断；同时，这些经历又伴随着强烈的情绪记忆，于是人就产生了信念。

以前面某女士所形成的信念为例。她之所以得出"天下没有一个好男人"的判断，是因为她经历的多个男人都不是好男人。这个推理过程，和欧洲人见到的天鹅都是白色的，最终得出"所有天鹅都是白色的"是完全一样的。

如果说欧洲人归纳得出"所有天鹅都是白色的"这个结论是相对理性的，那么至少需要大量的观察总结。人形成信念的过程，由于介入了情感因素，甚至可以完全是非理性的。比如，有人可能仅经历了一次感情上的背叛，但因为受伤太深，就得出结论：所有感情都是不值得信任的。而因为受到感情伤害的人对此坚信不疑，所以这个判断也就成了他的信念。

2）替代性经验形成的信念

替代性经验是信念形成的另一个重要原因。从底层来看，它和亲历经验类似，都是主要通过归纳方式而得出的判断。而且，由于替代性经验主要是自己身边的人所经历的，你在了解那段经历的时候，也往往伴随着一些情绪记忆。

这个其实不难理解。当一个人有了一些特殊的经历之后，往往能影响一些人，这背后也就是因为影响了他们的信念。比如，如果一个人一直想减肥却未能成功，但他身边有一个同样肥胖的人突然减肥成功了，这很可能会激励他，让他相信自己也是可以的。

之所以这样，是因为他通过朋友的故事归纳了这样的判断——只要努力，减肥是可以成功的。与此同时，当他获悉自己朋友的故事时，也很可能有情绪的波动，于是就产生了情绪记忆。因此，这也就形成了他的信念。

3）通过外部输入判断形成的信念

通过外部输入判断形成的信念，更具体一点，可以说是通过学习、教育、文化、媒体传播等方式而形成的信念。这些方式具有一定的共性，都是通过外部输入相应的判断，因此在这里一并介绍。

通过外部输入判断形成的信念，也是很常见的。虽然自己未曾经历，也未见到别人有所经历，但只要信息不断地重复，人就容易相信信息中的内容。"三人成虎"这个成语，就很典型地说明了这类信念是如何形成的：只要有三个人重复地告诉你，街市上有老虎，即便你未曾看到，也会信以为真。

前面提到，很多家长之所以坚信"孩子不要输在起跑线上"，在很大程度上，就是因为这句话被各种媒体不断地重复、传播所导致的。如果深入思考，你就会发现，若真的将人生比作一场比赛的话，那先搞清楚比的是什么项目、终点在哪里、如何提高选手的身体素质和运动技能，这些内容无论哪一个都比抢起跑线重要。但很多人却会无意识地被"孩子不要输在起跑线上"这句话所影响，甚至形成了信念。

人都有自我防御机制，一旦接受了某种判断，就不容易去否定它；又或者，这种判断在接受之初，你并没有亲身经历，但此后用这种判断却能解释你的很多经历，这也使得你更加坚信这种判断为真，并产生了情绪记忆。

还是以家长坚信"孩子不要输在起跑线上"为例。最早，某位家长因为媒体的报道，接受了这个判断；此后，她听说了某地区的孩子在读幼儿园期间就掌握了1500个单词，这验证和强化了她此前接受的判断；接着，她又碰到另一位家长，绘声绘色给她讲，某某小孩多优秀，刚上小学就得了很多奖，她的攀比心又被激发了，这又一次验证和强化了她此前接受的判断。于是，很自然地，对于她而言，"孩子不要输在起跑线上"这个信念就变得越发坚定了。

当然，除了以上的情形，通过学习、教育、阅读等方式同样会输入很多判断，从而形成信念。比如，其实你从来没亲眼看过地球是什么形状的，但你之所以相信地球是圆的，是因为你从小接受的教育使然。而如果回到哥伦布之前的时代，绝大部分人接受的教育是"地球是平的"。

3. 如何看待自己的信念

通过前面对信念形成原因的介绍，你可以看出：信念中的判断，要么是通过以归纳为主的推理方式形成的，要么是通过外部输入形成的。

从逻辑上而言，归纳这种方式是一种或然性推理，容易出错。再加上每个人的人生经历有限，归纳的素材更加不充足。因此，通过归纳得出的判断是需要审视和重新评估的。

对于外部输入的判断而言，你会发现，针对前面"孩子不要输在起跑线"这个信念所进行的探讨，外部输入的各种判断也很可能是有问题的，同样需要审视和重新评估。

所以，无论是通过哪种方式形成的信念，对于其中的判断，我们都有必要进行审视和评估。

然而，每个人都有着大量的信念，在很大程度上，人都是靠着信念来存活和驱动的。信念也可以说是一个人过往经历的汇总。所以，尽管信念中的判断可能有问题，但我们不可能也没有必要对每个信念都进行审视和重新评估。

那我们应该以什么样的方式来合理地看待自己的信念呢？

如前所述，我之所以如此深度地介绍信念，是因为很多人学习思维方式的障碍在于，这些人所学的思维方式中的判断和自己原有信念中的判断产生了冲突。而深度认识什么是信念及信念的形成原因，既可以让我们更理性地认识自己的信念，也有助于思维方式的学习。

所以，尽管我们没有必要审视和重新评估所有的信念，但至少可以让我们意识到，信念是人主观上的一种判断，并非客观真理，也很可能出错。我们有必要保持一定的自省和怀疑精神，当我们发现自己信念中的判断确实有误时，可以及时纠正其中的判断。

正如 NLP（神经语言程序学）大师李中莹所说："信念本应该是帮助我们建立成功、快乐的人生的工具，如果一个人把某件工具放在比自己的人生更高的位置，不惜牺牲人生的成功、快乐去追求一个信念，他便本末倒置了。"

三、认识价值观

在认识了信念之后，我们就可以来谈谈价值观了。为什么要先认识信念再来谈价值观呢？

因为从本质上来讲，价值观同样是一种信念。价值观，顾名思义，是关于什么是有价值的一种观念，或者说，是关于什么更有价值的一种判断。所以，价值观是人对于价值的判断，而且人坚信这种判断为真。

比如，社会主义的核心价值观是：富强、民主、文明、和谐、自由、平等、公正、法治、爱国、敬业、诚信、友善。这也就意味着，我们的判断是上述这些概念和品德，是有价值的。

为什么说价值观也是信念？因为当上述的这些词语真的成为你的价值观时，你会坚信它是正确的。此时，如果某些行为、观念与你的价值观产生冲突，通常你是会有情绪的。

比如，当公正是你的价值观时，你会坚信公正的事情才是正确的。如果你遭遇了某些不公正的事，或者你看到了不公正的事，以及有人表达社会就应该是不公正的，那么此时你的心理很可能会产生愤怒情绪。

所以，价值观是关于价值的判断，本质上也是一种信念。

在了解了价值观是关于价值的判断后，那价值的评判标准，即评判什么有价值、什么没价值的标准，就是价值观里的核心，也是需要重点讨论的内容。

在《论语》中有这样一句话"子曰：君子喻于义，小人喻于利"。换言之，关于什么是有价值的，君子和小人的判断标准是不同的。对于君子来说，能符合"义"这个标准的，是有价值的；而对于小人来说，能给自己带来"利"的，则是有价值的。所以，可以说"义"是君子的价值观，而"利"则是小人的价值观。

价值观之所以重要，就是因为这种不同的价值判断会导致后续行为上的不同。人一生绝大部分的行为和选择，都是底层的价值观在起作用。这种不同的行为和选择，也产生了不同的结果和命运。

1. 价值观的形成

既然价值观是信念的一种，无疑，价值观就是通过亲历经验、替代性经验及外部输入判断三种方式形成的。价值观形成的过程，在大多数情况下同样是无意识的。

比如，一个人从小受到了各种伤害，他认为安全很重要，那他可能将"安全"作为自己的价值观；一个人从小被父母教育要讲诚信，他可能将"诚信"作为自己的价值观。当一个社会的主流媒体都在潜移默化地渗透价值观时，这些渗透的价值观也就成了很多人的价值观。主流价值观就是这样形成的。

当然，除了以上这些通过潜移默化的方式形成的价值观，我们也可以在意识层面对价值观予以提炼，并对价值观进行学习。现在越来越多的企业和机构都在做这类事情。

2. 价值观的优劣

现在是一个价值观越来越多元化的时代，当出现各种问题时，总有人以价值观多元化来进行解释。既然价值观的本质是一种判断，那么价值观是不是也有对错、优劣之分呢？

答案是，既然价值观是判断，那判断就一定会有对错、优劣之分。虽然由于社会的发展、个人意识的觉醒，加上价值观主要是由一个人的人生经历所塑造的，价值观的多元化不可避免，但这并不表示价值观没有优劣之分。

还是以孔子说的那句"君子喻于义，小人喻于利"为例，这句话就是讲了两种价值观。我们并不是说注重利益不对，每个人都需要获取利益，但如果将"是否有利益"当成唯一的价值评判标准，仅仅"喻于利"而不顾其他的一切，显然这种价值观是存在很大问题的。这将会造成人际关系的冷漠、人际信任的缺乏，在很大程度上，现在社会的很多问题就是由这种价值观造成的。

即便都以利益为重，也存在长期利益和短期利益之分。一个以短期利益为主的人相比一个以长期利益为主的人，后者的价值观可能更为优质。

此外，在前面我们提到，孔子的教学大纲包括"文、行、忠、信"，其中"忠"和"信"就是一种价值观。这里的"忠"，如果换到现代的语境，可以理解为"责任心"。一个人如果以"责任心"和"信用"为价值观，相比没有责任心、不讲信用，那同样是优质的价值观。

所以，尽管对于每个人的价值观，我们无法苛求，但至少我们应明白价值观是有优劣之分的。

3. 如何学习价值观

通过前面的介绍，相信你已经意识到了价值观的重要价值。正确的价值观其实是能创造巨大价值的。所以，我们很有必要学习和升级自己的价值观。

我们该如何学习价值观？这里，我以自己为例，谈谈如何学习价值观。

在写作本书的时候，我研究了很多优秀人物。通过这些优秀人物的故事，你自然能看到很多人的价值观，而我就从黄峥身上学到了一个重要的价值观。为了让你更好地理解黄峥的价值观，我先讲讲黄峥的故事。

2006年，黄峥曾和中国企业界的教父级人物段永平一起同"股神"巴菲特吃了一顿饭。饭后，黄峥说："这顿饭对我最大的意义，可能就是让我意识到简单和常识的力量。人的思想是容易被污染的，当你对一件事做判断的时候，你需要了解背景和事实，了解之后，你需要的不是睿智，而是在面对事实时，是否还有勇气用理性、常识来判断。"

在此之后，黄峥还说，他从段永平那里学到了一个重要的常识：价格围绕价值波动。所以，黄峥后来又说了这样一段话："价格一定会波动，但只要价值提升，最终价格会和价值接近。这个常识让你安心于增加企业的内生价值，不要过度在意资本市场的价格波动。"

我们之前提过，价值观的核心是价值的判断标准。从这一句话中你可以看到，黄峥的价值判断标准在于：能否创造足够大的价值。而有了这个认识之后，我们就可以再来看一下黄峥经营拼多多背后的逻辑。对于黄峥为什么创立拼多多，可以有很多种解读，但从价值创造的角度来看，可以说拼多多解决了中国广大农村数亿人的购物问题，因为此前的电商平台都是以城市人群为主的。正是因为黄峥创造了这样巨大的价值，所以他也获得了相应的回报。

虽然黄峥也看重利益，但他的逻辑是先创造价值，然后从创造的价值中获得相应的利益。他价值观中的判断，可以概括为：如果我能创造足够多的价值，那从长期来说，我也就能获得足够多的回报。

那我是如何学习这种价值观的呢？具体而言，这个学习过程包含以下三步。

第一步，用理性、开放的态度来正视自己现有的价值观。

此前我详尽地介绍人的信念和价值观，目的就在于让你认识到，信念中的判断是我们在无意识的情况下形成的，一般通过推理得出或者通过外部输入得出，我们从未审视和论证过其中的判断。所以，我们对自己的价值观需要持开放和理性的态度，而不是一旦与自己的价值观不一致，就一味地否定和排斥。

第二步，将他人的价值观与自己的价值观进行比对、评估。

在有了前述的正确态度之后，我们就可以将其他人价值观中的判断，与自己价值观中的判断进行比对和评估。

对于利益的获取，我此前价值观中的判断大致是这样的：如果所获得的利益是公平和合理的，那我应该获取尽可能多的利益。经过和黄峥的价值观中的判断进行对比，我发现他的判断应该是更优质的。

如段永平所讲，价格围绕价值波动。只要我创造了足够多的价值，那价格或者说所获得的回报，就不用过于担忧。相比而言，如果一个人一直盯着价格，期望实现价值最大化，而不去创造价值，即便获得了极高的价格，也很可能是短暂的。

第三步，接受他人的价值观，并按照价值观中的判断行事。

在进行了价值观比对后，我们下一步所要做的，就是调整自己的价值观，并按照新的价值观行事。无疑，这可能是非常困难的，但这才是真正的价值观学习，否则价值观学习的意义有限。

我认识到这一点之后,就按照从黄峥那里学到的价值观采取相应的行为。一方面,在日常行为中,在获得利益之前,我会去想自己是否创造了足够的价值,而不过度在意所获得的回报;另一方面,这个价值观其实也改变了我的人生轨迹,如果不是因为价值观的调整,我不会放下自己的律师业务来写作本书,在我看来,写作本书是一个可以创造更大价值的行为。

所以,价值观的学习并不务虚,而是非常务实的。

四、认识思维模型

思维模型是近些年非常流行的一个概念,一些商业机构也会将自己定位为专注做思维模型的培训。什么是思维模型?它和思维方式有什么区别?我们为什么要学习思维模型?

1. 什么是思维模型

思维模型这个概念之所以流行,和"股神"巴菲特的合伙人查理·芒格有着莫大的关系。在《穷查理宝典:查理·芒格智慧箴言录》中,记录了查理·芒格的这样一段话:"你必须知道重要学科的重要理论,并经常使用它们——要全部用上,而不只是用几种。大多数人只使用学过的一个学科的思维模型,比如说经济学,试图用一种方法来解决所有问题。谚语是这样说的:'在手里拿着铁锤的人看来,世界就像一颗钉子。'这是处理问题的一种笨办法。"

从这段话中可以看出,查理·芒格所说的思维模型,就是"重要学科的重要理论"。

不过,尽管你认识了思维模型的上述定义,但可能对于具体"什么是思维模型"还会有困惑。如果你再深入了解一下什么是理论,问题则会变得相对简单。其实,各学科的理论就是以判断的形式出现的。所以,按照查理·芒格的观点,思维模型在本质上就是一种判断,是一种用于进行演绎推理的判断。

前面我们曾界定过什么是思维方式,你会注意到,这里思维模型的概念和思维方式几乎是一样的,那两者有什么区别呢?

答案是,思维模型是思维方式的一种。只要是被用于进行演绎推理的判断,都可以称为思维方式,不管这种判断是否正确,也不在意它是否具有普遍性。查理·芒格所说的思维模型,其中的判断则是经过各个学科系统研究后得出的正确结论,具有很强的普遍性,可以被人们重复使用。这也是思维模型被称为"模型",而思维方式只是一种"方式"的原因。

据查理·芒格估计,他掌握了100多个模型。在《穷查理宝典:查理·芒格智慧箴言录》一书中，作者彼得·考夫曼虽然没有全部列出，但提到了这样一些模型：数学的复利思维模型，工程学的冗余备份思维模型，物理学和化学的临界模型、倾覆力矩、自我催化模型，生物学的现代达尔文综合模型，以及心理学的认知误判模型。

既然思维模型是判断，那对于上面这些模型，我们就可以将其转化为各种判断。不过，碍于篇幅，且本部分的重点在于让你认识到思维模型的本质，所以这里仅尝试将其中的两个模型用判断的方式予以表述。

复利思维模型：如果一笔资金在计算利息时，将上一期的利息计入本金进行计算，持续足够长的时间，那资金总额的增加将出现加速现象，时间越久，加速越快。

冗余备份思维模型：如果向一个系统添加额外的冗余备份，就可以提高一个系统的可靠性。

以上，就是复利思维模型和冗余备份思维模型对应的判断。虽然它们都是各个学科中的判断，但通过类比的方式，在我们的工作和生活中，也都可以适用。这也是思维模型非常有价值的原因。

以复利思维为例。对于每个人而言，如果我们每天保持进步，虽然不如复利计算一样精准，但成长同样是叠加式的，而且会不断加速。而且，确实如复利一样，前期的进步看起来微不足道，但只要持续的时间够久，后期的加速现象就会极为惊人。

而冗余备份思维，其实就是一个风险防范的思维。无论我们做什么事，尤其是做一些一旦发生意外，就会造成巨大损失的事，我们都可以运用冗余备份思维，提前做些准备。这看似是一种资源的浪费，但极为必要。

总之，思维模型就是各个学科经过系统研究后得出的重要判断。这些判断经过类比可以应用到我们的生活中，为我们提供很大的帮助。

2. 为什么要学习多元思维模型

按照查理·芒格的观点，每个人都应该掌握多元思维模型。正如他所说的，如果一个人只会用一种思维方式解决问题，那就像谚语所说的一样"在手里拿着铁锤的人看来，世界就像一颗钉子"。

尽管如此，你可能依然会有疑问，为什么一定要掌握多元思维模型呢？要了解这一点，我们还可以通过一位心理学家和他的理论来深入认识一下。

美国心理学家阿尔伯特·埃利斯是理性情绪疗法的创始人。在美国和加拿大心理学界评定的"十大应用心理学家排行榜"上，阿尔伯特·埃利斯位居第二。而阿尔伯特·埃利斯之所以排名如此之高，就是因为他提出的"情绪 ABC 模型"很好地解释了人的情绪和行为发生的机制。基于这个模型，很多人可以通过理性来调整自己的情绪，从而解决心理上的一些问题。情绪 ABC 模型如图 7.2 所示。

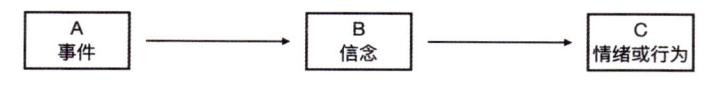

```
┌─────┐      ┌─────┐      ┌──────────┐
│  A  │ ───> │  B  │ ───> │    C     │
│ 事件 │      │ 信念 │      │ 情绪或行为 │
└─────┘      └─────┘      └──────────┘
```

图 7.2　情绪 ABC 模型

以上，就是极简版的情绪 ABC 模型。其中，A 代表英文 Activating event，是指诱发的经历、事件、遭遇等，也就是你遇到的人或事；B 代表英文 Belief，是指人的信念、思想，简单来说，就是你对某件事的看法和观点；C 代表英文 Consequence，是指情绪激发的结果，也就是人的情绪和行为。

通常而言，人们会认为情绪或行为，是外部直接的刺激造成的。而根据情绪 ABC 模型可知，其实真正决定人对事件如何反应的是其中的 B，也就是信念的部分。

比如，你在路上走着，突然被水泼了，你会生气，甚至可能做出回击；而如果是在泼水节的现场，你被泼水后，就可能愉悦地躲开，并不会生气。为什么同样的 A（都被泼了水）会产生不同的 C 呢（在路上会生气，在泼水节的现场不会生气）？那是因为你的 B（信念）不同。因为场景不同，你对事情的判断不同，从而造成了情绪和行为上的不同。

我们已经详细介绍了什么是信念，以及信念的形成原因。在此基础上，你对上述的模型和理论，应该不难理解了。而且，在这个模型中，从外部刺激到做出反应，阿尔伯特·埃利斯认为，中间发生作用的全部是信念。虽然这一点和我前面提到的观点稍微不符，但并没有本质的差别。

我之所以介绍这个理论和模型，是因为它可以非常清楚地让我们看到，思维模型到底是如何发挥作用的。

阿尔伯特·埃利斯在提出情绪 ABC 模型时，主要的目的是用于解释人的情绪是怎么发生的。而在第六章中我介绍了外部信息如何影响人的行为之后，其实，我们也可以将这个模型用于解释人绝大部分的行为。

因为人行为中的很大一部分，就是对外部信息的反应，只是分为简单反应和复杂反应，但无论哪种反应，都是符合这个模型的。所以通过这个模型可以清楚地看到，人行为上的不同，核心取决于中间的 B 这个环节。通常情况下，B 这个环节发挥作用的是人固有信念中的判断，或者固有思维方式中的判断。（在阿尔伯特·埃利斯的模型中，并未区分信念和思维方式，他将中间产生作用的环节全部称为"信念"）

如果有了多元思维模型，就意味着在面对同样的 A 时，你可以将多种判断作为选择，而且这些判断都是对各个学科经过系统研究后得出的。相比你将原有的信念或者思维方式中的判断作为选择，显然运用思维模型更有可能让你做出正确的应对。

这就是我们需要学习和掌握多元思维模型的原因。正如查理·芒格所言："长久以来，我坚信存在某个系统——几乎所有聪明都能掌握的系统，它比绝大多数人用的系统都管用。你需要的是在你的头脑里形成一种思维模型的复式框架。有了这个系统之后，你就能逐渐提高对事物的认识。"

最后需要说明的是，虽然查理·芒格主要强调学科思维，但我们同样可以从各个行业及领域，或者优秀人物的身上，提炼很多思维模型，如前面提到的律师思维、工程师思维等。在本书中，我也拆解了很多顶尖人物，你可以看到他们的一些思维模型。这些思维模型我们不一定都掌握，但了解更多的思维模型，可以让我们有更多的选择，也更有助于提高我们的思维质量。

第三节　思考的功能、价值、完整结构及相关要素

这一节我们主要探讨思考过程。前面我们已经对思想过程和思考过程进行了区分，思考过程主要由信息、结构和规则三个要素构成。所以，我们将重点讨论这三个要素。

不过，在探讨这三个要素之前，我们有必要先探讨一下思考的功能、价值和完整结构。

一、思考的功能、价值和完整结构

美团公司的创始人王兴说："为了逃避真正的思考，人们是不惜采取任何手段的。"不确定你如何理解这句话，但或许你可以知道，多数人确实是不愿意思考的。因为思考启动的是大脑的系统二，更为耗能。

是不是大多数人都有如此强烈的意愿逃避思考呢？我个人认为，这倒未必。如果说大多数人很少思考，那是事实。但他们之所以不思考，除了意愿的原因，其实还包括认知及能力的原因。

很多人不是不愿意思考，而是不知道为什么要思考，也不知道该怎么思考。

所以，要解决人们不思考的问题，我们首先要做的是让人们知道思考的必要性，让人们认识思考的功能和价值；同时，我们也需要让人们学习如何思考，掌握思考的完整结构、方法和技能。

1. 思考的功能和价值

为什么大多数人不思考？前面已经谈到，其中一个原因是大多数不知道为什么要思考。而且，在大多数人看来，似乎也确实不需要思考，因为即便不思考，也基本可以正常生活。

你或许会有些困惑：思考如此重要，为什么说不思考人也可以正常生活呢？要理解这一点，我们需要先从思考的功能谈起。

思考有什么功能？答案是，思考主要的功能是解答疑问、解决问题，以及选择和决策。这和我们的生活经验也是相符的。当我们说到需要思考时，基本上也是因为有了疑问，有了困难和问题，又或者需要做出选择和决策。

这些功能看起来和每个人都关系密切，那为什么大多数人会认为自己不需要思考呢？答案是，因为有替代方案。

需要说明的是，这里所讲的思考是指深度思考，也就是王兴所讲的"真正的思考"。而除了深度思考，还有另外一种思考——浅表思考。浅表思考，就是深度思考的替代方案。那什么是浅表思考？什么又是深度思考？

浅表思考，简单来说，就是从大脑中直接调取信息即可完成的思考过程。比如，有人问你："学习的本质是什么？"你想了一下，回答道："学习的本质就是掌握更多的知识，改变自己，让自己更优秀。"或者，你思考了一下，给出了其他答案。总之，这个过程看起来你确实思考了，也给出了一个答案。当我们说到思考时，绝大部分就是类似这样的场景，这是一个典型的浅表思考的过程。

这个过程，与其说是一种思考，倒不如说是记忆的激活。虽然它也能够实现解答疑问、解决问题，或做出决策的功能，但思考的质量无法保证，还可能产生误导。浅表思考仅仅调取大脑中已有的信息，对于信息的丰富性、完整性、真实性、可靠性、适用性，既不做要求，也没有保障。

深度思考，不只是简单的激活记忆，而是尽可能地收集和调取充分、全面、优质的信息，并对信息进行组织、推理等方式的加工，最终才得出思考的结果。同样以回答"学习的本质是什么？"这个问题为例。真正的深度思考，除了调取自己大脑中的信息，还需要尽可能地收集目前对于学习本质的相关研究资料，然后对这些资料和信息进行整理、组织，再进行推理、加工，并最终得出一个答案。一如本书的写作过程。

相比浅表思考，深度思考无论是对过程还是对内容都有更高的要求。如此，思考的质量才能有所保障，这样的思考也才能真正带来价值。

然而，对于大多数人而言，真正需要做出选择和决策、解决困难和问题，或者解答重大疑问的机会并不多。所以，虽然浅表思考的质量不高，但浅表思考似乎也基本可以满足需求，很多人也就认为自己不需要进行深度思考了。

不得不说，绝大部分人的这种认识是存在问题的。因为他们没有感受过深度思考所带来的价值。

深度思考对人有什么价值？一个人擅长深度思考，又能给他带来什么改变？在前面，我们谈到了思考的三个主要功能。这里，我就从这三个主要功能出发，谈谈深度思考能给个人、组织，乃至人类社会，带来的价值、产生的意义。

（1）解答疑问的功能，能够推动人生的改变和发展，甚至能推动人类的发展和进步。

这里所讲的解答疑问的功能，包括两个部分：一是提出疑问，二是解答疑问。提出疑问，就是问"是什么？"或者"为什么？"之类的问题；解答疑问，则是对这类问题做出解答。看起来，这是很普通的功能，但为什么说解答疑问有如此大的价值呢？

因为在绝大部分的情况下，人们只是随意地提问、随便地回答。而一旦有人对问题足够重视，又花足够的时间去思考、研究，那得出来的结果及产生的影响就会完全不同。

还是以本书为例。我问自己的问题"学习的本质是什么？"，这其实就是一个疑问。但因为我足够重视，又花了足够多的时间去研究，所以得出答案的丰富程度及深度，与随意地提问、随便地回答是完全不同的。

在主持人杨澜所写的《提问》一书中，讲了一个类似的例子。在书中，她谈了自己从央视离职，远赴美国求学深造的经历。而推动她这次人生发生重大转变的，就是她对自己工作所产生的疑问，以及所做出的解答。

在离开央视之前，她问了自己这样几个问题："主持人的定义和功能是什么？主持有艺术吗？这是不是一碗青春饭？怎样才能让自己的职业价值随着时间而增值，而不是贬值？"此后，她对这些疑问的思考及解答，最终让她下定决心，远赴美国求学深造，从而改变了她的一生。

除了杨澜的故事，或许你也听说过这样的一些故事。某人在某个深夜，突然有了这样的疑问："我的一生难道就这样过下去了吗？我到底要过什么样的生活？"于是，因为这样的疑问，也因为对这个疑问的解答，他此后的人生就完全改变了。

以上的这些例子可以让我们看到，简单的一个疑问，再加上深度的解答，其实是推动人生发展和发生变化的重要原因。

除了个人，人类社会的几次进步也是靠解答疑问功能来推动的。

牛顿之所以发现万有引力，虽然不是像传说中的故事那样被苹果砸到头，但确实是因为类似"苹果为什么会落在地上？"这样的疑问。而基于这个疑问及对疑问的解答，他才得以发现万有引力，提出力学的三大定律，推动了人类社会的进步。

在牛顿之后，爱因斯坦有了这样的疑问："如果一个人能够以光速追赶一束光，那么将会发生什么？"同样地，因为这个疑问，以及对疑问的解答，使他得以提出相对论，更新了牛顿的理论，再一次推动了人类社会的巨大进步。

所以，解答疑问看似仅仅是一项基础的功能，但它所潜藏的能量远比你想象的能量要大。

（2）解决问题是一个人成功的基本保障，一个人的成就在很大程度上体现在他所解决的问题大小之上。

任何人，无论是在工作中还是在生活中，都会遇到各种各样的问题。如果一旦遇到问题就束手无策，那他必然无法有所成就。所以，解决问题是一个人成功，甚至正常生活的基本保障。

正是这个原因，越来越多的人开始重视解决问题能力的培养。埃隆·马斯克培养自己小孩的重要目标之一，就是培养解决问题的能力。全国政协委员、无锡高级中学的校长唐江澎提出的教育四大目标中，就包含了培养"问题解决者"，同样得到了很多人的高度认可。

解决问题的能力，除了是一个人正常生活和成功的基本保障，其实还可以说，一个人成就的大小，就体现为他所能解决问题的大小。

为什么有时候两个人看起来知识、能力、资源等基本相当，但最终取得的成就差别巨大呢？很重要的一个原因，就是他们所能解决问题的大小不同。

如果一个人只能解决自己的问题，他就只能是一个合格的员工；如果一个人能解决部门的问题，他就有可能成为部门经理；如果一个人能解决一个公司的问题，他就可能是公司的总裁。

回到生活中看，很多知名企业之所以得以发展壮大，也是因为这些企业解决了相应的社会问题。拼多多解决了农村人群购物的问题；初期的阿里巴巴，解决了小企业做生意困难的问题；滴滴解决了人们打车难的问题。我不否认这些公司存在这样或那样的问题，但它们能够如此迅速地崛起，就是因为解决了相应的社会问题。正如知名的营销人、儒家思想的践行者华杉所说："一个社会问题，就是一个商业机会；一个巨大的社会问题，就是一个巨大的商业机会。"

（3）选择和决策的能力，可以决定一个人、一个组织的前景和命运。

你可能经常听到这样一句话——"选择大于努力"。但问题是，既然选择如此重要，那我们怎么才能更好地选择呢？答案是，通过思考。因为做出选择和决策，就是思考的重要功能之一。

在前面的内容中，我们举了蔡崇信的例子，当时我们说他的思维方式更优质。但换个角度而言，优质的思维方式是通过选择和决策体现的。所以，正是他优秀的选择和决策能力，才让他取得如此高的成就。

对每个人来说，尽管绝大多数时候我们并不需要做出选择和决策，但几次关键选择往往就决定了我们的一生。大学读哪个学校，毕业后到哪个城市，选择哪个行业、哪种职业，选择什么样的人当伴侣等，虽然面临类似的选择并不多，但每一个都影响重大，足以决定我们的人生。

对于一家公司而言，选择和决策同样至关重要。知名产品经理梁宁在她开设的《增长思维30讲》课程中，开篇的标题就是《增长能力，就是持续做出正确决定的能力》。确实，一个公司之所以能在激烈的竞争中脱颖而出、持续增长，固然有各种原因，但这些原因的背后，其实都是公司管理层所做出的一个个选择和决策。

总之，深度思考能带给一个人、一个组织，乃至社会和人类的巨大价值，完全是浅表思考所无法比拟的。

2. 思考的完整结构

思考的完整结构包括思考的流程、要素等，并不是单指后面谈到的信息结构。

为什么要了解思考的完整结构？前面提过，绝大部分人其实并不会真正地思考，基本上都是以浅表思考代替深度思考。这样的思考是随意的、混乱的，整个过程主要体现为记忆激活、信息调取，大脑里闪现什么信息，那个信息大致就是思考的结果了。

此外，尽管现在也有很多关于思考的方法论，比如结构性思考、批判性思考等，但事实上，那些仅仅是思考的完整结构中的一部分，并不能让我们看到思考的全貌。了解思考的完整结构，可以让我们知道思考的完整流程和全貌，这样我们就能更高效、更精准地思考。那思考的完整结构是什么？它又包含哪些流程和要素？

在前面的思维模型中，我们其实已经介绍了思考的流程。思考的起点，是从提出问题开始；思考过程，则包括收集信息、组织信息、展开推理；在思考过程之后，则会得出思考的结果，也就是一种判断。

基于上述的思考的流程，我们可以提炼出思考流程的五大要素：问题、信息、结构、规则及判断。思考的流程如图7.3所示。

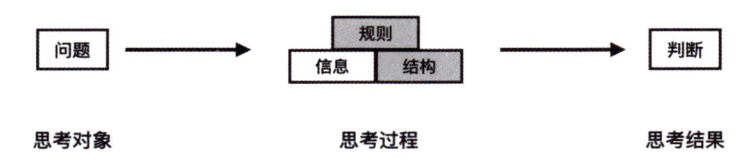

第七章 思维的学习 221
——学习中最核心的维度

图 7.3 思考的流程

通过以上的介绍，你应该可以对思考的流程及要素有了大致的认识。这里，我还是想通过一个类比，让你能更容易理解。

此前，我多次说过，思考是对信息收集和加工的过程。既然包含加工的过程，那无论是对物质的加工还是对信息的加工，其实都是类似的。所以，我们就可以用对物质加工的过程来理解思考对信息加工的过程。

我们先来看一下对物质加工的全过程。假如，现在我们要将水果加工成罐头，那整个加工的流程和其中的要素是什么样的？

显然，加工的第一步是明确加工目的，也就是要生产出什么样的水果罐头。而且，加工目的在整个流程中起着首要作用，因为它将决定性地影响后续的全部过程。

在明确了加工目的之后，加工的过程主要涉及三大要素：原材料、配方及加工方法。原材料是加工的基础，也是加工的核心，没有原材料、原材料缺失，都无法加工，或无法加工出想要的成品；配方则是加工的关键，好的配方可以让原材料的价值倍增，比如可口可乐的配方；加工方法则是成果和效率的保障，原材料和配方再好，加工方法不当、流程错误，也无法得到想要的成果，而好的工艺和流程，则可以让加工效率倍增。在此过程中，三大要素都很重要，缺一不可。

现在我们再来看一下思考是如何加工信息的。不知你有没有发现，以上的加工过程及各个要素，几乎和思考的流程是完全对应的。

思考对象，相当于加工目的；信息内容，相当于思考的原材料；信息结构，相当于信息的配方；思维规则，相当于信息的加工方法；思考结果，相当于加工成果。

除了各个要素是完全对应的，各个要素之间的关系也几乎完全对应。思考对象，同样起着首要作用，决定性地影响后续思考的流程；信息内容，是思考的基础与核心；信息结构，是思考的关键；思维规则，同样是思考质量和效率的保障。

通过这样的类比，相信你可以更深刻地认识到，为什么说思考本质上是对信息加工的过程。

这里还有一点需要稍做说明。你或许已经发现，严格来说，思考对象不是信息加工的目的，思考目的才是信息加工的目的。那为什么要用思考对象来代替思考目的呢？思考对象和思考目的又有什么关系？

准确来说，思考对象是人进行思考时所提出的问题，而思考目的是该问题背后的目的。很多时候，思考对象中的问题和思考目的是不一致的，所以在深度思考时，我们仍有必要结合思考目的来调整问题。

在思考结构中，我仍然将思考对象放在首位，是因为绝大部分人会将思考对象当成思考的起点，提出了什么问题，就顺着这个问题展开思考。此时，思考对象同样决定了后续思考流程的开展。这也是为什么说，思考对象和加工目的类似，都会起着决定性的作用。至于如何结合思考目的来调整思考对象中的问题，这一点，我们在后面进一步展开。

现在，你应当知道了，我为什么说批判性思考、结构性思考，仅仅是思考的完整结构中的一部分。因为批判性思考，主要关注思考中的逻辑是否正确，那是思考的规则，也是信息加工的方法；结构性思考，主要关注的是信息的结构，那是信息的组织方式。但一个完整的思考结构是一个系统的过程，还包括正确的提问及充足的信息，仅仅包含逻辑和结构两个要素是不够的。

很多时候，思考的结果出了问题，不是逻辑不严谨，也不是结构不对，而是没有提出正确的问题，或者信息的缺失、错误所导致的。

二、思考的对象——问题

在了解了思考的完整结构之后，我们来探讨一下思考的对象。既然思考的对象都体现为一个个问题，这里我们就主要讨论如何提出问题，以及如何思考问题本身。

但在讨论上述问题之前，我们还是有必要了解一下思考中问题的价值和类型。

1. 问题的价值

其实，思考中最为重要的事情是提出问题。在前面我们也已经探讨过，思考对象中的问题将决定性地影响后续的思考流程。

正如爱因斯坦所说："提出一个问题往往比解决一个问题更为重要。因为解决一个问题也许只是一个数学上或实验上的技巧问题，而提出新的问题、新的可能性，从新的角度看旧问题，却需要创造性的想象力，而且标志着科学的真正进步。"

除了强调提出问题的重要性，爱因斯坦还曾说过："如果我有一个小时用来解题，我会花 55 分钟来思考问题本身，再用 5 分钟来思考解决方案。"

已故知名物理学家张首晟，曾分析过清华大学和斯坦福大学在研究上存在差距的原因。在他看来，斯坦福大学的科学家善于找到当下最重要的问题，清华大学在把握研究方向上就差了不少，而一旦找到了问题，清华大学教授解决问题的水平并不差。

所以，真正善于思考的人，都非常重视问题的重要性，不仅关注问题的提出，而且关注对问题本身的思考。

前面所举的一些例子，也可以佐证这一点。牛顿如果没有问类似于"苹果为什么会落在地上？"的问题，就不会发现万有引力；爱因斯坦如果没有问"如果一个人能够以光速追赶一束光，那么将会发生什么？"，也就不会提出相对论。

但以上的例子都是关于科学研究的，是不是问题只对科学研究时的思考重要？答案当然是否定的。对于所有的思考，问题的重要性都是排在首位的。

比如，在前面杨澜的例子中，如果她没有问自己那几个问题，就不会远赴重洋去留学。对我来说，如果不是我问了自己关于学习的问题，也不会耗时一年半来写这本书。

除此之外，在其他的场景中，提问也都是思考的开始。在职场中，如果有人问"我如何才能晋升？"，那意味着他开始在思考职业发展的问题了；在生活中，如果有人问"我应该如何度过一生？"，那也意味着他开始在思考人生的问题了。

值得一提的是，在商业中，知名的全球运动饮料品牌佳得乐之所以创立，就是因为公司创始人道格拉斯发现运动员比赛之后小便不多，于是他问了这样一个问题："为什么刚比赛完的运动员的小便不多？"

受这个问题的驱动，道格拉斯最终发现，运动员之所以小便少，是因为他们在运动时，不仅流失了水分，还流失了很多电解质。当时没有什么饮料可以补充电解质，于是他就开发了运动饮料，创立了佳得乐。

总之，没有提问就没有思考，问题的质量决定了思考的质量。

2. 问题的类型

既然问题如此重要，那我们该如何提出问题？在探讨如何提出问题之前，我们还需要探讨一下问题的类型。尽管思考对象都表现为问题，但深入来看，问题的性质和类型其实是有所不同的。了解问题类型，将有助于我们提出问题，也有助于我们思考问题本身。

问题都有哪些不同的类型？此前，我们将思考功能主要分为三种，即解答疑问、解决问题，以及选择和决策。问题的类型也主要包括三种：疑问类问题、期望类问题、选择类问题。而且，这几类问题与思考的功能是一一对应的。

1）疑问类问题

疑问类问题，是相对于思考中的解答疑问功能而言的问题。具体而言，它主要通过"什么是""为什么""是不是""有没有"等词语进行提问。例如，前面杨澜的问题"主持人的定义和功能是什么？""主持有艺术吗？""这是不是一碗青春饭？"，或者牛顿的问题"苹果为什么会落在地上？"，这些都属于疑问类问题。

之所以将这类问题称为"疑问类问题"，是因为提问的人存有疑问，有自己不知道、不清楚，或不确定的事项，希望能够通过提问来明确某个概念、解释某种原因，或者澄清某个事实。

除了上述表述，疑问类问题中还有一种假设类问题。比如爱因斯坦所问的："如果一个人能够以光速追赶一束光，那么将会发生什么？"此时，它和普通疑问类问题的区别在于，需要先假设一个场景，然后再就这个场景中的疑问进行提问。虽然它同样是因为提问的人存有疑问或困惑而提出的问题，但在这类问题中，假设的场景至关重要。

2）期望类问题

期望类问题，则是针对思考中的解决问题功能而言的问题。具体而言，它主要是通过"怎样""如何""怎么"等词语进行提问。例如，前面提到杨澜的另一个问题——"怎样才能让自己的职业价值随着时间而增值，而不是贬值？"。

之所以将这类问题称为"期望类问题"，是因为提问的人通常是有期望的。表面上看，是提问的人遇到了困难或障碍，或者对现状不太满意，希望通过提问解决困难或消除障碍，以改善现状。但深入来看，其实这类问题的产生是因为人有一定的期望。

举例来说，你问："我怎样才能升职加薪？"这表明你对现在的职位和薪水不满意，而你的期望是能有更高的职位和薪资，现状与期望之间存在差距。又或者，你问："我如何才能改善和伴侣的感情？"这表明你对自己和伴侣的感情现状不太满意，而你的期望是两个人拥有更好的感情。但一个人如果对职位很满意，或者对与伴侣的感情很满意，那也就没有问题了。

所以，期望类问题不是提问之人对某个事项不清楚、不明白而存有疑问，而是因为他有了期望，现状与期望之间产生了差距。

3）选择类问题

选择类问题是相对于思考中选择和决策的功能而言的问题。具体而言，它主要是通过"选哪一个""哪一个更好""怎么选"等词语进行提问。比如，你在填高考志愿时，问自己"我应该读哪所大学？"，或者大学毕业后问自己"我做哪项工作更好？"。

之所以有这种类型的问题，是因为提问的人不知道如何选择。而人之所以不知道如何选择，主要是因为在选择时，不知道要考虑什么因素，也不知道选择和评判的标准是什么。所以，我们可以将这类问题的实质理解为，提问人的主要困惑是选择时需要考虑的因素有哪些，以及选择的标准是什么。

以上，就是在思考中存在的三种不同类型的问题。可以看到，尽管它们都被称为问题，但在性质上及问题背后的关注点上，是不一样的。这也就决定了后续在提出问题及思考问题上，它们的解决方法也是有所不同的。

3. 如何提出问题

客观地说，教别人如何提问是非常困难的。因为提问只是一种结果的呈现，它背后潜藏着一个人的好奇心、期望值，思考的意愿等。通过前面讲解问题的价值和类型，相信至少会有助于你提出问题。接下来，我就尝试基于不同的问题类型，谈谈该如何更好地提问。

1）疑问类问题的提出

什么时候需要提出疑问类问题？很显然，当我们对一些事物、现象不清楚或不明白，存在困惑时，都可以提出这类问题。不过，疑问类问题对好奇心、思考意愿等有着比较高的要求。

在本书中，你可以看到我提了很多问题，比如"什么是学习？""什么是学习力？""什么是信念？"等。这些概念，其实每个人都耳熟能详，但如果没有好奇心，很少有人会主动提问，并尝试做出解答。

所以，如果想更好地提出疑问类问题，我们就需要训练自己的好奇心，并有意地进行更多的提问。不过，除了利用好奇心来驱动提问，在一些特定的场景中，我们也可以提出此类问题。

首先，当你关注到一些自己感兴趣的人或事，或者当你感到疑惑和诧异之时，你就可以尝试问问"为什么这件事会发生？"又或者"为什么他会这么说？会这么做？"

比如，在本书中，你会看到我引用了很多名人名言，并且针对名人名言进行了进一步的分析。之所以如此，也是因为我注意到他们的一些言行后，会习惯性地追问："为什么他们会这么说？为什么他们会这么做？"这才有了对他们言行的进一步思考和理解。

其次，当双方对某个概念产生争议之时，或者当你对某个概念模糊不清、不确定时，也可以尝试提问。比如，前面提到男女双方因为男生是不是爱女生而产生争议，此时就可以尝试问一下："什么是爱？"

再次，当你的表述涉及某些概念，即便那些概念你可能并没有疑问，也可以尝试进行提问。比如，很多人都说这一生要追求成功、幸福，但其实很少有人定义过自己眼中的幸福。此时，你就可以问一下："什么是成功？什么是幸福？"或者有人想成为优秀的员工，你也可以问一下："这里的优秀指的是什么？"杨澜问自己："主持人的定义和功能是什么？主持有艺术吗？"其实就是类似这种提问。

当然，如果你在某个领域有较多的积累，也可以如爱因斯坦一样，想象一个假设性的场景，然后就这个场景提出相应的问题。

总之，想要提出好的疑问类问题，你需要提升自己的好奇心，刻意地提问，或者当一些概念有争议、模糊不清时，甚至即便看似没有疑问，也可以进行相应的提问。当然，你也可以创造一些假设性的场景来提问。

2）期望类问题的提出

期望类问题的提出则相对容易，因为它的提问场景相对明确。只要自己遇到了问题、困难、障碍，又或者产生了期望，都可以提问。比如，当你觉得自己的职业遇到了瓶颈时，你就可以提问："我如何才能升职加薪？"当你学习效率偏低时，你就可以提问："我如何才能提升学习效率？"

需要特别强调的是，这类问题提出的场景虽然明确，但在相应的场景中，很多人更习惯于提出疑问类问题，而不会提出期望类问题。比如，一个人如果总是遭遇不顺，他会更倾向于问："我为什么总是这么不顺？"而不是问："我怎样才能让自己摆脱不顺？"

从表面上来看，疑问类问题和期望类问题都是问题，但你应当了解，它们是有本质差别的。比如，在越南儿童营养不良的例子中，"为什么这么多儿童营养不良？"和"如何让贫困又营养不良的儿童变成营养良好的儿童？"这两个问题，将使后续行为产生重大差异。

同样地，如果问自己："为什么我总是不顺？"这很可能导致自我抱怨、指责；如果问自己："我怎样才能让自己摆脱不顺？"这就是积极的行为导向，最终聚焦问题的解决。

相传，汉高祖刘邦的口头禅是："为之奈何？"这其实就是一个期望类问题。看似这个问题显得很无奈，但因为他问了"该怎么办？"，就可以让大臣集思广益，从而解决相应的困局。尽管刘邦战胜项羽有各种原因，但这样的提问方式，相信对他帮助不小。

当然，我在这里强调要提出期望类问题，并不是说就不必提疑问类问题了。只是我们需要了解不同的问题有着不同的作用。疑问类问题，能够帮我们了解问题发生的原因，但同时我们也需要提出期望类问题，这样才能找到更好的问题解决方案。

3）选择类问题的提出

相比来说，选择类问题的提出是最为简单的。因为只要面临选择时，就会自然地提出这类问题。不过，在提出选择类问题时，仍然有一个点是需要注意的。

通常来说，当我们提出选择类问题时，会把注意力集中于被选项，但这可能限制人的选择范围。因为当你的问题是"我应该选 A 还是选 B 时？"，其实同时也就排除了 C、D 等其他被选项。

所以，在提出选择类问题之前，我们有必要明确问题背后的目的，以避免被当前的被选项所限。比如，你可以追问："我为什么要选择 A 或者 B？我的目的是什么？"或者追问："我真正想要追求的是什么？"

当然，除了选择类问题需要回顾目的，其他类型的问题也都有必要回顾目的。只是对于选择类问题而言，最容易遗忘背后的目的。

4. 如何思考问题

如前面爱因斯坦的名言，当遇到一个问题时，他会花大部分的时间来思考问题本身。所以，思考问题本身是思考中的重要环节。我们应如何思考问题本身呢？

尽管爱因斯坦没有进一步阐明，但我们还是可以展开相应的探讨。具体而言，思考问题本身，可以进一步分为三个环节：界定问题、拓展问题、拆解问题。

1）界定问题

界定问题，是指结合思考的目的，对问题予以调整和转化，以确保提出正确的问题。这里正确的问题，是指核心关键问题。

前面已经提过，真正决定后续思考流程的，其实是思考目的。所以，我们有必要结合思考的目的来重新调整和界定问题。在前面谈到选择类问题时，我们已初步探讨了界定问题的必要性。这里，我们还可以再来看看其他类型的问题。

以疑问类问题为例。假如，某个公司的产品有很多的质量问题，造成了很多客户的投诉。此时，可能一开始提的问题是"为什么客户这么多投诉"，但如果就此展开思考，很可能仅仅找出问题的原因，却难以解决问题。因此，结合问题背后的目的，更正确的问题应当是"我们如何才能提高客户的满意度"。

而如果想让问题更明确，我们还可以进一步细化问题，将问题调整为"我如何才能在 ×× 时间内将客户的满意度提高到 ××%"。不过，这取决于问题的具体情况，并非每个问题都需要细化并定量思考。

需要特别提醒的是，界定问题并不是就不需要回答原有的问题了，而是说，通过界定问题，找到最终需要解决的问题。

当然，界定问题的环节尽管重要，但也并不是必需的。因为有可能一个人思考的问题就是"为什么客户这么多投诉",我们并不需要再对该问题进行调整。但至少我们需要了解思考对象会受到思考目的的影响,我们需要关注思考目的。

2)拓展问题

拓展问题,是指通过对问题本身的思考,提出更多相关问题,以获取更多信息的一个过程。

既然思考是对信息收集和加工的过程,那么在思考过程中,收集更多的信息就显得至关重要。在很多情况下,当我们面对一个问题时,信息往往是有限的。此时,我们就需要通过拓展问题,来收集更多的信息。

举例来说。假设你现在是公司的人力资源总监,总经理给你布置了一项任务:"最近公司的人员流失率太高了,你想想办法降低一些。"此时,你将思考的核心关键问题界定为"如何才能降低公司的人员流失率"。然而,仅仅提出这样的问题,信息显然是不够的。你需要通过拓展问题来进一步收集信息。

具体而言,你可以再追问一些问题:当前的人员流失率是多少?是什么原因造成的人员高流失率?总经理希望将人员流失率降低到多少?行业的平均人员流失率是多少?为什么总经理想要解决这个问题?总经理希望在多长时间内完成这项任务?我有什么资源可以用来解决这个问题?

以上,仅仅是进行了部分的问题拓展,在进行更系统的深度思考时,我们还需要问更多的问题。相信通过上面的介绍,你可以看到拓展问题的必要性和重要性。在思考时,我们如果没有通过拓展问题获得更多的信息,那很可能思考的质量是有限的,结果也容易出错。

3)拆解问题

拆解问题,是指进一步分析问题本身,并将一个复杂的问题拆解为多个更小的模块,以便我们更好地解答和处理问题。

拆解问题涉及后续谈到的信息结构,因为我们主要是通过不同的信息结构来拆解问题的。之所以要拆解问题,一方面和拓展问题类似,可以让我们更高效、更准确地获取信息;另一方面可以通过更有序地组织信息提高我们思考的效率。

至于具体拆解问题的方法,我将其放在信息结构的部分进行探讨。

三、思考的核心——信息内容

无论是思考过程中的信息结构还是思考过程中的规则,其实都是在帮助我们更好地收集信息、组织信息,并用更准确的信息回答思考对象中的一系列问题。所以,对于思考而言,信息既是最基础的,也是最核心的。

1. 信息是思考的核心

之所以需要特别强调信息是思考的核心，除客观上信息对于思考确实至关重要之外，另一个原因是人们往往忽略了在思考时信息收集的重要性。提及思考，很多人想到的场景是一个人独处时所做出的行为，一如法国知名雕塑家奥古斯特·罗丹的作品《思想者》那样，托着下巴，做沉思状。

然而，结合前面的内容，你可以知道，在那种情况下思考者所加工的信息，仅仅是他大脑中所存储的信息。如果他大脑中的信息储备原本就不够，那思考的质量是很低的。正如孔子所说："吾尝终日不食，终夜不寝，以思，无益，不如学也。"也如杨绛先生曾给她的一位读者回信时所讲的："你的问题主要在于读书不多而想得太多。"

所以，真正有质量的思考，不仅是基于大脑中现有的信息而展开的，也需要基于问题再进一步扩展和收集信息。

既然思考对象都是以问题的方式提出的，思考的结果就必然是对问题的回答。问题回答的质量如何，与回答问题的人所掌握的信息质量有极大的关联。同样的问题，问某个领域的专家和问业余人士，回答的质量必然是不同的。

所以，在展开思考时，如何获取足够数量和优质的信息，对于思考的质量至关重要。

2. 如何获取信息

既然信息是思考的核心，那如何获取信息？答案是，可以从大脑内部调取信息，也可以从外部收集信息。

关于如何从大脑内部调取信息，前面的内容已有所介绍，即通过检索和联想两种方式来调取信息。前面我们之所以界定问题、拓展问题和拆解问题，最终也是为了更好地检索信息。相关内容我们此前已详细介绍，这里不再展开。

就从外部收集信息而言，它涉及如何搜索外部信息的问题，是另一个专门的话题。这里我们旨在强调外部信息收集的重要性，并不展开过多探讨。接下来，我大致介绍一下外部信息收集的关键要点。

首先，和从内部调取信息类似，要想获取更丰富的问题，提问仍然是至关重要的一个手段。当你将问题界定得足够清晰、精准，问题拓展得足够丰富，问题拆解得足够细致，那也会有利于从外部获取充分、足够、准确的信息。

其次，就信息获取渠道而言，我们不应受限，而应当尽可能丰富。书籍、互联网、学术专家等都可以成为我们获取信息的渠道。在第五章中，我们介绍了信息媒介和信息的分类，相信你可以意识到，不同信息媒介和信息类型的不同价值。

总之，既然信息是思考的核心，我们就需要尽可能地获得充分、优质的信息，这也要求我们尽可能拓展获取信息的渠道和方式。

3. 信息的层级

在思考时，我们还需要了解，在对同一个问题做出解答时，信息是分不同层级的。以本书所探讨的"学习"为例。当我们在探讨"学习是什么"的时候，就可以从多个层级来做出解答。

从表层的观察结论来看，学习可以通过上课、听讲、阅读等方式来实现，是获取知识的一个过程。

从行为主义心理学的视角来看，学习是因为经验改变自己行为的一个过程。

从计算机科学的视角来看，学习是大脑下载更多的信息、数据和算法的过程。

从神经科学的视角来看，学习是因为外部各种信息的输入，大脑中形成更广泛、更紧密的神经网络的过程。

从信息科学的视角来看，学习是信息的输入、处理、存储、输出的一个过程。

总之，同样一个问题，因为信息的层级不同，我们思考所得到的答案也是有所不同的。

有人曾尝试总结信息从低到高的大致层级分类，具体包括经验层、方法论层、理论层、科学层、哲学层。这种分类大致的意思是，同样一个问题，可以从这样五个层级来看待。碍于篇幅，这里不做过多展开。但这可以让我们了解，为什么需要从不同的信息层级来看待问题。

四、思考的关键——信息结构

信息结构是思考过程中至关重要的要素，也是思考的关键所在。在知识的学习部分，我们也从知识的构成角度探讨过结构。这部分，我们从思考的角度，再来认识一下结构的重要性。具体来说，我们重点来谈谈信息结构是如何形成的，以及信息结构的类型。

1. 信息结构的来源

信息结构的来源，是指我们从哪里获取思考的结构。大致而言，信息结构的来源主要有两种方式：一是使用一些现成的结构模型；二是通过自己的梳理、归纳、提炼结构。

这两种获取信息结构的方式都必不可少。如果在开始思考之时，我们已经有了相应的结构模型，无疑更为高效。

尽管如此，如果所有的思考都基于某一结构模型而展开，那么很可能会遗漏相关信息。所以，除了对已有的信息结构模型进行拆解，我们也有必要用其他的信息来组织信息结构，或者至少补充相关的信息结构。

比如，在本书写作的过程中，我在思考学习是什么时，一开始仅仅从"知识""行为""思维"三层结构来拆解学习及收集信息。随着信息的逐渐增多，在前面的内容中，我增加了学习的硬件、软件、方法三层结构，并重新组织了信息。

2. 信息结构的类型

因为信息的不同，所以信息的结构也会各不相同。信息的结构多种多样，这里大致介绍两种相对常见的结构类型：分类结构、流程结构。

分类结构，就是将所有的信息按照不同的类型进行分类。这可以说是最为常见的信息结构。在前面探讨如何提问时，我就对问题进行了分类，将其分为疑问类问题、期望类问题及选择类问题，然后基于三种不同类型的问题分别探讨。

在工作中或生活中，这种分类的信息结构也很实用。比如，当我们思考如何提升产品的销量时，我们就可以探讨客户的类型，以针对不同的客户类型采取不同的销售方式。

流程结构，是指将信息按照特定的流程进行组织。这种结构通常是在探讨如何完成一项任务或一套动作时，对信息进行组织的方式。这一节我们在探讨如何思考时，就是通过流程结构对信息进行组织的：思考的第一步，提出问题，然后对问题本身进行思考；第二步，收集信息；第三步，将信息按一定结构进行组织，再用逻辑进行加工和处理。

虽然流程颇为简单，但它可以让你理解什么是流程结构。类似地，如果我们探讨的是如何生产某种产品，或者如何组织某场活动，那么流程结构同样是适用的。

以上只是两种常见的信息结构，除此之外还有要素结构、层级结构等。在具体思考时，我们需要结合具体的问题进行相应的拆解，然后收集和组织信息。这样，我们的思考就会更为高效、更为有序，而且还能确保信息的完整、不遗漏。

还是以本书所拆解的思维的完整结构为例。如果你应用了本书拆解出来的思维的完整结构进行思考，先考虑如何提出一个好问题，再思考问题本身，收集更多的信息，用合适的结构组织信息，然后运用逻辑进行思考，并确保思考过程中没有犯逻辑错误，那你思考的速度、效率都将比他人更优，思考质量也会更高。

五、思考的保障——逻辑和规则

我们再来看一下思考的逻辑和规则。总体来说，对于逻辑和规则而言，在思考时重要的是做到两点：确保不犯逻辑错误；应用相应逻辑规则展开思考。

1. 确保不犯逻辑错误

我们之前探讨过，逻辑是指思维的规律和规则。我们在思考时，一个基本的要求是不能违反思维的规则，即不犯逻辑上的错误。那么，具体在思考时，我们容易犯哪些逻辑错误呢？

总体来说，逻辑错误大致有三种：第一，违反了逻辑的三大基本原则；第二，违反了 MECE 法则；第三，不符合推理规则。

1）逻辑的三大基本原则

逻辑的三大基本原则是指同一律、矛盾律、排中律。

同一律，简单来说，就是我们在探讨一个概念时，应当保持概念的一致性。比如，在前面提到男生和女生争论男生是不是爱女生时，双方的讨论其实就违反了同一律。

通过本章第一节"概念"部分的介绍，你可以知道，在使用同一个词的情况下，意思不同的情况并不少见。只是在生活中，我们通常不会深究同一个词是不是符合同一律，但我们在进行思考时，为了能将问题思考清楚，有必要将相关的概念予以明确。

矛盾律和排中律，我们可以一并来理解。矛盾律，是指任何一个判断，它不可能既是 A，又同时为非 A。排中律则刚好相反，当一个判断为假时，那它的反面则必然为真。既然 A 是假的，那从逻辑上来说，非 A 就一定是真的。

相比同一律，矛盾律和排中律更容易识别，所以在思考中犯类似错误的情况较少。

2）MECE 法则

MECE，是英文 Mutually Exclusive Collective Exhaustive 的缩写，中文的意思是相互独立，完全穷尽。

这个法则主要是针对分类结构而言的。在前面我们谈到了分类结构，在进行具体的分类时，就需要符合这个法则。若要符合 MECE 法则，一个重要的前提是分类的标准要一致。

比如，当我们对人进行分类时，如果按性别来分，可以分为男人、女人，按年龄来分，可以分为未成年人、成年人。如果我们在分类的时候，分成了男人、成年人，显然这种分类是不穷尽的，也是不独立的，这就是因为分类标准的不一致。

不过，即便分类标准一致，我们也需要注意应穷尽而不能遗漏，同时也需要注意不能重合，要相互独立。比如，我们同样对人按照年龄进行分类，如果分成了老年人、中年人、青年人，那仍然是不够的，因为缺少了未成年人。而如果我们按照年龄来分，分成了老年人、中年人、青年人、未成年人、婴儿，则未成年人和婴儿又重合了。

总之，我们在进行分类时，需要符合 MECE 法则，这样才能收集全部的信息，避免遗漏和重复。

3）推理规则

符合推理规则主要是针对归纳和演绎两种推理方式而言的。

对于归纳而言，它是一种或然性推理，无法确保得出的结论一定正确。所以，很多时候通过归纳得出的结论会被推翻。前面所提到的欧洲人通过归纳得出"所有天鹅都是白色的"这个结论被推翻，就是一个很好的例子。

即便如此，归纳仍然是一种重要的推理方式，只是我们需要对得出的结论保持开放的态度，当出现与归纳的结论不一致的现象时，应当调整自己的结论。与此同时，如果归纳的考察对象数量足够多、样本足够大、类型足够多样，那么也有助于提升归纳结论的正确性。

对于演绎而言，推理的规则相对复杂。这里我不再进行详尽的介绍，但可以以一个假言命题的推理为例，谈谈什么是违反演绎的推理规则。

你在生活中应该听过这样的说法"人只有努力，才能取得成功"。

在逻辑学上，这是一种必要条件假言命题，即"努力"是"成功"的必要条件，但不是充分条件。所以，没有努力，就一定不会成功；但努力了，却不一定能成功。

很多人容易混淆必要关系和充分关系，错误地以为，"努力"是"成功"的充分条件，认为只要努力了，就一定能取得成功。一旦自己努力后没有取得成功，就得出结论——努力没用。

从逻辑学上说，以上的认识就违反了演绎的推理规则。

总之，在推理过程中，不违反推理规则也是我们需要注意的。

2. 应用相应逻辑规则展开思考

总体而言，在思考时我们可以应用到的逻辑方法主要包括：定义、分类、归纳和演绎、类比、溯因。

1）定义

定义就是明确事物概念的一种逻辑方法。事实上，定义是一种极为重要的逻辑方法，但在我们日常的思考中经常被忽略。

我们在谈论很多事时，往往不会对所谈论的对象进行定义，从而导致产生很多的争议和混乱。比如，前面所提到的男女朋友吵架，又或者我们谈到"成功""努力"等词语时，也很少对其定义。有人将"成功"定义为赚很多钱，有人将"成功"定义为为社会做了很多贡献；有人将"努力"定义为拼命做事，每天加班，有人将"努力"定义为坚持不懈地学习、成长。

你会发现，当大家对"成功""努力"的定义不同时，两个同样说自己在"努力工作，追求成功"的人，他们的行为可以是完全不同的。

此外，我们在做很多事的时候，也很少会对所做的事情进行定义。比如，绝大部分人学习了十多年，但几乎没有人想过学习的定义是什么。然而，当你尝试对一个词语或一件事进行定义时，你将获得极大的收获。

就我自己而言，我在做律师时，入行之初，就定义了什么是一名优秀的律师。我将其拆分为四个维度：扎实的专业知识、优秀的沟通能力、一流的问题解决能力及一流的业务拓展能力。正是因为有了这样一个定义，让我此后在做律师的时候，方向更为明确，成长的速度也更快。

就本书来说，其实也可以理解为，我尝试去梳理和定义学习、学习力、知识、思维、思维方式、思维模型等概念。正是我的这种尝试，才有了这本书的研究成果。

总之，下定义是思考中至关重要的一种逻辑方法，不应该被我们忽略。

2）分类

将收集到的信息或者一些事物，按照特定的分类进行划分，就是一个分类的过程。与定义类似，这也是一种至关重要的逻辑方法。如果没有分类，信息对我们而言将是极为散乱的。

相比定义，分类这种逻辑方法更为常用。我们在整理信息时，通常首先会对信息进行分类。前面在探讨分类结构时，其实已经探讨过如何进行分类。我们只需要注意，在分类时，应当有相同的分类标准，同时要符合 MECE 法则。

3）归纳和演绎

前面我们已经详细介绍了归纳和演绎这两种逻辑方法，这里不再展开。

4）类比

类比是指两个事物因为有某些相同或相似的性质，于是推断它们在其他性质方面也有可能相同或相似的一种逻辑方法。

其实，这可能是最为常见的推理方式。埃隆·马斯克说，绝大部分人都是用类比来进行推理的，比如电池，因为别人都是那样生产的，于是自己也用同样的方法进行生产。

我们在生活中，很多时候都是应用的这种逻辑方法。你从小听到各种"别人家的孩子"的故事，就是父母用别人家的孩子和你进行类比的过程。

严格来说，类比并不是非常严谨的一种逻辑方法，和归纳类似，很容易出现错误，但这并不能否定它是非常重要的一种思考方式。比如，我写作本书是受了瓦特故事的影响，这个过程就是应用类比进行的推理。

所以，类比并不是不能用，它也有很大的价值，但我们需要知道，这种推理方式是有缺陷的。"别人家的孩子"优秀，并不表示自己家的孩子也一定会优秀。

5）溯因

溯因是在20世纪初由美国哲学家查尔斯·皮尔士提出的一种逻辑方法。皮尔士将其与演绎、归纳并列为三种基本的推理方法。

与演绎和归纳类似，尽管你此前并不知道什么是溯因，但你其实已经在应用了。溯因就是在见到一种现象或者一件事情之后，我们尝试去寻求其背后的原因、解释和机制的一种推理方式。比如，你看到一位同学成绩很好，于是你推测他学习很努力、学习方法很科学，或者智商很高。这个过程就是一种溯因。

你可以发现，溯因同样是一种不太严谨的推理方式。因为当我们假设和推测某种现象背后的原因时，推测很可能是错误的。溯因也需要结合演绎和归纳来使用。

但这并不能否定溯因的重要性。因为很多时候，我们需要先假设事物背后的原因，再进行验证，然后确认或者推翻原因。绝大部分的科学研究也都是按照这种方式进行的。

六、思考结构小结

本节，我们相对完整地介绍了思考的完整结构。但如你所看到的，我仅仅做了一个粗略的介绍，并没有非常详尽地展开。

一方面，思考本身是一个非常复杂的主题，单单就整个思考结构中的某个方面，比如逻辑规则，就足以撰写一本甚至多本书籍，碍于篇幅，我们无法全面展开。另一方面，本书尽管在探讨学习的有效方法，但很核心的一个维度或者说有独创性的一个维度，是从信息的视角重新来认识学习背后的原理，所以在思考学习的方法层面，我也不打算过于详尽地介绍。

从原理的角度来说，尽管本节对思考的介绍较为粗略，但相信一定会让你对思考有不一样的认识。因为没有人从信息这个底层的视角系统地阐述到底什么是思考，以及思考的完整结构是什么样的。而有了这个视角，你才能认识思考的本质，也才可能更好地展开思考。

不可否认，这种深度的思考并不容易，我们不可能时时这样思考。尽管如此，只要你对某几个问题进行了这样深度的思考，相比浅表思考，思考的质量必然有质的区别。正如此前的分析中所提到的，一个人的人生，往往只需几个关键问题，或者几个关键决策，就可能发生重大变化。

本章参考资料

[1] 尤瓦尔·赫拉利. 人类简史：从动物到上帝 [M]. 林俊宏，译. 北京：中信出版社，2017.

[2] 阿尔伯特·埃利斯. 理性情绪 [M]. 李巍，张丽，译. 北京：机械工业出版社，2014.

[3] 大前研一. 思考的支术 [M]. 刘锦秀，谢育容，译. 北京：人民文学出版社，2019.

[4] 芭芭拉·明托. 金字塔原理 [M]. 汪洱，高愉，译. 海口：南海出版公司，2019.

[5] 李中莹. 重塑心灵：每个人都拥有让自己成功快乐的能力 [M]. 北京：民主与建设出版社，2019.

[6] 陈波. 逻辑学十五讲 [M]. 北京：北京大学出版社，2016.

[7] 彭漪涟，余式厚. 写给中学生的逻辑学 [M]. 北京：北京大学出版社，2009.

[8] 杨澜. 提问 [M]. 杭州：浙江文艺出版社，2020.

[9] 王烁·大学·问，蔡崇信：与马云相遇是命运，得到 App.

[10] 沈拓，《U 型思考》课程，混沌学园 App.